Oetinger

**Margareta Strömsted** (1931-2023) wurde in Småland geboren. Sie war Lehrerin und Journalistin beim Fernsehen und über viele Jahre verantwortlich für die Kinderbuchseite der Zeitung »Dagens Nyheter«. Als Autorin hatte sie ihren Durchbruch mit den Büchern, in denen sie ihre Kindheit in Småland schildert.

Margareta Strömstedt

# ASTRID LINDGREN

## EIN LEBENSBILD

Aus dem Schwedischen
von Birgitta Kicherer

Verlag Friedrich Oetinger • Hamburg

MIX
Papier | Fördert gute Waldnutzung
FSC® C002795

2. Auflage
2021 Verlag Friedrich Oetinger GmbH,
Max-Brauer-Allee 34, 22765 Hamburg


Originaltitel: Astrid Lindgren – En levnadsteckning

Aus dem Schwedischen von Birgitta Kicherer
Titelbild: Jacob Forsell/Pressens Bild
Druck: Livonia Print SIA, Jūrkalnes iela 15/25, LV-1046 Riga, Lettland
*Printed 2026/1
ISBN 978-3-7512-0267-1

www.oetinger.de

# Inhalt

Erik Samuelsson
»Erker aus Kråkemåla«
1807–1869

Anna Greta
Göransdotter
1813–1909

Anders Petter
Ingström
geb. 1821

Samuel Johan August
Eriksson
1845–1926
»Großvater in Bullerbü«

Ida Kristina Emilia
Ingström
1851–1929

*Geschwister*
Viktor, Linnert, Albin,
Axel, Elin, Anna

**Samuel August Ericsson**
1875–1969

Gunnar
1906–1974

Astrid
geb. 1907

Sofia Margareta Lindner
»Sofia aus Bäckfall«, Lönneberga
geb. 1829
(Schwester von Albert Engströms
Großvater mütterlicherseits)

Jon Persson — Stina Kajsa
Nilsdotter

Jonas Petter
Jonsson
1832–1910

Lovisa Persdotter
»Lovisa mit den
weichen Händen«
1842–1932

**Hanna Jonsson**
1879–1961

*Geschwister*
Emil, Hardine, Albin,
Ida

Stina
geb. 1911

Ingegerd
1916–1997

# Vorwort

Irgendwann Ende der sechziger Jahre fragte mich Hans Rabén vom Verlag Rabén & Sjögren, ob ich eine Biografie über Astrid Lindgren schreiben wolle, eine allgemein verständlich angelegte Erzählung über ihr Leben und Umfeld – mit vielen Bildern illustriert. Das Buch solle nicht zuletzt von ihrer Kindheit in Småland handeln.

Was mich an dieser Aufgabe so reizte, dass ich nicht unmittelbar ablehnte, war die Möglichkeit, mich mit einer Kindheit in Småland zu beschäftigen, die so ganz anders war als meine eigene. Astrid Lindgrens Bullerbü-Bücher und ihre Erzählungen von der eigenen wundervollen Kindheit hatten mich schon immer provoziert; ich selbst hatte nie etwas Ähnliches erleben dürfen. Eigentlich hatte ich die Bullerbü-Bücher gar nicht richtig gelesen und sie irrtümlicherweise mit den idyllischen Schilderungen glücklicher Kinder in großen glücklichen Familien gleichgesetzt, deren Lektüre mich als Kind so unglücklich gemacht hatte – alle diese Ausflüge mit Picknickkörben und die ständigen lustigen Geburtstagsfeste in den großen Gärten. Die Bücher, die ich in meiner eigenen Kindheit gern las, hatten ganz andere Reize zu bieten, vor allem die sentimentalen Erzählungen von Leonard Strömberg mit ihren grausamen, halb sadistischen Schilderungen armer Kinder in Großstadtslums. Mit wollüstigem Schauder erinnerte ich mich an *Die Bettlerkönigin*, eine Geschichte, in der Qualen vorkamen, die meine eigenen übertrafen.

Als ich mehrere Jahre später Hans Rabén beim Wort nahm und allmählich in Astrid Lindgrens literarisches Werk und dessen biografischen Hintergrund eindrang, fesselten mich die selbstverständliche Harmonie des Kindheitsbildes und die darin enthaltenen Komplikationen immer mehr. Die Erzählung über Astrid Lindgren und ihr Småland fing an, den Rahmen der Bildbiografie zu sprengen.

Ich selbst bin in den dreißiger Jahren in Småland auf die Welt gekommen, in einem Milieu, das sich nicht allzu sehr von dem unterschied, in dem Astrid Lindgren Anfang des Jahrhunderts Kind war. Auf der Suche nach Astrid Lindgrens Kindheit konnte ich plötzlich Teile meiner eigenen Kindheit entdecken. In ihrer Kindheitslandschaft, auf Näs und in der Umgebung von Vimmerby, hörte ich erneut die Stimmen der Bauern und Bäuerinnen, die in meiner Kindheit über meinem Kopf gemurmelt, vor sich hin gelacht und über das Leben philosophiert hatten: der gleiche Humor, die gleiche Schlagfertigkeit, die gleiche Zähigkeit und Kraft, die gleiche mit Geschäftssinn gepaarte Knauserigkeit, die gleiche ständige Frage: »Was für einen Nutzen hat das?«

> Natürlich kann man darüber diskutieren, ob es etwas gibt, das sich als »typisch småländisch« charakterisieren lässt, eine bäuerliche Lebens- und Ausdrucksform, die über Generationen weitergeführt worden und mit nichts anderem vergleichbar ist. Dieses typisch Småländische hätte dann seinen Ursprung in den Gedanken, Gefühlen und Gewohnheiten, die während der Arbeit auf steinigen Äckern entstehen, auf Äckern, die sich nur unter großen Schwierigkeiten bestellen lassen, und wäre außerdem mit der småländischen Variante von herkömmlicher Kirchenfrömmigkeit und freikirchlicher Gottesfurcht gewürzt. Das »typisch Småländische« kann man bei den großen Småland-Erzählern der vorigen Generation finden, bei Albert Engström, Vilhelm Moberg, Elin Wägner. Wurde der Mythos des »typisch Småländischen« zum großen Teil von diesen Autoren geschaffen, dann trägt meine eigene Erzählung über das Kindheitsmilieu von Astrid Lindgren auch dazu bei, diesen Mythos am Leben zu erhalten.

Das schrieb ich 1977 im Vorwort der ersten Auflage dieser Biografie. Die Gefahr, die darin liegt, Astrid Lindgren als allzu småländisch herauszustellen, ist später unter anderem von der Astrid-Lindgren-Forscherin Professor Vivi Edström dargelegt worden. Ihrer Ansicht nach ist Astrid Lindgren keineswegs besonders småländisch, sondern gehört der ganzen Welt. Möglicherweise gab es eine Tendenz, Astrid Lindgrens Bedeutung zu schmälern, indem man sie so sehr in Småland verankerte – aber in meinen Augen stellt es keine Begrenzung für einen Autor dar, so eng mit seinem Ursprungsmilieu verbunden zu sein, wie Astrid Lindgren es ist. Unsere großen schwedischen Erzähler – Selma Lagerlöf, Vilhelm Moberg, Sara Lidman, Kerstin Ekman, P. O. Enquist, Göran Tunström – sind alle genau wie Astrid Lindgren eng mit Landschaft und Milieu ihres Ursprungs verbunden. Erst wenn man tief ins Persönliche hinabsteigt, in die eigenen grundlegenden Erfahrungen, wird man allgemeingültig und universell. Dies ist eine Selbstverständlichkeit. Das universelle Märchen kann seine Wurzeln in jedem beliebigen abgelegenen kleinen Winkel der Welt haben. In Astrid Lindgrens Fall wurzelt es – darin hat Vivi Edström natürlich Recht – auch im Stockholmer Milieu. Als Herr Lilienstengel den gelähmten Göran im Karlbergsvägen abholt und mit ihm durchs Land der Dämmerung davonschwebt, landen sie in einem magischen blauen Licht bei der Straßenbahn, die über die Brücke Västerbron führt, und als der einsame Bo Vilhelm Olsson in das große Märchen hineinverwoben wird und der Geist in der Bierflasche freikommt, um ihn in das Land der Ferne zu entführen, da geschieht dieses Wunder auf einer Bank im Tegnérpark. Das Universelle entsteht dort, wo das Herz des Dichters schlägt.

Für die erste Auflage dieses Buches habe ich mich lange in der Gegend rings um Vimmerby aufgehalten, um die Orte und Personen aufzusuchen, die einen Bezug zu Astrid Lindgrens Kindheit, ihrer Verwandtschaft und Familie hatten. Ich habe mit Schulkameraden und alten Freunden gesprochen, mit Leuten, die auf dem Hof Näs gearbeitet hatten, mit Kusinen ersten und zweiten Grades, mit Schwestern ihres Vaters und Nichten und Neffen. Gemeinsam mit Astrid Lindgren habe ich den Wald durchstreift, ich bin mit ihr über Weidezäune geklettert und durch die Wiesen und Felder gewandert und habe die alten Viertel in Vimmerby durchstöbert. Ich habe den Erzählungen der Geschwister über das Leben in Bullerbü gelauscht und mich mit den Nichten und Neffen unterhalten, die in den siebziger Jahren in Bullerbü gespielt haben. Nach und nach, ganz langsam, gewann das Bild an Tiefe, und mir wurde bewusst, wie schwierig es sein würde, von jemandem zu erzählen, der selbst so viel besser erzählen kann. Mir wurde auch bewusst, wie riskant es ist, etwas objektiv zu erzählen, wenn zwischen dem Erzähler und dem Objekt der Erzählung Vertrautheit und Freundschaft entsteht – eine Freundschaft, die mit der Zeit Geschwister, Kinder und Nichten und Neffen einschloss. Man taucht in die Familie ein und fühlt sich den Schwestern so nahe, als wäre man selbst eine Schwester, und verliert damit die eigene Distanz.

Jetzt, zwanzig Jahre später, wird mir diese Komplikation noch stärker bewusst.

Je mehr man sich dem Schicksal eines Menschen nähert, umso behutsamer geht man vor. Dem Wunsch, ein »wahres« Bild zu vermitteln, steht das Widerstreben im Weg, allzu Privates auszuliefern.

Das Leben eines noch lebenden Menschen verändert sich ständig, und wer dieses Leben begleitet, wird selbst hineingezogen – freiwillig oder unfreiwillig. Als ich 1977 über Astrid Lindgrens Pomperipossa-Artikel schrieb, die im Zusammenhang mit der Wahl 1976 entstanden waren, hatte ich selbst vor widerstreitenden Gefühlen ganz rote Backen. Jetzt, wo ich dieselben Artikel zwanzig Jahre später kommentiere, habe ich eine abgeklärte und distanzierte Einstellung dazu, und auch meine Interpretation der Äußerungen der führenden Sozialdemokraten, die Astrid Lindgren in den siebziger Jahren als Feindin betrachteten, hat sich verändert.

Damals, 1977, lieferte das Buch Informationen über Astrid Lindgrens Leben als Erwachsene, die noch unbekannt waren und zu fetten Schlagzeilen führten. Astrid Lindgren und ich waren gleichermaßen überrascht, als das Thema »Astrid Lindgrens unbekannter Sohn« für aufgeregtes Rascheln im Blätterwald sorgte. Inzwischen sind dies bekannte und nicht weiter sensationelle Tatsachen. Der Zeitgeist hat sich ebenso gewandelt wie Astrid Lindgrens eigene Scheu vor ihrer privaten Geschichte.

Das, was nun nach zwanzig Jahren eine bearbeitete und erweiterte Version meiner Lindgren-Biografie vor allem motiviert, ist die Fülle der Fakten, die im Lauf dieser zwanzig Jahre hinzugekommen sind. Astrid Lindgren hat in dieser Zeit eines ihrer bemerkenswertesten Bücher geschrieben, *Ronja Räubertochter*. Sie hat nach ihrem siebzigsten Geburtstag eine geradezu unglaubliche Karriere als Meinungsmacherin gemacht. Außerdem haben sich die Artikel und Analysen vervielfacht, die sich mit ihrem Werk befassen – nicht zuletzt, als die Kinder jener Kinder, die Pippi, Michel und Karlsson vom Dach dereinst als Erste lasen, den Lesestoff ihrer eigenen Kindheit auszuwerten begannen. Die literaturwissenschaftliche Forschung hat ebenfalls immer neue Analysen von Astrid Lindgrens Werk beigetragen. Vivi Edströms Bücher – vor allem *Astrid Lindgren und die Macht des Märchens* (1997) – erschließen dem Leser den Zugang zu den verborgenen Quellen, denen Astrid Lindgrens Märchen entsprungen sind. Vivi Edström zu lesen war ein Abenteuer für sich; in dieser Biografie hat sie einen selbstverständlichen Platz.

Dank einer über dreißigjährigen Freundschaft bin ich meiner Hauptperson sehr nahe gekommen. Dass dies eine Nähe ist, die für den Verfasser einer Biografie problematisch sein kann, habe ich bereits angedeutet. Je besser man den anderen kennen lernt, umso mehr negative Eigenschaften entdeckt man meistens an ihm.

Wenn ich Astrid Lindgren näher betrachte, verhält es sich eher umgekehrt – die tiefe, reiche Menschlichkeit dieser Autorin versetzt mich in immer größeres Erstaunen und erfüllt mich mit einem Gefühl der Liebe. Möge der grollende Gott der Biografen mir verzeihen.

*Stockholm im November 1998*

MARGARETA STRÖMSTEDT

# Die Kindheit

# 1

> So entsteht unser vollständiges Bild
> von einem Menschen: eine Hälfte gefunden
> und wahrgenommen, die andere Hälfte
> in ihn hineingelegt, hineinfantasiert,
> »hineingefühlt«.
>
> *Olle Holmberg (Die Welt der Einbildung)*

Über Astrid Lindgren sind seit der Mitte der vierziger Jahre über hunderttausend Artikel, Notizen, Rezensionen, Interviews, Reportagen geschrieben worden. Sie selbst hat bei den verschiedensten Gelegenheiten von der Welt und der Lektüre ihrer Kindheit erzählt und so die Umrisse des biografischen Bildes hinter den Büchern gezeichnet. Eine ungewöhnlich glückliche, harmonische Kindheit auf dem Bauernhof Näs am Rand von Vimmerby in Småland, mit drei Geschwistern und mit Eltern, die einander ein Leben lang in innigster, vorbildlicher Liebe verbunden waren, in den zwanziger Jahren ein Leben als Sekretärin. Ehe. Zwei Kinder – wovon das jüngere, Karin, eines Tages plötzlich einen Namen aus der Luft griff, eine Fantasiegestalt, die sie Pippi Langstrumpf nannte. »Erzähl mir von Pippi Langstrumpf«, bat sie im Winter 1941, als sie mit Lungenentzündung im Bett lag.

So fing es an und so stand es in allen Zeitungsausschnitten, die vor mir lagen, als ich in den siebziger Jahren die erste Fassung dieser Biografie schreiben wollte.

Genauso beinahe überdeutlich unkompliziert und klar trat das Bild von Astrid Lindgrens Persönlichkeit hervor, als ich vor zwanzig Jahren alles verfolgte, was über sie geschrieben worden war, seit sie im Alter von siebenunddreißig Jahren plötzlich aus der Anonymität hervorgezerrt worden und in ein intensives Scheinwerferlicht getreten war.

Damals wie auch heute erschien sie als eine im ursprünglichen Sinn des Wortes witzige Person. Sie war und ist eine Weltmeisterin der witzigen Antworten. Sie formuliert rasch und einfallsreich, sie bleibt keine Antwort schuldig und wurde in den fünfziger Jahren nicht ohne Grund der Star der Rundfunksendung »Zwanzig Fragen«.

In den siebziger Jahren war Astrid Lindgren immer noch Vorsitzende der exklusiven literarischen Gesellschaft De Nio, Die Neun; einer ihrer engsten Freunde dort war der ebenso witzige und geistreiche Professor Olle Holmberg, beheimatet im literarischen achtzehnten Jahrhundert.

»Ihre öffentliche Erscheinung hat etwas von einer gebildeten, geistreichen Dame aus dem achtzehnten Jahrhundert an sich«, schrieb ich damals.

Zu dem öffentlichen Bild von Astrid Lindgren gehören ihre außerordentlichen weltweiten Erfolge, die mit jedem Jahr größer werden. Sie wurde eine Persönlichkeit, der Staatsmänner und gekrönte Häupter aus ganz Europa an ihrem Geburtstag huldigen. Ihre Bücher erscheinen in Millionenauflagen. Schulen und Krankenhäuser sowohl hier als auch im Ausland werden nach ihr benannt. Fernsehprogramme und Filme entstehen am laufenden Band.

»Aber inmitten des Scheinwerferlichts hat sie immer eine starke Integrität bewahrt. Manche Fragen hat sie mit deftigen Antworten pariert, aber meistens hat sie sich zurückgezogen, ist unerreichbar geblieben. Ihre eigenen Bücher hat sie selten kommentiert; in die vielen Diskussionen, die sie, von *Pippi Langstrumpf* bis zu *Die Brüder Löwenherz*, ausgelöst haben, hat sie sich selten eingemischt.«

So schrieb ich in den siebziger Jahren. Seither hat sich das öffentliche Bild von Astrid Lindgren radikal verändert. Nach ihrem siebzigsten Lebensjahr hat sie kühn die öffentliche Arena betreten und beeinflusst seither ganz entscheidend die öffentliche Meinung des Landes. Sie hat die Steuerpolitik, die Kernkraftdebatte, die Flüchtlingsfrage, die Rechte der Kinder, aber vor allem die Behandlung unserer Haustiere wesentlich beeinflusst – letztere Diskussion bewirkte sogar Gesetzesänderungen und fand in der ganzen westlichen Welt ein Echo.

Häufig ist das Interesse, das der Biografie von Schriftstellern entgegengebracht wird, lästig, oberflächlich und belanglos. In einem Artikel über Tove Jansson, »Unerreichbar unter den tiefsten Zweigen der Tanne«, hat Werner Aspenström erklärt, für *wie* belanglos er dieses Interesse eigentlich hält:

> Im Innern eines jeden Menschen, ja, sogar einer jeden Gesellschaft, existiert ein heißer, ungenießbarer Brei, um den die Katze herumstreicht. Interessant daran sind die Katze und ihre Bewegungen, der Brei selbst ist uninteressant. Die Dichtung ist das eigentlich Wesentliche, nicht deren Hintergrund und persönliche Voraussetzungen.

Aber enthält der Schnittpunkt zwischen Leben und Dichtung nicht trotzdem auch wichtige Informationen? Ist die Dichtung nicht ein Stück Leben, das sich vom übrigen Leben nicht trennen lässt? Unsichtbare Berührungspunkte im dichterischen Werk korrespondieren mit dem Leben des Autors, mit der Gesellschaft und den Werten, von denen der Betreffende umgeben ist.

Anfang des Jahrhunderts hat William James dies in psychologischer Terminologie ausgedrückt:

> Das Bewusstsein ist nicht in der Lage, von allein neue Vorstellungen zu schaffen (...). Fantasie oder Einbildungskraft sind die Bezeichnungen für die Fähigkeit, die ursprünglichen Erfahrungen zu reproduzieren. Die Fantasie wird als reproduktiv bezeichnet, wenn sie nur kopiert, als produktiv dagegen, wenn sie Elemente aus einzelnen Erfahrungen so zusammenstellt, dass sie etwas neues Ganzes bilden. Kurz gesagt: Die Elemente der »Imagination«, egal ob sie als Nachbildung oder als Umbildung in Erscheinung tritt, müssen in beiden Fällen aus der Erinnerung geholt werden.

In Astrid Lindgrens »Erinnerung« muss demnach sowohl das Kind, das sich souverän über alle Autoritäten hinwegsetzt – Pippi Langstrumpf –, als auch das brave und harmonisch angepasste Kind Lisa in Bullerbü im Ansatz enthalten sein. Die Verlassenheitsgefühle des unglücklichen Bo Vilhelm Olsson in *Mio, mein Mio* müssen dort zu finden sein, genau wie die Ängstlichkeit des kleinen Krümel Löwenherz und die unerschütterliche Selbstgefälligkeit bei Karlsson vom Dach.

Woher kommen alle diese unterschiedlichen Kinder? Alle diese starken, munter rebellischen, angepassten, schlitzohrigen, verlassenen, schwachen und unglücklichen Gestalten? Existierten sie bereits im Innern der Astrid Ericsson auf Näs oder sind sie Projektionen, entstanden aus erwachsenen Erfahrungen und Gefühlen?

# 2

> Das Leben erhält seinen eigentlichen
> Wert durch das Gefühl des Verlustes.
>
> *Rabbe Enckell*

Wenn Astrid Lindgren von sich selbst und ihrem Hintergrund erzählt, ist es eine Schilderung in ausschließlich hellen Farben. Die intensive Spielwelt der Kindheit, die Sinnlichkeit, das konkrete Naturerlebnis des Kindes, die Geschwister als Spielgefährten, die geliebten Eltern: Alles badet in warmem, sonnengelbem Licht. Dies ist keine Nostalgie, sondern bedeutet für Astrid Lindgren gegenwärtige Wirklichkeit, eine starke, lebendige Quelle, aus der sie jeden Tag Kraft für ihr Leben und Freude an der Dichtung schöpft.

Dennoch stellt sich beim Betrachten dieser unveränderlich sonnenwarmen, hellen Bilder eine Frage ein – eine Frage nach den Schatten und dunklen Nuancen, die unweigerlich auch vorhanden sein müssen. Wieso kann Astrid Lindgren so intensiv über das verlassene, das einsame und das unglückliche Kind schreiben? Woher hat sie ihre Dunkelheit, ihre Empörung, ihre Trauer?

Dass sie diese Erfahrungen tatsächlich *hat*, empfindet man stark, wenn man ihre Bücher liest und von plötzlich hereinbrechenden Schatten und Dunkelheiten überrascht wird. Und dabei handelt es sich nicht um irgendeine Grauskala, die entsteht, wenn die Sonne sich zufällig hinter Wolken versteckt und die kleinen Kümmernisse des Lebens dem Alltagsglück ein Bein stellen. In *Mio, mein Mio* und *Die Brüder Löwenherz* malt sie mit dramatischem Schwarzweiß: Die reine Güte steht dem eiskalten schwarzen Bösen gegenüber. Die

Trauer zieht wie ein Wind über die Seiten: Warum darf das Böse existieren? In »Sonnenau« ruft der Kuckuck wie besessen – warum dürfen Leid und Unbarmherzigkeit existieren?

Viele Jahre hat Astrid Lindgren es vermieden, über die Schatten in ihrem eigenen Leben zu sprechen. Erst in den letzten zwanzig Jahren hat sie in Interviews – unter anderem im Anschluss an diese Biografie – die tiefen Gefühle von Verlust, Trauer und Melancholie herausgelassen, die den Resonanzboden ihrer eigenen Persönlichkeit und auch all ihrer Märchen bilden.

Aber lange Zeit war ihre Verschwiegenheit total. *Fast* total.

Es gab nämlich einen einzigen autobiografischen Aufsatz, der sich vollkommen von allem Übrigen unterschied, was sie über sich selbst geschrieben hatte – und wenn man diesen Aufsatz aufmerksam las, lieferte er die ersten Schlüssel zu jenen Räumen, die sie zuvor mit bewusster Verschwiegenheit unter Verschluss gehalten hatte. Unter der Überschrift »Mein Buch« wurde er im November 1974 in der Lesebeilage der Zeitung *Expressen* veröffentlicht:

> Das Schlüsselerlebnis meiner Jugend war Knut Hamsun.
>
> Ich erinnere mich noch an einen Frühlingstag in den zwanziger Jahren, als ich oben bei der Engelbrektskirche unter einem blühenden Faulbaum saß und *Hunger* las, ein größeres Leseerlebnis habe ich wohl nie gehabt. Ich war jung und einsam und sehr arm, ich war erst vor kurzem aus der Provinz gekommen und kannte niemanden in Stockholm. Die Alltage im Büro waren ja erträglich, aber meine Sonntage waren einsam und trist. Sie konnte ich nur mit Hilfe von Büchern überstehen.
>
> Ich hatte vor kurzem die Stadtbibliothek am Sveavägen entdeckt, und ich vergesse nie, was für ein Gefühl es war, in diesen großen Rundbau zu kommen und ein Meer von Büchern vor mir zu sehen. Da brauchte ich mich bloß zu bedienen – wie ich glaubte. Lange wanderte ich dort genüsslich herum und sah mir die vielen Bände an, und als ich mich endlich entschieden hatte, trat ich an die Ausleihe.
>
> Dort stand ein sehr blonder junger Mann in einem hellblauen Pullover und stempelte die Bücher – das war Arnold Ljungdal, aber das wusste ich damals noch nicht – und der erklärte mir, nein, so gehe das nicht! Zuerst müsse ich einen Bibliotheksausweis haben,

und das werde ein paar Tage dauern. Das war eine Enttäuschung, ein Knacks, den ich nicht verkraftete. Ich konnte mich nicht beherrschen, sondern brach zu meiner ewigen Schande in Tränen aus.

Arnold Ljungdal guckte mich erstaunt und leicht unangenehm berührt an, diese Literaturbegeisterung hielt er wohl für etwas übertrieben.

Er konnte ja nicht wissen, dass ich einen ganzen langen einsamen Sonntag ohne Bücher oder Menschen vor mir sah. Wenn ich nur Bücher hatte, kam ich gut ohne Menschen zurecht, aber da stand nun dieser steinharte blonde Kerl und sagte, dass ich keine Bücher kriegen könne. Kein Wunder, dass ich da weinte! Vermutlich war es wohl so, dass ich nicht nur nach Büchern ausgehungert war, in gewisser Weise war ich auch ausgehungert nach Essen, und dann kommen die Tränen schneller.

»Zu meiner ewigen Schande brach ich in Tränen aus.«

Natürlich war es nicht nur ein spontaner Hunger nach Literatur oder nach Essen, der die sehr junge Astrid Lindgren an einem Frühlingstag dazu brachte, mitten in der Stadtbibliothek am Sveavägen hemmungslos in Tränen auszubrechen. Das müssen Tränen gewesen sein, von denen sie in diesem Augenblick bis an den Rand angefüllt war und die nur darauf warteten, hervorbrechen zu dürfen. Sie war Anfang zwanzig und steckte in sowohl praktischen als auch seelischen Schwierigkeiten. Vimmerby, die Kleinstadt mit den vertrauten Gässchen und den Spiegeln an den Fenstern, hatte sie verlassen. Die Familie auf Näs wollte sie mit ihren Problemen nicht behelligen. Sie würde allein damit fertig werden, aber unter der Oberfläche lauerte die Panik.

Kein Wunder, dass sie sich auf jeder Seite von Hamsuns *Hunger* wiedererkannte:

> Diese Menschen – leicht und lustig wiegten sie ihre hellen Köpfe und schwangen sich durch das Leben wie durch einen Ballsaal! In keinem einzigen Auge war Sorge, keine Bürde auf irgendeiner Schulter, vielleicht nicht ein einziger trüber Gedanke, nicht eine einzige kleine heimliche Pein in einem dieser fröhlichen Gemüter. Und ich ging hier dicht neben diesen Menschen, jung und vor kurzem ausgeflogen, und ich hatte schon vergessen, wie das Glück aussah.

Astrid Lindgren erinnert sich 1974 daran, wie diese Lektüre sie beeinflusste:

> ... alles vermischte sich zu einem einzigen intensiven Gefühl: Das Buch machte mich glücklich und gleichzeitig fühlte ich mich mit dem jungen Hamsun und allen anderen, die in den Städten der Welt hungerten, verbunden. Solche wie ich zum Beispiel. Nun ja, nun ja, ich hungerte nicht annähernd so bitterlich wie Hamsun, der dort drüben in Kristiania herumwanderte und an einem Holzsplitter kaute, hier in Stockholm handelte es sich nur darum, dass man fast nie richtig satt war. Aber das genügte, um sich mit dem jungen Wirrkopf in Kristiania zu identifizieren – und überhaupt: War es nicht unglaublich, dass er ein so bewegendes und umwerfend komisches Buch über den Hunger schreiben konnte?
>
> Und wie habe ich gelacht! Dort auf meiner Bank musste ich mir das Buch vors Gesicht halten, damit die Leute, die vorbeigingen, nicht glaubten, ich sei verrückt, ja, als ich von J. A. Happolati las, dem Mann, der das elektrische Gesangbuch erfunden hatte, wimmerte ich vor Lachen. Vielleicht wäre Pippi Langstrumpf nie eine so enorme Lügnerin geworden, wenn Hamsun nicht einem halb blinden harmlosen alten Mann, der sich zufällig neben ihn auf eine Holzbank gesetzt hatte, so haarsträubende Lügengeschichten über den unglaublichen Happolati aufgetischt hätte.

Die Episode mit Hamsun verrät etwas über einen literarischen Einfluss (ist es übrigens nicht möglich, dass Hamsuns spielerischer Einfall, die wunderschöne Ylajali, Astrid Lindgren zu Ylvali inspirierte, jener zarten Fantasiegespielin in »Allerliebste Schwester«?) – aber sie zeigt auch, wie nah Weinen und Lachen, Ernst, Spiel und drastischer Humor in Astrid Lindgrens Persönlichkeit und in ihren Büchern beieinander liegen.

Die Schwankungen zwischen Verzweiflung und Galgenhumor werden in den Briefen, die sie in diesen Jahren nach Hause schreibt, genauso deutlich sichtbar. Vielleicht nicht so sehr in den Briefen an die Eltern, die meistens in einem durchgehend munteren und lausbübischen Ton gehalten sind. Aber in den Briefen an den Lieblingsbruder Gunnar lässt sie ein wenig hinter die Fassade blicken:

> Ich fühle mich einsam und arm. Einsam, weil ich das bin, und arm, weil mein ganzes Hab und Gut aus einer dänischen Einöre-Münze besteht.

Dennoch ist der schalkhafte Witz nicht weit. Der Brief endet mit einer Persiflage auf das deutsche Gedicht »Du bist wie eine Blume« von dem Humoristen Falstaff Fakir.

# 3

Es gibt Menschen – und dazu gehören vielleicht die meisten von uns –, die ihre Kindheit wie durch ein umgedrehtes Fernrohr betrachten. In weiter Ferne sieht man mit seinen erwachsenen Augen das kleine Kind, das man einst war, und der Anblick ruft eine seltsame Rührung hervor. Die Verbindung mit der Kindheit ist eigentlich völlig durchtrennt, abgebrochen; man blickt nicht oft zurück, man erinnert sich fragmentarisch und färbt das, woran man sich erinnert, mit erwachsenen Erfahrungen und Ansichten. Das Kind, das man einmal war, ist ein fremdes Wesen, und die Gefühle, die es weckt, werden sentimental. Falls man eine, wie man glaubt, glückliche Kindheit gehabt hat, wird die Sentimentalität mit einer ordentlichen Portion Nostalgie vermischt.

Ist die Kindheit unglücklich gewesen, kommt das Selbstmitleid hinzu und macht die Sentimentalität noch weinerlicher – weil sie einen ungelösten Konflikt verbirgt.

Aber es gibt auch Erwachsene, die den Kontakt mit der eigenen Kindheit oder mit sich selbst als Kind nie unterbrochen haben. Die Kindheit ist sinnliche, konkrete Gegenwart. Die unglückliche Kindheit ist jeden Tag anwesend. Die Kränkung, die Ohrfeige, die Ungerechtigkeit schmerzen täglich mit unveränderter Heftigkeit und wecken Gefühle wie Hass und Aufruhr. Rousseau und Strindberg, diese beiden vergessen nie. Das Kind, das sie einst waren, fordert ständig Genugtuung.

Auf die gleiche Art kann die *glückliche* Kindheit immer gegenwärtig sein. »The basic trust«, das ist die Basis aus Vertrauen, die in den ersten Lebensjahren geschaffen wird und dann als schöpferische Kraft in der wachsenden Persönlichkeit wirkt. Was dieses Urvertrauen erzeugt, ist mitunter schwer zu erkennen. In einer von außen betrachtet guten Umgebung, in der sich emotionale Mängel verbergen, kann das Urvertrauen durchaus fehlen, während es in einem sozial ausgegrenzten Umfeld, wo irgendjemand dem Kind auf wundersame Weise eine tiefe gefühlsmäßige Geborgenheit vermittelt, vorhanden sein kann.

Ab und zu begegnet man ihnen, diesen spielenden Menschen, die die Verbindung zur Welt der Kindheit nie verloren haben. Natürlich haben die Erfahrungen des Erwachsenenlebens auch sie geprägt – aber die ursprüngliche Neugier, Freude und Fantasie sind dadurch nie erstickt worden. Das Kind, das sie einmal waren, ist ständig sinnlich anwesend: in einem Blick, in einer fantasievollen Lösung, in einem Lachen!

Selbstverständlich wissen auch diese Menschen, dass Kinder ein mindestens so großes Gefühlsregister haben wie Erwachsene. Sie wissen, dass Kinder Unruhe, Angst, Verzweiflung, Eifersucht und Wut genauso erleben können wie Zärtlichkeit, Befriedigung und Glück.

In den besten Kinderbuchautoren steckt immer ein lebendiges Kind. Astrid Lindgren ist eine von ihnen. Ihr Werk umfasst die meisten Genres und umspannt das gesamte Gefühlsregister. Ihre erwachsenen Erfahrungen kommen ihrem Wissen von den Möglichkeiten des Spiels immer wieder in die Quere. Als Erwachsene sieht sie, wie schlecht Kinder behandelt werden, und gleichzeitig *weiß* sie, wie das Kinderleben sein *könnte*. Daher die Empörung in den Märchen. Daher der Trost für die unglücklichen Kinder zur Zeit der Armut in »Sonnenau«. Nicht das Tor zum Totenreich öffnet sich den armen, hungrigen Myrakindern, sondern die Tür zu der glücklichen Kindheit, die sie hätten haben sollen, aber nie bekommen hatten, eine Kindheit voller Freiheit und Geborgenheit:

> Dort ließen sie ihre Borkenschiffchen schwimmen, dort schnitten sie Weidenflöten und bauten sich Spielstübchen am Bergeshang und jeden Tag gab ihnen die Mutter zu essen, so viel sie wollten.

»Ich glaube, das, was unsere Kindheit so glücklich machte«, pflegt Astrid Lindgren zu sagen, »war, dass wir sowohl genügend Freiheit als auch Geborgenheit hatten.« In einer Broschüre des Verlags Rabén & Sjögren skizziert sie den Hintergrund:

Beginnen wir beim Anfang – im November 1907, da kam ich auf die Welt – in einem alten roten Haus, umgeben von Apfelbäumen, als zweites Kind des Landwirts Samuel August Ericsson und seiner Frau Hanna Ericsson, geborene Jonsson. Der Hof, wo wir wohnten, hieß – und heißt immer noch – Näs und lag ganz in der Nähe einer kleinen Stadt in Småland – Vimmerby. Näs war seit 1411 Pfarrhof und ist es immer noch, aber mein Vater war keineswegs Pfarrer, sondern nur der Pächter von Näs, genau wie sein Vater vor ihm und sein Sohn nach ihm.

In dem roten Haus, das im achtzehnten Jahrhundert als Pfarrhof diente, aber später das Wohnhaus des Pächters wurde, kamen nach und nach noch zwei weitere Kinder auf die Welt. Also waren wir vier Geschwister, Gunnar, Astrid, Stina und Ingegerd, und wir führten ein glückliches Bullerbü-Leben auf Näs, im großen Ganzen genau so wie die Kinder in den Bullerbü-Büchern.

Die drei Bücher über die Kinder aus Bullerbü schrieb Astrid Lindgren während der ersten sieben Jahre nach ihrem Debüt; zwischendurch veröffentlichte sie auch die Bücher über Pippi Langstrumpf und den Meisterdetektiv Blomquist. *Pippi Langstrumpf* erschien 1945 und stellte sich mit lautem Trara an die Spitze einer eigenen Freiheitsbewegung der Kinder, einer fröhlichen Revolte gegen sämtliche Autoritäten der Erwachsenen. Und gleichzeitig lässt Astrid Lindgren Lisa aus Bullerbü von einem ländlichen Leben voller Spiele erzählen, das nicht den geringsten Ansatz einer Revolte gegen die Erwachsenenwelt enthält. Und in den Bullerbü-Büchern lässt sich Pippis kecke Unverblümtheit im Umgang mit Lehrerinnen und Kaffee trinkenden Tanten nicht einmal ahnen. Wie ist es möglich, fragt man sich, dass jemand gleichzeitig so unterschiedliche Bücher über das Kindsein schreiben kann?

Die Antwort ist ziemlich einfach.

Pippi ist eine einmalige Fantasiegestalt, verankert in der kinderpsychologischen Diskussion der dreißiger und vierziger Jahre. Sie ist eine Figur, heraufbeschworen von der *erwachsenen* Astrid Lindgren, allen gehemmten und übermäßig wohlerzogenen Kindern zum Trost und zur Hilfe, Kindern, deren Partei die Autorin als Erwachsene immer und überall ergriffen hat, wo immer sie ihnen begegnete. Pippis Einstellung zur Erwachsenenwelt ist in dem Kind, das Astrid Lindgren selbst einmal war, allerdings nicht deutlich verankert.

Als Astrid Lindgren im Alter von vierzig Jahren in Lisa aus Bullerbü hineinschlüpft und vom Bullerbü-Leben erzählt, wird sie dagegen offenbar von einem einzigen starken, alles dominierenden Gefühl getragen: Das Bullerbü-Leben war schön und hat die ganze Zeit Spaß gemacht! »Mein Geburtstag und Weihnachten sind die zwei schönsten Tage im Jahr. Meinen allerschönsten Geburtstag hatte ich, als ich sieben wurde.« (...) »An dem Tag hat es mir noch mehr Spaß gemacht ...« (...) »Es ist schön, wenn Sommer ist. Wenn die Schule aus ist, macht alles Spaß ...« (...) »Es gibt niemand, mit dem ich so schön spielen kann wie mit Inga.« (...) »Wenn man lange Zeit Sommerferien gehabt hat, finde ich wenigstens, dass es richtig Spaß macht, wieder in die Schule zu gehen ...«

»Oh, was hatten wir für einen Spaß!« Wie eine warme Welle geht das durchs ganze Buch, das ist wie eine Beschwörung, die alle kleineren Gereiztheiten und Unannehmlichkeiten auflöst, die ab und zu auch in Bullerbü vorkommen. Das Spiel und die Spielkameraden, darauf kommt es an: »Lasse und Bosse und ich und Ole und Britta und Inga.« Das Leben in Bullerbü enthält auch Arbeit – im Rübenfeld, auf dem Kartoffelacker –, aber auch die Arbeit ist von der lustvollen Spannung des Spiels erfüllt:

> Kartoffeln sammeln macht Spaß. Wir haben unsere schlechtesten Kleider an und Gummistiefel. Manchmal ist es ein bisschen kalt draußen auf dem Kartoffelacker und wir bekommen steife Finger. Aber dann hauchen wir sie an.
>
> Eben bekam ich mit der Zigarrenkiste einen Brief von Britta und Inga. Darin stand: »Hör mal, Lisa, jetzt haben wir uns etwas Gutes ausgedacht. Warte nur, bis wir draußen auf dem Kartoffelacker sind, da nehmen wir die Jungen mal ordentlich auf den Arm. Haha, wird das ein Spaß! Die werden schön wütend werden.«
>
> Möchte bloß wissen, was sie sich ausgedacht haben. Aber das werde ich morgen erfahren.

Das Modell für das ideale Leben auf dem Lande zu Anfang des Jahrhunderts lieferte Anna Maria Roos mit dem Bestseller *Sörgården*, der 1913 erschien. In *Sörgården* wird eine patriarchalische, statische Welt beschrieben, wo die Obrigkeit eine Selbstverständlichkeit ist, wo Fräulein Lind am Geburtstag des Königs die Fahne hisst, wo der Gutshof in vornehmer Abgeschiedenheit liegt und die Bauernhöfe sich um die Kirche mitten im Dorf scharen. Eine erträumte Welt voller Gediegenheit, wo alle Konflikte und Bedrohungen unter den Teppich gekehrt worden sind. Die Kinder werden von oben betrachtet, wie kleine Puzzleteilchen, die durch Erziehung in das schöne Gemälde eingefügt werden sollen. Der Vater ist das Vorbild für Gustav und Sven, für Karin und Greta ist es die Mutter, und die Großmutter hat den kleinen Olle auf dem Schoß. Das Leben der privilegierten Bewohner der Sörgårdwelt, die gemütlich im Lampenschein in der Stube sitzen, enthält Sicherheit und Geborgenheit, aber auch sehr wenig Freiheit. »Man muss Gott, dem König und Vater gehorchen und sich mit dem zufrieden geben, was man hat.«

Die konservative Ideologie, die *Sörgården* prägte und Anfang des Jahrhunderts in der bäuerlichen Gesellschaft vorherrschend war, bildete auch den Hintergrund für Astrid Lindgrens Kindheitsmilieu auf Näs – aber in Bullerbü kommt dies nur als eine leicht komische, selbstgefällige Artigkeit bei Lisa zum Ausdruck, wenn sie sich ab und zu darüber entsetzt, wie unartig und verdorben die Jungen sind:

> Da wollte Lasse, wir sollten versuchen, wer am schlimmsten fluchen könnte. Aber das wollten Britta, Inga und ich nicht mitmachen. Denn unsere Lehrerin hat gesagt, dass nur böse Menschen fluchen.

Zu Lisas Mädchenrolle in Bullerbü gehört es, ein wenig ordentlicher und braver zu sein als die Jungen. Meistens macht Lisa das auch Spaß:

Mama hat gesagt, ich soll mein Zimmer sauber und ordentlich halten. Das tue ich auch, so gut ich kann. Manchmal habe ich Großreinemachen. Dann werfe ich alle Flickenteppiche aus dem Fenster. Agda hilft mir beim Klopfen. Ich habe einen kleinen Teppichklopfer, der mir gehört. Damit klopfe ich sie. Ich putze auch die Türklinke und wische überall Staub und stelle frische Blumen hinein und bringe das Puppenbett und den Puppenwagen in Ordnung. Manchmal vergesse ich in meinem Zimmer rein zu machen. Dann sagt Mama, ich sei eine Schmutzliese.

Die Jungenrolle ist die Rolle des Bestimmers: »Wir machten das, was Lasse sagte, das tun wir immer« – aber die Mädchen sind in Wirklichkeit mindestens genauso aktiv und einfallsreich. An mehr als einer Stelle taucht auch ein aufkeimender kleiner Protest gegen die ungerechte Mädchenrolle auf:

Es ist doch immer wieder das Gleiche! Was man auch spielt, für die Jungen kommt immer etwas Lustiges dabei heraus, wir aber, wir sollen nur immer Essen warm halten oder so was.

Wenn man heutzutage *Sörgården* liest, ist es, als würde man in ein Museum voller alter morscher Ideale und Träume schauen. Die Bullerbü-Bücher dagegen sind auf jeder Seite von Leben erfüllt. »Es handelt von meiner Kindheit«, sagt Astrid Lindgren zwar, aber die vorherrschende Stimmung in den Büchern erinnert nicht speziell an den Anfang des Jahrhunderts. Die Kinder lesen die Zeitschrift *Sveriges Vår* (Schwedens Frühling), sie besuchen eine kleine Dorfschule, im Stall stehen immer noch Tiere, man spannt das Pferd vor die Kutsche oder den Schlitten, wenn man irgendwo eingeladen ist, aber dennoch ist die Zeit unbestimmt, das alles könnte sich ebenso gut in den dreißiger oder vierziger Jahren abspielen. Das Bild von der großen Welt ist unscharf und sehr weit entfernt. Auf den letzten Seiten wird der Krieg als eine diffuse Drohung erwähnt, dabei kann es sich aber genauso gut um den Zweiten Weltkrieg handeln wie um den Ersten.

Nein, in den Bullerbü-Büchern sind der äußere gesellschaftliche Rahmen und die Requisiten unwesentlich. Das Hauptthema ist das Spiel, die Welt des Spiels, die es immer gegeben hat und die auf Kinderebene immer noch existiert. Generation nach Generation werden die gleichen Spiele gespielt. Meistens erreichen sie die Erwachsenenwelt gar nicht, sondern werden von den älteren Kindern an die jüngeren weitervererbt. Wenn man die Bullerbü-Bücher als Erwachsener liest, wird man an eine sinnliche Gegenwart erinnert, die man völlig vergessen hat, an eine ganze Spielkultur.

Die Ereignisse in den Bullerbü-Büchern verlassen nie den Rahmen des Alltäglichen. Und dennoch sind sie spannend. Wer die Spiele der Kinder aufmerksam verfolgt, wird entdecken, dass das scheinbar Ereignislose voller rasch wechselnder Dramatik ist. Das Kribbeln im Magen, wenn man vom obersten Dachbalken der Scheune springt, birgt mehr Spannung, als die meisten Erwachsenen in vielen Jahren erleben. Oder der plötzliche Schreck, als die Jungen sich als Gespenster verkleidet haben und man einen Augenblick lang tatsächlich *glaubt*, es sei »Knös« selbst, der einen holen will, oder die Aufregung, wenn man seine Mückenstiche an den Beinen zählt, weil man die meisten haben will.

Astrid Lindgren hat mehrmals erfahren, wie unterschiedlich gerade die Bullerbü-Bücher von Kindern und Erwachsenen aufgenommen werden. Da gibt es kleine Witze, kleine Albernheiten, die an den Erwachsenen vorbeigehen, die aber jedes Kind laut und glücklich auflachen lassen.

»Einmal war ich zu einem Büchertag in Halmstad und sollte einem ganzen Saal voller Erwachsener etwas vorlesen. Ich las ein Kapitel aus den Bullerbü-Büchern, es handelte sich um das Kapitel, in dem die Kinder an der Landstraße Kirschen verkaufen, und während ich las, dachte ich, dass es dumm von mir gewesen sei, gerade dieses Stück vorzulesen, denn jetzt komme ich gleich zu so einem Scherz, der nur Kindern gefällt und wo Erwachsene niemals auch nur die Lippen verziehen, denn sie verstehen das Lustige daran nicht. Als ich so las, wie Lisas Kirschen im Magen der Familie, die sie gekauft hatte, ins Ausland fuhren, während Lisa selber in Bullerbü herumspazierte, und wie Lasses Kirschen Saft werden sollten, Lasse selber aber nicht, da hörte man im Saal ein einziges hohes, trillerndes Kinderlachen. Es gab nur *ein Kind* im Saal, aber dieses Kind verstand, warum ich das geschrieben hatte. Und als die Erwachsenen dieses Kinderlachen hörten, fingen sie auch an zu lachen, obwohl sie vermutlich nicht wussten, warum.

Und ich weiß noch, wie ich in Deutschland einmal einer Gruppe von Kindern von Ole vorlas, der einen wackligen Zahn hatte. Als ich in den Saal schaute, saßen alle Kinder da und testeten, ob noch alle Zähne fest saßen.

Vom Essen zu erzählen ist auch wichtig. Es wäre fast ein Verbrechen zu schreiben, dass die Bullerbü-Kinder bei einem Ausflug Essen dabeihatten, und dann nicht aufzuzählen, dass ihr Korb Eierpfannkuchen mit Fruchtgelee und Milch und Saft und Wurstbrote und Kuchen und sechs Fischklöße enthielt.«

Das Leben in Bullerbü wird mit den Augen der harmonischen Lisa gesehen, daher sind das Milieu und die Erwachsenen überhaupt nicht so wichtig wie das Spiel und die Spielgefährten. Die Erwachsenen werden zum Bestandteil einer Idylle. Wenn sie nicht ganz unsichtbar sind, erscheinen sie entweder als »liebe« Erwachsene, die die Kinder in Ruhe lassen, oder gelegentlich als Idealerwachsene, die mit den Kindern auf dem Schlittenhang rodeln. Für bäuerliche Eltern zu Anfang des Jahrhunderts sind sie darin keineswegs typisch. Typisch sind sie eher für Astrid Lindgren selbst, die verständnisvolle Mutter im bürgerlichen Milieu der vierziger Jahre.

Das Spiel-Leben dagegen ist ganz realistisch und voller Konfrontationen zwischen den Kindern.

Ein Kapitel, das viel über Astrid Lindgrens realistische Auffassung von Kindern verrät, heißt »Inga und ich wollen Kindermädchen werden – vielleicht«:

Wir legten Kerstin in ihr Bett, das in der Stube neben der Küche steht, gingen hinaus und machten die Tür hinter uns zu. Sofort begann Kerstin, aus vollem Hals zu schreien. Wir taten, als hörten wir es nicht, aber sie schrie und brüllte lauter und immer lauter. Schließlich steckte Inga den Kopf in die Stube und sagte:

»Sei still, du ungezogenes Ding!«

Es ist wohl richtig, dass man mild und freundlich mit kleinen Kindern sprechen soll, aber manchmal geht das nicht. Sicher hatte die Zeitung Recht, dass Kinder, mit denen man herumschimpft, widerspenstig werden. Kerstin ganz bestimmt. Denn sie brüllte schlimmer als vorher. Da gingen wir beide zu ihr hinein. Augenblicklich wurde sie still, stand in ihrem Bett auf, hopste auf und ab und rief »Hei, hei«. Und sie machte das, solange wir bei ihr waren. Sie steckte ihre kleine Hand durch das Gitter ihres Bettes und streichelte mich und legte ihre Backe an meine.

»Lieb ist sie ja doch«, sagte ich.

Da biss Kerstin mich in die Backe. Die Stelle war zwei Tage lang zu sehen.

Als Inga und Lisa in Bullerbü Erwachsene spielen, sehen sie sich als Kinderschwestern von niedlichen kleinen Kindern. Aber die kleinen Kinder in Astrid Lindgrens Büchern können beißen, sie sind keine süßen Engelchen wie so viele andere Kinderbuchkinder, die aus erwachsenen Wunschträumen – oder wie hier aus den gespielten erwachsenen Wunschträumen von Inga und Lisa – heraufbeschworen werden.

# 4

In vielen von Astrid Lindgrens Büchern kommt eine Kleinstadt vor, und diese Kleinstadt ist Vimmerby.

Es ist Ende des vorigen Jahrhunderts, als Michel nach Vimmerby auf den Markt fährt. Man kann ihn von der Viehkoppel bis zu Frau Petrell, die neben dem Bürgermeister wohnt, durch die Stadt begleiten. Das Haus des Bürgermeisters, das auch heute noch besichtigt werden kann, ist der Schauplatz von Michels Überraschungsbesuch bei der Geburtstagsfeier des Bürgermeisters. Dieser Besuch endet damit, dass die Geburtstagstorte dort landet, wo sie nach den Gesetzen der Burleske zu landen hat: mitten im Gesicht des Bürgermeisters.

Im zweiten Jahrzehnt unseres Jahrhunderts, als draußen in der Welt Krieg herrscht und in der Zeitung *Wimmerby tidning* die regelmäßige Rubrik »Vom Kriegsschauplatz« erscheint, ist es Madita, die auf dem Kopfsteinpflaster durch die Straßen wandert, um in der Konditorei Sahnebonbons zu kaufen.

In einer unbestimmbaren Zeit, die die zwanziger, die dreißiger oder auch die vierziger Jahre sein kann, spielt sich der Krieg der Rosen in Kleinköping ab. Jetzt ist es der Meisterdetektiv Kalle Blomquist, der mit Eva-Lotta, der Tochter des Bäckers, und Anders, dem Sohn des Schusters, durch die Gassen um Båtmansbacken (Bootsmannhügel) in Vimmerby schleicht. Ende der sechziger Jahre wurde die Schuhmacherei abgerissen, und das große weiße Polizeigebäude, in dem Wachtmeister Björk hauste, durfte auch nicht stehen bleiben, als die unsensiblen Städteplaner Ende der siebziger Jahre besonders schlimm wüteten.

Hinter der Idylle Västanvik in *Rasmus, Pontus und der Schwertschlucker* lässt sich ebenfalls die Atmosphäre von Vimmerby erahnen, Vimmerby mit seiner alten ehrwürdigen Oberschule, dem Frühlingsmarkt mit dem Rummelplatz und dem Frühlingsfest im Park.

Und dass die kleine Stadt, in der Pippi Langstrumpf sich niederlässt, mit Vimmerby identisch ist, daran kann niemand zweifeln, der einmal von Astrid Lindgren durch die Gässchen geführt worden ist und den Laden zu sehen bekommen hat, wo Pippi zweimal 18 Kilo Bonbons, sechzig Zuckerstangen, zweiundsiebzig Pakete Sahnebonbons und hundertdrei Schokoladenzigaretten kaufte.

Um die Jahrhundertwende ist Vimmerby eine Stadt mit ungefähr 2000 Einwohnern. Wer aus nördlicher Richtung ankommt, von Pelarne herab, und denselben Weg wie Michel einschlägt, als er zum Markt in Vimmerby unterwegs ist, erblickt von weitem die Vimmerbyebene, die eigentlich aus ehemaligen Moorwiesen rings um den Fluss Stångån besteht, und die Anhöhe, die sich über der Ebene erhebt. An den Hängen der Anhöhe klettert die kleine Stadt zur Kirche hinauf, die mit ihrer hohen Kirchturmspitze ganz oben thront.

Oben auf der Anhöhe lag das mittelalterliche Vimmerby. Von hier aus erstreckt sich auch die lange Hauptstraße Storgatan in vielen Windungen durch die ganze Stadt. »In dieser Stadt gibt es nur eine Straße und eine Querstraße«, sagt der Bäckermeister Lisander in *Kalle Blomquist lebt gefährlich*.

Und der Bäckermeister hatte Recht. Hauptstraße und Kleine Straße, das war alles, was es gab – und den Großen Markt natürlich. Der Rest waren winzige kopfsteingepflasterte, bucklige Gassen und Straßenstummel, die zum Fluss hinunterführten oder auch ganz plötzlich aufhörten vor einem baufälligen alten Haus, das mit dem Recht des Alters dort stand und den Weg versperrte und sich eigensinnig jeder modernen Stadtplanung widersetzte.

Die Storgatan in Vimmerby ist eine der ältesten Stadtstraßen Schwedens. Bereits im Mittelalter führte sie hier die Anhöhe entlang und schon damals war sie eines der großen Zentren des Viehhandels in Småland.

»Vimmerby ist eine Stadt, die für Betrügerei und Ochsenhandel bekannt ist«, steht in einer Reiseschilderung des achtzehnten Jahrhunderts. Ein wesentlich späterer Reisender berichtet in den dreißiger Jahren in der Zeitung *Barometern* vom Viehhandel in Vimmerby: »Das Brüllen der Kühe vom Marktplatz verleiht Straßen und Plätzen einen arkadischen Ton, und die großen Mengen an Fleisch und Häuten erwecken eine Ahnung von den Blutopfern der Vorzeit.«

Damals, als Anton Svensson aus Katthult mit Michel und der ganzen Familie nach Vimmerby auf den Markt fuhr, gab es ein neu erwachtes Interesse an Pferden. Im Lauf von fünfzig Jahren, zwischen 1880 und 1930, nahm die Anzahl der Pferde in Schweden von 450 000 auf 650 000 zu, während die Menge der Ochsen von 300 000 auf 20 000 abnahm.

Aber es sind die Ochsen, die mit Vimmerbys Geschichte verbunden sind, und es sind die Ochsen, die von alters her zu dem zähen, armen Småland gehören. Als Carl Jonas Love Almqvist die Bedeutung der schwedischen Armut beschreibt, hält er angesichts des Ochsen und der Kuh inne:

Diese Gestalten haben einen wunderbaren Ausdruck von Achtbarkeit an sich. Sie sehen nicht froh aus, auch nicht melancholisch, selten böse, aber dennoch auch nicht fröhlich. Sie sind gravitätisch und erwecken immer den Anschein, als gingen sie Pflichten nach. Sie sind nicht nur von großer wirtschaftlicher Verwendbarkeit, sondern drücken dies auch mit ihrem ganzen Wesen aus – in ihnen hat der irdische Nutzen selbst Gestalt angenommen.

Diese Ochsen waren es, die die Bewohner von Vimmerby im sechzehnten Jahrhundert in Richtung Süden nach Schonen und Dänemark verkauften. Dadurch erregten sie den Zorn des Alleinherrschers König Gustav, der selbst bestimmen wollte, in welche Richtung der Ochsenhandel zu betreiben sei. Ob es nun am Ochsenhandel lag oder mit dem Aufrührer Dacke zu tun hatte oder ob Gustav Vasa 1532 aus anderen Gründen beschloss, Vimmerby die Stadtrechte abzuerkennen – und damit auch die Handelsrechte –,

darüber haben die Historiker noch keine richtige Klarheit gewonnen. (F. E. Norén erwähnt viele interessante historische Dokumente in seinem Buch *Aus dem Vimmerby und Sevede vergangener Zeiten.*) Über siebzig Jahre lang mussten die Bewohner von Vimmerby warten, bis sie ihre Stadtprivilegien wiedererhielten, aber während dieser Zeit trieben sie weiterhin ungeniert Handel mit ihren Ochsen auf der Viehkoppel von Vimmerby, gegen den Willen des Königs, so wie es ihnen selbst passte und so wie sie es immer getan hatten.

Der Viehmarkt von Vimmerby hatte sich im Lauf der Zeiten zu

einem Volksvergnügen ersten Ranges entwickelt. Am lustigsten ging es auf dem großen Herbstmarkt zu, wenn man dem glauben darf, was in den Büchern über Michel aus Lönneberga steht:

> An jedem letzten Mittwoch im Oktober war Jahrmarkt in Vimmerby und da war etwas los in dieser Stadt, vom frühen Morgen bis zum späten Abend, das kann ich versichern. Alle Menschen aus Lönneberga und den anderen Gemeinden fuhren dorthin, um Ochsen und Kühe zu verkaufen oder zu kaufen, um Pferde zu tauschen und um Leute zu treffen und um sich einen Bräutigam zu besorgen und um Zuckerstangen zu lutschen und um Polka zu tanzen und um sich zu prügeln und um seinen Spaß zu haben – jeder auf seine Weise. (...)
>
> Wenn du einmal an einem Jahrmarktstag in Vimmerby gewesen bist, dann weißt du, was das ist, eine Viehkoppel, nämlich der Platz, wo man Kühe und Pferde kauft und verkauft. Um diese Zeit war das lustige Treiben auf der Koppel bereits in vollem Gang. Dorthin wollte Michel sofort, und sein Vater hatte nichts dagegen, ihm zu folgen, wenn er auch nicht gerade daran dachte, etwas zu kaufen – er wollte nur gucken.

Albert Engström, der um die Jahrhundertwende das Handelstreiben auf der Viehkoppel in Vimmerby häufig beobachtete, hat eine höchst persönliche Erklärung dafür geliefert, wie der Name der Stadt eigentlich entstanden ist. Vimmerby bedeutet ganz einfach »Vi märrabytare«, das heißt wir, die Pferde tauschen.

Für die Geschwister Ericsson auf Näs am Rand von Vimmerby waren die Markttage im Kalender angekreuzt. »Gleich beim Erwachen hörte man von den entfernten Koppeln und Weiden Viehgebrüll«, erzählt Astrid Lindgren in ihren autobiografischen Schriften (in *Das entschwundene Land*).

> Dort drängten sich Bauern und Viehhändler und Rosstäuscher zusammen mit Ochsen, Kühen und Pferden, dort wurde getauscht und gehandelt und gefeilscht, und die Pferde ließ man zur Probe die Pfarrhofsallee entlang bis zu unserem Kuhstall, dem Wendepunkt, traben, dass der Staub nur so wirbelte. Die Rosstäuscher, die auf allen Viehmärkten zu finden waren, taten ihr Bestes, gutgläubige Bauern übers Ohr zu hauen, und hin und wieder gelang es ihnen auch. Wir hörten von so einem bedauernswerten Bauern, dem man eine

*Wimmerby um die Jahrhundertwende, zu der Zeit, als Anton Svensson aus Katthult mit der ganzen Familie im Kremser zum Markt fuhr.*

alte, elende Schindmähre aufschwatzte, die man für diesen Tag mit Arsen aufgepulvert hatte, sodass sie auf dem Probelauf wie das rassigste Rennpferd dahingaloppierte. Auch nach dem Kauf lief die Stute flott den ganzen Weg vom Markt bis zum Hof. Doch als der Bauer am nächsten Morgen in den Stall kam, lag sie da und konnte sich nicht mehr rühren, und jetzt wurde ihm klar, dass man ihn betrogen hatte. Am Markttag des folgenden Monats lief ihm der Rosstäuscher zufällig über den Weg. Zwar versuchte er zu entwischen, aber als es nicht glückte, hielt er es wohl für das Klügste, ganz unbefangen zu fragen: »Na, was macht die Stute?«

»Danke, geht so«, antwortete der Bauer, »sie kann nu schon jeden Tag 'n Stündchen auf sein.«

Da versteht man, wie viel Vergnügen es Astrid Lindgren bereitet haben muss, als Michel den reichen Pferdehändler auf dem Markt von Vimmerby an der Nase herumführte – einer seiner prächtigsten Streiche.

Vimmerby um die Jahrhundertwende bestand natürlich nicht nur aus Viehmärkten. Die Bürger sprachen noch lange über das bemerkenswerte Ereignis im Juni 1902, als König Oscar höchstpersönlich zusammen mit dem Kronprinzen Gustav die Stadt besuchte. Der lange vorbereitete Besuch, der nur ein paar kurze Stunden dauerte, fand zur Feier der neu gebauten Eisenbahnlinie statt, die Vimmerby den Status eines wichtigen Eisenbahnknotenpunkts verlieh. Bereits 1878 war die erste Lokomotive in den neu gebauten Bahnhof gedampft und die Bahnlinie Vimmerby–Hultsfred für den Verkehr freigegeben worden. Danach hatte man die Östliche Zentralbahn Linköping–Vimmerby gebaut, die jetzt betriebsbereit war. Die Stadt war nicht groß – und nicht reich –, aber für den Empfang der hohen königlichen Gäste und für die Dekorationen waren 20 000 Kronen veranschlagt worden. Nach einem kurzen Besuch der Kirche fuhr der Festzug die einzige richtige Straße, Storgatan, entlang, wo die Hausbesitzer verpflichtet worden waren, alle Fassaden zu reparieren und so schön wie möglich zu schmücken. Wie Augenzeugen berichten, ging ein Raunen der untertänigsten Bewunderung durch die Massen, und König Oscar war so gerührt, dass er die Storgatan sogleich in Oscar II:s gata, die Straße Oscars des Zweiten, umtaufte, ein Name, den man in Vimmerby beibehielt, solange die Erinnerung an den berühmten Besuch noch lebendig war. Danach hieß die Straße wieder Storgatan.

Nach dem Ausbau der Eisenbahn war es einfacher, nach Vimmerby zu gelangen, und in der Presse tauchen hier und da Reportagen und Reiseschilderungen aus der kleinen Stadt im hintersten Winkel von Småland auf. Oft sind sie in dem selbstsicheren und überlegenen Ton geschrieben, den die Großstadtpresse nicht selten benützt, wenn sie in die Provinz hinabtaucht. Eine selbstkritische Ausnahme findet man in der Zeitschrift *Hemmet* (Das Heim) von 1904:

> Es war ein schöner Abend, und wir hatten die gute Gelegenheit, bei den Strahlen der untergehenden Sonne festzustellen, dass, was auch immer Vimmerby für eine Stadt sein mag, es jedenfalls einen schönen Anblick bietet.
>
> Als wir den Marktplatz von Vimmerby betraten, waren wir angenehm überrascht, dass dieser nicht viel kleiner ist als der Gustav-Adolf-Platz in Stockholm. Gewiss würde auch die Einwohnerzahl von Vimmerby ohne größeres Gedränge hier Platz finden.
>
> In diesem kleinen, anspruchslosen Ort könnte ich verweilen und mich wohl fühlen. Was wir nun wenigstens tun werden, ist, einem jeden Leser von *Das Heim*, wer er auch sei, mitzuteilen, welch eine kleine angenehme, idyllische Ortschaft das gute Vimmerby ist. Von nun an werde zumindest ich nicht auf diese leicht verächtliche Art lächeln, wenn Vimmerby erwähnt wird.

»Wir gingen durch ein paar Wohnviertel und gelangten bald auf das reine Bauernland hinaus, das man im Übrigen in wenigen Minuten erreichen kann, ganz gleich, welche Richtung wir einschlugen«, schreibt der Reporter aus Stockholm. Vielleicht spazierten die Stockholmer in nördlicher Richtung, ein Stück an der Kirche vorbei und durch die Pfarrhofsallee. Dann landeten sie auf Näs, dem Pachthof der Pfarrei, der zu gegebener Zeit in der schwedischen Literatur zu Bullerbü werden sollte, aber auch zu dem Platz, wo die Villa Kunterbunt lag:

Villa Kunterbunt lag genau dort, wo die Stadt aufhörte und die Straße in die Landstraße überging. Die Bewohner der kleinen Stadt machten ihre Spaziergänge mit Vorliebe in Richtung Villa Kunterbunt, weil dahinter die schönste Umgebung der Stadt lag.

Am Freitag, dem 29. November 1907, stand unter der Rubrik »Kirchennachrichten« in der *Wimmerby Tidning* Folgendes zu lesen:

»Geboren: Pächter Samuel Aug. Eriksson auf Näs, eine Tochter Astrid Anna Emilia.«

Am selben Tag wurde in der Zeitung berichtet, der Verkauf von Panama-Aktien in Nordamerika sei lebhaft, in Russland sei eine Hungersnot im Anzug, die russischen Kriegsgerichte hätten im Lauf des Jahres 3500 Personen hingerichtet, 1200 Marokkaner seien in einem heftigen Kampf zwischen Franzosen und Marokkanern gefallen. Auf der französischen Seite, teilt die Zeitung mit, seien nur ein Offizier und sieben Mann ums Leben gekommen.

Auch in Schweden geht es nicht friedlich zu. Unter der Rubrik »Schreckliche Sozialisten« wird berichtet, wie in Schonen eine Beerdigung dadurch verhindert worden sei, dass sozialistische Arbeiter sich ihr in den Weg gestellt hätten. In Sundsvall hätten die religiösen Arbeiter eine große Diskussion geführt: Kann ein Christ Sozialdemokrat sein? Nein, antwortete die Mehrheit in der Region Sundsvall – und die *Wimmerby Tidning* stimmt dem zu.

In der näheren Umgebung werden die Unglücksfälle anschaulicher. Ein Organist in Södra Vi ist während des Gottesdienstes vom Schlag getroffen worden, ein Hofbesitzer, der namentlich genannt wird, ist von eigener Hand gestorben. »Auch sein Bruder ist von eigener Hand gestorben«, erklärt die Zeitung. Der junge Kesselflicker Blomgren ist endlich von der Polizei gefasst worden, und die Kindsmörderin aus Mönsterås ist verurteilt worden. In Vester Fernebo hat eine Frau die Dorfbewohner in Angst und Schrecken versetzt, indem sie als Gespenst auftrat, und in Björkhult – berichtet die Zeitung – gibt es einen Mann, den Müller Karl Johan Ryd, der von der Medizinalverwaltung für geistesgestört erklärt worden ist.

Durchblättert man die Ausgabe der *Wimmerby Tidning*, die eine Woche vorher erschien, am 15. November, dem Tag nach Astrid Anna Emilias Geburt, erfährt man, dass es in Vimmerby sieben Grad kalt ist. Der Herbst ist warm gewesen, bis in den November hinein konnte man Himbeeren und Walderdbeeren pflücken. Die Armenpflege in Vimmerby fordert bedürftige Kinder im schulpflichtigen Alter auf, sich beim Herman'schen Kinderheim anzumelden, wenn sie bei der Kleidervergabe bedacht werden wollen. Ansonsten feiern die Schulkinder von Vimmerby wie üblich den Gustav-Adolf-Tag. Am 15. November veröffentlicht *Wimmerby Tidning* ein Heldengedicht:

> Heil dir, du herrlicher schwedischer Held!
> Großherziger Recke gar heldisch kühn.
> Vergossen hast du dein warmes schwedisches Blut
> und stilltest so des grässlichen Drachen Wut.

Die Lehrerinnen an den Schulen der Stadt, die Gustav-Adolf-Gedichte vortragen, sind auf der sicheren Seite. Schlimmer ergeht es demjenigen, der lieber etwas vorliest, was die Kinder wirklich hören wollen. Ein seltsamer Zufall will es, dass ausgerechnet in den Tagen um Astrid Lindgrens Geburt in den Zeitungen darüber berichtet wird, wie der Schulvorstand von Skanör eine Lehrerin bestrafte, die den Kindern aus *Nils Holgerssons wunderbare Reise* vorgelesen hatte. *Wimmerby Tidning* zitiert die Trelleborgszeitung:

> Bei der Sitzung des Schulvorstandes von Skanör vor einigen Tagen konnte der Vorsitzende Pastor O. Pfaff den übrigen Vorstandsmitgliedern mitteilen, ihm sei zu Kenntnis gekommen, dass die Lehrerin der unteren Abteilung der Volksschule sich herausgenommen habe, den Kindern wiederholte Male in Freistunden aus einem ihr gehörenden Buch vorzulesen, das *Nils Holgerssons wunderbare Reise* heiße, den Kindern Schaden und Verderb bringe und als schädlich und verderblich abzustempeln sei. Nachdem der Pastor, um seine Ansicht über besagtes Buch zu beweisen, den übrigen Vorstandsmitgliedern wortgetreu ein empörendes Kapitel vorgetragen hatte, das davon handelt, »Wie der liebe Gott und Sankt Petrus Småland erschufen«, wurde das von einer gewissen Selma Lagerlöf verfasste Buch vom Schulvorstand als gefährlich erklärt und das Lesen desselben in der Schule verboten.

Es war eine engstirnige Welt, in die Astrid Ericsson hineingeboren wurde, eine Welt, in der sie selbst noch oft die selbst ernannten Wächter der ängstlichen Moral und des guten Geschmacks herausfordern würde, jene Beschützer der Kinder, die mit eiserner Hand durchzugreifen pflegen.

Im Januar 1975 erhielt Astrid Lindgren einen Brief von einem ostdeutschen Lehrer, der nach Westberlin gezogen war:

> Liebe Frau Lindgren,
>
> heute muss ich Ihnen schreiben, da ich zu meinem großen Bedauern erfahren habe, dass eine Lehrerin, eine meiner Kolleginnen in der DDR, soeben ihren Dienst quittieren musste, weil sie ihrer Klasse aus *Pippi Langstrumpf* vorgelesen hatte. Diese Information habe ich während eines Besuches in der DDR aus einer zuverlässigen Quelle erhalten. (...) Ich glaube, es ist wichtig, dass Sie wissen, welche Konsequenzen es heute noch haben kann, wenn man Kindern in der DDR Ihre Bücher vorliest, daher wollte ich Sie darüber informieren. (...)

# 5

Das alte rote Haus auf Näs war im achtzehnten und neunzehnten Jahrhundert Pfarrhof, und zu den Pfarrerskindern, die dort aufwuchsen, gehörte auch Constance Myhrman, die später, unter dem Namen Constance Hultin, ebenfalls Kinderbuchautorin wurde. Ihre Bücher waren dem Zeitgeschmack entsprechend romantisch und moralisierend. Auf ihre alten Tage schrieb sie ihre Erinnerungen an die Kindheit in Vimmerby in der Zeit zwischen 1810 und 1820 auf. Über das rote Haus, das hundert Jahre später voller Bullerbü-Kinder sein würde, konnte man 1867 in der Zeitschrift *Ny Illustrerad Tidskrift* lesen:

> So will ich denn zunächst mit einigen wenigen Strichen die auf dem Lande gelegene Pfarrei skizzieren, deren rot getünchtes Wohnhaus so friedlich unter den von freundlicher Hand rings um den Hof gepflanzten Kastanien, Ulmen und Linden lag, der auf drei Seiten von Obst- und Küchengärten umgeben war. Das Wohnhaus war niedrig und hatte nur drei Kammern sowie Wohnstube nebst Küche, die Pastoren dazumal zugebilligt wurden. Die Stuben waren niedrig und dunkel, aber Liebe und Friede weilten darinnen, und die frohen Gesichter vierer glücklicher Kinder vermögen es gewiss, Sonnenschein in dunklere Kammern als diese zu bringen.

1902 wurde das rote Haus auf das Nachbargrundstück versetzt, und dort wurde es dann die Pächterswohnung von Astrid Lindgrens Eltern, Samuel August und Hanna Ericsson.

Heute ist das Haus restauriert und genauso eingerichtet, wie es einst war, als Astrid 1907 dort geboren wurde und mit Vater und Mutter, Knechten und Mägden und drei Geschwistern aufwuchs.

Inzwischen ist es ein stilles Haus. Nur die alte Wanduhr tickt und misst die Zeit, die vergangen ist. Die Flickenteppiche in der guten

*Bullerbü in der Wirklichkeit – der alte Pfarrhof auf Näs, der später das Wohnhaus des Pächters wurde. Hier wurde Astrid Anna Emilia 1907 geboren.*

Stube liegen sauber gewaschen und gerade auf dem Fußboden, und das Licht wird durch weiße Spitzenvorhänge gefiltert.

In der Kammer steht das große Bett, in dem die Kinder abwechselnd bei Samuel August schlafen durften. Beim Vater zu schlafen war schön, daher wurde die Reihenfolge von den Kindern streng überwacht. In der anderen Ecke stand die Ausziehbank, auf der Hanna schlief. Aber wo mag das zusammenklappbare Kinderbett, das jeden Abend hervorgeholt wurde, wohl Platz gefunden haben?

In der Küche steht der Klapptisch, an dem die ganze Großfamilie saß: Mutter und Vater und Knechte und Mägde und Kinder. Auf der Ausziehbank schliefen die Mägde. Zuckerhutzange, Mörtel, Wollschere und Schöpfkellen liegen auf der breiten Herdplatte bereit. In der Ofenecke steht die große Holzkiste, die so groß ist, dass man sich darin verstecken kann – genau wie Rasmus, als er mit Paradies-Oskar in *Rasmus und der Landstreicher* in der Klemme steckte.

Vieles ist noch vorhanden, aber alle lebendigen Düfte der Bauernküche sind verschwunden. Der Kücheneingang ist zugenagelt, nirgends mehr findet man die lehmverdreckten Holzpantinen, die groben Stiefel und die Arbeitskleider mit dem hartnäckigen Stallgeruch. Hannas derbe, selbst gewebte Handtücher hängen sauber und unbenutzt an den Wänden.

Dies ist ein gottesfürchtiges Haus. In der guten Stube liegt die Bibel aus. Auf der Orgel finden sich Noten für Lieder aus dem Gesangbuch und für *Die Töne Zions*. »Gott ist die Liebe« leuchtet in silbrigen Buchstaben auf schwarzem Samtgrund von der Wand herab. Dort hängen auch alle Familienporträts, Bilder von ernst in die Ferne schauenden Menschen. Auf sämtlichen Bildern sind småländische Bauern zu sehen: Bauern und Bauersfrauen, Bauernjungen und Bauernmädchen. Alle haben einen ganz offenen Gesichtsausdruck, einen Ausdruck, den man heutzutage nur auf Bildern von sehr kleinen Kindern findet.

In den alten Fotoalben mit den dicken Einbänden sind sie festgehalten – mit wassergekämmten Haaren, im Sonntagsanzug oder im Sonntagskleid. Die groben Hände ruhen wie verloren und unbeholfen auf den guten Kleidern. Das Alltagsleben ist selten im Bild zu sehen.

Samuel August und Hanna stehen im Zentrum. Ihre eigenen Erzählungen und die Berichte anderer Verwandter tragen dazu bei, dass man in die Vergangenheit zurückblicken kann: Eine Generation, zwei Generationen, ja sogar drei Generationen werden lebendig.

Die Familienchronik verzweigt sich reich und anschaulich und voller farbiger Details in die Richtung der jeweiligen Erzähler. Wo Erzähler fehlen, wird die Chronik mager.

Samuel Augusts Vater war ein ziemlich schweigsamer Mann, dessen Eltern, die einst als komplexe Persönlichkeiten ihre wechselhaften Schicksale lebten, man daher nur wie aus weiter Ferne wahrnimmt. Ein paar dürftige Urteile und einzelne Eigenschaften, die mehr oder weniger zufällig im Gedächtnis der nächsten Generation hängen geblieben sind, prägen ihr Bild. Der Großvater, Erker aus Kråkemåla, war Schreiner und Sensenschmied, »hasenschartig und

*Das Schlafzimmer*

mit Himmelfahrtsnase« (laut Astrid ein geschickter Mann, laut ihrem Bruder Gunnar kein bisschen handfertig. Wer hat Recht?). Von der Großmutter, Anna Greta Göransdotter, heißt es, sie sei »eine magere, kleine Alte« gewesen, »klein und dürr, aber freundlich und anspruchslos« – das ist alles, was nach siebzig Jahren von einer einfachen, unansehnlichen Bauersfrau aus einer schweigsamen småländischen Familie übrig geblieben ist.

In der Familie von Samuel Augusts Mutter gibt es dagegen Erzähler, und in dieser Familie sind die Erinnerungen an frühere Zeiten auf ganz andere Weise gegenwärtig. Die Erzählfreudigkeit dieses Familienzweigs lebte in Samuel August und später auch in Astrid weiter.

*Die Küche*

*Das Esszimmer*

Samuels Mutter Ida war eine Ingströmerin und die Ingströmer waren für ihr Redetalent bekannt. Idas Mutter hieß Sofia und stammte vom Hof Bäckfall im Kirchspiel Lönneberga. Ihr Bruder, Per Johannes Lindner, war Pastor und wurde später der Großvater eines anderen großen Erzählers aus Småland, Albert Engström. Hätte jemand sich seine Eltern je selbst aussuchen dürfen, um als Autor optimale Voraussetzungen auf den Weg mitzubekommen, hätte er kaum besser wählen können als Astrid Lindgren.

Samuel August war ein geborener Erzähler und besaß ein enormes Gedächtnis für Menschen, Milieus und Situationen. Er erinnerte sich an Tausende kleiner konkreter Einzelheiten aus seiner Kindheit und Jugend. Er wusste noch auf ein Öre genau, wie viel ein Ochse zu Anfang des Jahrhunderts gekostet hatte und was in seinem Proviantbeutel gewesen war, als er 1902 nach Linköping fuhr. Er erinnerte sich ganz genau an Ausdrücke und komische Redewendungen. All das schwang in seiner alltäglichen Ausdrucksweise mit.

Hanna hatte eine eher kühle Intelligenz. In ihrer Jugend schrieb sie Gedichte und wäre gern Lehrerin geworden. Wenn man ihre Briefe liest, fällt es einem schwer zu glauben, dass sie nur sechs Jahre lang die Volksschule besucht hat. Sie formuliert flüssig und besitzt ein angeborenes Gefühl für den Rhythmus der Sprache. Ihr Vater, Jonas Petter Jonsson, war ein angesehener Bauer, der sowohl Kirchenältester als auch Schöffe war. Von den Leuten im Kirchspiel wurde er oft als Schreiber in Anspruch genommen. Mitunter schrieb er auch Gelegenheitsgedichte, und er war allgemein als schlagfertiger Bauer bekannt. Von ihm wird erzählt: Einmal, als er dem Propst den Zehnten abliefern sollte, habe er ihm ein Kalbsfell gebracht. Der Propst war ausgesprochen unzufrieden, das Fell sei zu klein. »Aber dem Kalb hat es gereicht!«, sagte Jonas Petter.

Schlagfertigkeit, Lust am Schreiben und Formulieren, Lust am Erzählen, ein Gedächtnis, das viele konkrete kleine Details birgt, jene Details, die der Erzählung Farbe und Duft verleihen: All das wurde den Ericsson-Kindern von Samuel August und Hanna vermacht.

Auf die eine oder andere Art kamen alle vier Geschwister zum Schreiben. Gunnar, der als Ältester dazu bestimmt war, Bauer zu werden und Näs zu übernehmen, wurde außerdem noch Abgeordneter im Reichstag und Verfasser von ironischen, geistvollen politischen Satiren. Stina, drei Jahre jünger als Astrid, wurde Übersetzerin und Ingegerd, die Jüngste, Journalistin.

Nicht ohne Grund pflegte Samuel August zu sagen: »Ich hab so wunderliche Kinder gekriegt. Alle beschäftigen sich mit Wörtern. Wie kann das in einer Familie nur so auf einen Haufen kommen?«

# 6

Samuel August Ericsson, der Astrid Lindgrens Vater werden sollte, kam 1875 zur Welt, in einem kleinen Haus im Dorf Hamphorva im Kirchspiel Pelarne als dritter Sohn von Samuel und Ida Eriksson.

Ida war erst achtzehn Jahre alt, als sie Samuel heiratete, und dass sie heiraten *wollte*, hatte vor allem den einen Grund: Als Ehefrau von Samuel erhoffte sie sich ein erträglicheres Los als das, was sie in ihrem Elternhaus gehabt hatte. Sie war die Tochter von Bauer Anders Petter Ingström aus Tjurstorp und seiner Frau Sofia aus Bäckfall. Anders Petter Ingström war im ganzen Kirchspiel bekannt als einer, »der gar fürchterlich arbeitswütig war«. Seine elf Kinder mussten im Schweiße ihres Angesichts arbeiten, sie sammelten Steine aus dem Acker, »dass das Blut troff«. »Du schaffst das«, sagte er zu seiner Tochter Ida, als sie vor Erschöpfung fast zusammenbrach. »Drisch du man, Mädchen, bist ja kräftig genug!«, sagte er, als sie mit sechzehn Jahren auf der Tenne stand und den Dreschflegel schwang.

Ida sollte später sieben Kinder auf die Welt bringen, fünf Jungen und zwei Mädchen. Sie *war* stark und bekam oft Gelegenheit, ihre Kraft einzusetzen. Sie war eine der vielen starken, begabten und rührigen Bauersfrauen in Astrid Lindgrens Familie. Viel wird von ihrer Geistesgegenwart und Entschlossenheit erzählt: wie sie ganz allein einen Brand löschte, der während eines Katechismusverhörs im Haus ausgebrochen war; wie sie mit Hilfe der Nachbarn die ganze Roggenernte einbrachte, als sich im Sommer 1889 ein Wolkenbruch ankündigte und Samuel weit fort nach Oskarshamn gefahren war, um Kirschen zu verkaufen. Danach regnete es zwei Wochen lang.

Vierzehn Tage nach der Geburt des ersten Sohnes stand sie auf der Tenne und drosch Roggen. Während der Arbeit hatte sie den neugeborenen Jungen auf dem Rücken festgebunden. Sie half die Bretter für den Fußboden des Häuschens in Hamphorva abzuhobeln, wo es anfangs nur einen Lehmboden gab. Die Möbel schreinerte Samuel selbst. »Schreinern und schmieden konnte er gut.«

*Samuel Augusts Eltern Samuel und Ida. Samuel ist das Vorbild für den Großvater in Bullerbü.*

Samuel August liebte es, von seiner Kindheit zu erzählen, und das, was er erzählte, liegt allen Büchern von Astrid Lindgren zugrunde, die vom einstigen Leben in Småland erzählen, »in den Tagen der Armut«.

Die Erzählung »Sammelaugust« ist durch und durch autobiografisch. Sie handelt ganz einfach von dem Jungen Samuel August:

Vier Brüder hatte er. Ihr hättet die Hütte sehen müssen, in der sie wohnten. Es gab nur eine Stube und eine Küche. Wenn alle Jungen auf einmal in der Hütte waren – das war ein Leben! In der Stube war ein großer offener Herd. Dort saßen die Jungen an den Winterabenden und wärmten sich. Aber der Herd hatte keine Ofenklappe, die man zumachen konnte, um die gute Wärme festzuhalten, wenn das Feuer heruntergebrannt war. Es gab nur ein großes Loch über dem Herd, und das war der Schornstein. Als Sammelaugust den Mond zum ersten Mal sah, stand er ausgerechnet auf der Herdplatte und sah in den Schornstein hinauf. Mitten in dem Loch dort stand der Mond. War das nicht eine eigenartige Stelle, den Mond zu sehen?

In den Winternächten wurde es kalt in der Hütte. Jeden Abend wärmte Sammelaugusts Vater Pelzdecken am Feuer, in die er seine fünf Jungen wickelte, wenn sie schlafen gingen. Das war warm und gut. Aber stellt euch vor, am Morgen wieder aus den Pelzdecken kriechen zu müssen, wenn es so kalt war, dass in der Küche das Wasser in der Wassertonne gefroren war! Mit dem Stößel musste Sammelaugusts Vater die Eisschicht auf der Tonne zerschlagen. Das war das Erste, was er an jedem Wintermorgen tat. Dieser Stößel und der Mörser, der dazugehörte, waren Sammelaugusts liebstes Spielzeug. In den kleinen Hütten in Småland gab es damals kein Spielzeug.

> Aber Sammelaugust nannte den Mörser »große Eisenbahn« und den Stößel »kleine Eisenbahn« und rollte sie über den Fußboden hin und her. (...)

»Mutter hatte einen scharfen Verstand, einen schärferen als Vater«, pflegte Samuel August zu sagen. »Vater war nachgiebiger, weicher. Mutter war mehr eine Respektsperson.«

Samuel und Ida liebten ihre Kinder. Es war eine harte Zeit mit autoritären Erziehungsnormen. Kinder wurden in der Zucht des Herrn erzogen, und die Zucht des Herrn bedeutete meistens Prügel. Aber die Rute, die über dem Herd hing, wurde von Ida und Samuel nie benützt. Vielleicht brauchten sie das nicht. Elin und Anna, Samuel Augusts jüngere Schwestern, erzählten 1974, als sie 88 und 93 Jahre alt waren:

»Samuel August brauchte man fast nicht zu erziehen. Nur ein einziges Mal hätte er fast Prügel bezogen. Das war, als er und die anderen Jungen einem Vogelbeerbaum die Rinde abrissen, um sich daraus Sandalen zu machen. Da wurde Vater heftig.«

Im Konfirmandenunterricht hatte Samuel August einmal durchs Fenster hinaus einem Bauern zugeguckt, der mit einer Fuhre Laub angefahren kam. »Schau hierher, Samuel!«, forderte der Pfarrer ihn auf. Das empfand Samuel als eine ganz schlimme Maßregelung, die er nie vergaß.

»Ich war genauso empfindlich«, sagt Anna. »Einmal hatte ich eine Tasse Kaffee auf dem Tisch umgestoßen, und da packte Mutter mich fest am Arm und ich weinte so sehr, dass sie mich fast nicht trösten konnte. Wenn sie versucht hätte mich zu schlagen, wäre ich gestorben!«

Dass Samuel und Ida ein echtes Verständnis für Kinder hatten, wird immer wieder deutlich. Nicht einmal, als Samuel August und seine Brüder mit völlig verdreckten neuen Kleidern nach Hause kamen, wurde strenger durchgegriffen. Der Dorfschneider hatte allen Brüdern aus Idas selbst gewebtem Stoff neue Anzüge genäht. Als sie zu den Nachbarn unterwegs waren, um ihre neuen Kleider vorzuführen, kamen sie an einer Kiesgrube vorbei. Dort blieben sie und spielten Mühle. Zwei standen oben am Rand der Grube und schütteten Sand auf die anderen hinunter, die unten standen. »Aber als wir nach Hause kamen, da hat Mutter geweint«, erzählte Samuel August.

Als Samuel August sieben Jahre alt war, zogen Samuel und Ida mit ihren fünf Söhnen in das Dorf Sevedstorp – die Mädchen kamen ein paar Jahre später auf die Welt.

In Sevedstorp stehen jene drei Häuser nebeneinander, die in den Bullerbü-Büchern vorkommen. In das mittlere zogen Samuel und Ida mit all ihren Kindern ein. Hier kann man demnach das äußere Bild von Bullerbü finden, aber das wirkliche Bullerbü liegt natürlich in dem alten roten Haus auf Näs und in der dortigen Umgebung, wo Astrid selbst aufwuchs.

Der Hof in Sevedstorp war größer als der in Hamphorva, aber dennoch nicht groß genug, um alle Jungen zu ernähren, als sie erwachsen waren. Mit achtzehn musste Samuel August sich beim

*Das äußere Bild von Bullerbü – die drei nebeneinander liegenden Häuser – hat Astrid Lindgren aus dem Dorf Sevedstorp geholt, wo ihr Vater im mittleren Haus aufwuchs.*

Bruder seiner Mutter, Per Otto in Vennebjörke, als Knecht verdingen. Als Jahreslohn erhielt er 60 Reichstaler. Das war im Jahr 1893.

An einem Samstag im August 1894 wanderte Samuel August den zwanzig Kilometer langen Weg von Vennebjörke heim nach Sevedstorp. Diese Wanderung sollte über sein Leben entscheiden, erzählt Astrid Lindgren in dem Buch, das sie über ihre Eltern geschrieben hat, *Das entschwundene Land*:

> Es wurde Abend und sogar Nacht, ehe er zu Hause ankam. Und wund lief er sich obendrein, sodass er den einen Schuh ausziehen und mit einem bloßen Fuß marschieren musste. »Und so sehr hab ich mir 'n Rad gewünscht, dass es reineweg wunderlich war, dass keins aus dem Erdboden auftauchte«, sagte er später immer, wenn er davon erzählte.
>
> Aber kein Fahrrad tauchte aus dem Erdboden auf. So gut es ging, musste er weiterhumpeln, und als er endlich zu Hause in die Tür trat, war es Mitternacht geworden. Da lag seine Mutter auf den Knien und scheuerte die Küchendielen, aber Ida von Sevedstorp war lange Arbeitstage gewohnt, also war daran wohl nichts Besonderes. Ein wenig verwundert mag sie schon gewesen sein, als sie ihren Sohn so unverhofft in der Tür stehen sah, und noch mehr staunte sie, als sie hörte, warum er gekommen war. Ja, er habe nämlich von dem Onkel erfahren, dass ab Frühjahr der Pfarrhof Näs bei Vimmerby zu pachten sei, und Onkel Otto habe auch gesagt: »Da weiß ich kein einen, der dafür besser passen tät als Schwager Samuel von Sevedstorp mit all seinen Jungs.«
>
> Was hielt Mutter von diesem Vorschlag, fragte Samuel August voll Eifer. Diesen Vorschlag hielt Mutter für schlechthin verrückt. Wo in aller Welt sollten Vater und sie denn das Geld für den Bestand an Vieh und Geräten nehmen, den so eine große Landwirtschaft erforderte? Nein, daran war gar nicht zu denken!
>
> Da wurde Samuel August sehr betrübt.
>
> »Ihr, Mutter, Ihr wisst nicht, wie es tut, anderswo zu dienen«, sagte er bitter, denn nun musste er ja alle Hoffnung fahren lassen, dem Knechtsdasein zu entrinnen und für das eigene Säckel zu arbeiten – soweit bei einer Pacht von einem eigenen Säckel überhaupt die Rede sein konnte.

Samuel August schaffte es jedoch, sowohl Ida als auch Samuel für die Sache zu interessieren, und Ida beriet sich wiederum mit *ihrem* Vater, Anders Petter Ingström aus Tjurstorp.

»Wenn der Jung es will, dass ihr Näs nehmt, dann tut das nur«, sagte Anders Petter.

Aber die Entscheidung lag beim Propst, der unter vielen Bewer-

bern wählen konnte. Der Mann, der den Propst dazu bewegen würde, Samuel aus Sevedstorp als Pfarrhofspächter zu wählen, war der Kirchenälteste Jonas Petter Jonsson aus Hult, der Vater von Hanna aus Hult, dem Mädchen, für das Samuel August sich schon entschieden hatte, als er noch in die Schule ging.

Der Propst stand nach dem Gottesdienst mit dem Hauptlehrer auf dem Kirchplatz und unterhielt sich über Samuel aus Sevedstorp. Der Hauptlehrer fand, dass Samuel zu weich und gutmütig sei, um ein guter Pächter zu werden. Da müsse man das Gesinde schon härter anpacken können. Aber Hannas Vater wandte ein: »Solchen, die ihre Leute gut behandeln, glückt's drum nicht schlechter.«

Am 30. April 1895 zogen Ida und Samuel mit Kindern und Vieh und ihrem gesamten Hab und Gut von Sevedstorp los. Sie hatten einen weiten Weg von fünfzehn Kilometern zurückzulegen, bevor sie in Näs in Vimmerby ankamen. Samuel Augusts jüngere Schwestern Elin und Anna berichten, wie heiß der Tag war und wie sie barfuß hinter den Ochsenkarren herliefen und die Kühe antrieben, die immer wieder in die Wiesen hineinlaufen wollten. Gegen Abend kamen sie an.

Samuel August, der Zwanzigjährige, war vielleicht von allen der Froheste. Schließlich war er es ja gewesen, der dies mit seiner Barfußhumpelei zustande gebracht hatte. Jetzt hatte er den Platz auf Erden erreicht, wo er leben und sterben sollte – aber das wusste er natürlich noch nicht.

Ja, Samuel August war nach Näs gekommen.

# 7

Anders Petter Ingström, Samuel Augusts Großvater mütterlicherseits, hatte seine elf Kinder hart und unerbittlich zur Arbeit angetrieben, er war der Urtypus eines eigensinnigen småländischen Häuslers, der mit nichts als Schulden und steinigen Äckern anfing, aber durch unmenschliche Plackerei auf ebendiesen Äckern und mit einer geradezu unglaublichen Sparsamkeit ein hübsches Vermögen zusammentrug, das er nach und nach an alle elf Kinder verteilte. Als Witwer zog er dann in ein mickriges kleines Austragshäuschen. »Für mich haben sie immer nichts als saures Holz übrig«, klagte er. »Muss hier sitzen und mich in Geduld üben.«

4 000 Reichstaler erhielt Ida von ihrem Vater, also war es Anders Petters mühselig erworbenes Geld, das es Samuel und Ida ermöglichte, Näs zu pachten, ohne übermäßige Schulden machen zu müssen.

Pfarrhofpächter in Vimmerby zu sein verlieh ein gewisses Ansehen, zu den Häuslern gehörte man da nicht mehr. Aber die Pfarrer stellten mitunter harte Pachtforderungen und knauserten oft bei der Milchrechnung. »Wir hätten gern hundert Kronen im Monat für die Milch bekommen«, erzählte Samuel August, »damit wären wir gut zurechtgekommen, aber wenn nur fünfzig oder sechzig Kronen heraussprangen ...«

Überfluss gab es nie auf Näs, aber niemand musste hungern, wie so viele andere im armen Småland der Jahrhundertwende es mussten. Ida hatte eine jüngere Schwester, Charlotta, die einen Gerber Ålander aus Vimmerby geheiratet hatte. Sie hatten neun Kinder, und als Ålander krank wurde, gab es bald kein Essen mehr und die ganze Familie musste hungern. Märta, die Tochter – als ich in den siebziger Jahren mit ihr sprach, war sie über achtzig –, erzählte mit flammendem Blick von jener Zeit, sie wurde wieder das hungrige kleine Mädchen von damals, das nie vergessen konnte, wie es war, Hunger zu haben und sich nach Essen zu sehnen:

»Ich erinnere mich an die Speisekammer auf Näs! Oh, was gab es dort für Herrlichkeiten! Lauter Essen – Eier, Butter und Speck! Und jedes Mal, wenn wir dort zu Besuch waren, öffnete Tante Ida die Speisekammer und wir durften Sachen für daheim einpacken. Als wir einmal richtig hungerten und alles ein einziges Elend war, ging Vater zu Tante Ida und bat um Hilfe. Da flüsterte sie: ›Komm morgen früh um drei zur Tenne und bring einen Karren mit!‹ Den belud sie dann voll mit Mehl.«

Als Samuel und Ida nach Näs zogen, war Samuel August ständig die treibende Kraft. Er war der älteste Sohn, der noch zu Hause war, und er würde den Hof in ein paar Jahren übernehmen. Sein älterer Bruder Viktor war 1888 nach Amerika gefahren und blieb für immer dort. Auf Fotos sieht man einen jungen amerikanischen Ericsson-Sohn, nur magerer und mit etwas härteren Zügen. Zwei Jahre darauf folgte der jüngere Bruder Linnert seinem Bruder nach. Samuel August hat davon erzählt, wie sie weinend auf dem Bahnhof von Emarp standen und ihm nachwinkten.

Von 1830 bis 1930 wanderten über eine Million Schweden aus, die meisten nach Nordamerika. Von den neun Kindern des Gerbers Ålander machten sich nach und nach sechs auf die Reise.

Aber nicht immer wurde den Amerikareisenden nachgeweint. Astrid Lindgren erzählt in *Michel aus Lönneberga*, wie die Dorfbewohner, die Michel und seine Streiche nicht mehr ertragen konnten, ein Bündel voll Geld sammelten, das sie dann Michels Mutter brachten – mit den Worten: »Das reicht vielleicht, damit ihr Michel nach Amerika schicken könnt.«

Im wirklichen Leben handelte es sich um einen Verwandten von Ida, der nichts als Ärger bereitete. Für ihn sammelte die Familie Geld, damit er nach Amerika fahren und dort bleiben konnte. Er fuhr los und alle atmeten erleichtert auf – aber zu früh. Nach ein paar Wochen stand er wieder auf dem Marktplatz von Vimmerby und verkündete lauthals und vergnügt, er sei drüben gewesen und habe sich umgeschaut, das Land sei nicht schlecht, aber dort bleiben, das wolle er nicht.

Linnert, der zweite Sohn von Samuel und Ida, wollte das auch nicht. Nach sechs Jahren kam er zurück. Er hatte jeden Tag vor Heimweh geweint. Im Herbst 1895 kam er nach Hause, im selben Jahr, als die Familie nach Näs zog. Damals war er erst zweiundzwanzig, aber sein ganzes Leben lang wurde er nur noch der »Illinoiser« genannt.

*Vier Ericsson-Brüder: v. l. Axel, Samuel August, Linnert »der Illinoiser« und Albin.*

Für Astrid und ihre Geschwister war Großmutter Ida die mildeste Person auf der Welt, und gleichzeitig war sie die große Märchenerzählerin, die auf Verlangen der Kinder immer schlimmere Sagen und Geschichten von Mördern, Bösewichten und Geistern erzählte. Eine ihrer Geistergeschichten erzählt Astrid Lindgren heute noch mit einem wollüstigen Schauer. Die Geschichte handelt von Skinn Skärping in der Kirche von Rumskulla.

Skinn Skärping war ein Mann, der sich dereinst vor langer Zeit als Geist verkleidet in die Kirche geschlichen hatte, um den Küster zu erschrecken. Doch dann wurde er über Nacht dort eingeschlossen und erstarrte vor Grauen – »Da gefror ihm das Blut«, sagte Großmutter. Er war nicht lebendig, aber auch nicht tot, daher konnte er nicht beerdigt werden, sondern musste sich mit einer Nische in der Kirche begnügen. Aber hundert Jahre später hatte der Pfarrer eine Magd, die fürchtete sich vor rein gar nichts. Die alberte eines Abends im Pfarrhof mit dem Wanderschneider herum und prahlte mit ihrer Unerschrockenheit. Der Schneider wettete mit ihr: Wenn sie in die Kirche ginge und Skinn Skärping auf dem Rücken heraushole, würde er ihr den Stoff für ein Kleid schenken. Sie zog los und kam zurück und schmiss Skinn Skärping in die Stube. »Aber ich hab nicht versprochen, ihn zurückzubringen.« Da überredete der verängstigte Schneider sie mit neuen Versprechungen, es doch zu tun. Als sie glücklich wieder mit Skinn Skärping in der Kirche war – »da packte er sie«, erzählte Großmutter und wir schauderten! – und forderte mit Geisterstimme, dass sie ihn zum Grab des Küsters trug. Dort angelangt, bat er den Küster um Vergebung. Aus dem Grab ertönte es dumpf: »Wenn Gott verzeiht, dann verzeihe ich auch.« Da fiel Skinn Skärping zu einem Haufen Asche zusammen und konnte danach in geweihter Erde beerdigt werden.

Großvater Samuel Eriksson wurde später der Großvater in Bullerbü, der »netteste Großvater, den es in der ganzen Welt gibt, davon bin ich überzeugt«.

Großvater sitzt in einem Schaukelstuhl und er hat einen langen weißen Bart, genau wie der Weihnachtsmann. Seine Augen sind so schlecht, dass er fast nichts sehen kann. Er kann weder Bücher noch Zeitungen lesen, aber das macht nichts, denn er weiß alles, was in den Büchern steht. Er erzählt uns Geschichten aus der Bibel und auch, wie es früher auf der Welt war, als Großvater ein kleiner Junge war. Inga, Britta und ich lesen ihm die Zeitung vor, wer gestorben ist und wer fünfzig Jahre alt wird und alle Unglücksfälle und Anzeigen und alles. Wenn in der Zeitung steht, dass irgendwo der Blitz eingeschlagen hat, kann Großvater von mindestens zwanzig anderen Stellen erzählen, wo früher der Blitz eingeschlagen hat. Wenn da steht, dass irgendjemand von einem Stier aufgespießt wurde, erzählt Großvater uns von all den Leuten, die er gekannt hat, die von wütenden Stieren angegriffen wurden. Auf diese Weise dauert es ziemlich lange, bis wir die ganze Zeitung gelesen haben. (...)

Bei schönem Wetter geht Großvater manchmal spazieren. Er hat einen Stock, mit dem er sich vorwärts tastet. Im Sommer sitzt er meistens unter der großen Ulme, die mitten auf der Wiese vor dem Nordhof steht. Dort sitzt er und lässt sich von der Sonne bescheinen und ab und zu sagt er plötzlich:

»Ach jajajaja!«

Als Großvater in Bullerbü achtzig wird, kommen alle Kinder, um ihm zu gratulieren. Astrid Lindgren beschreibt das in einer liebevollen Szene, der einzigen in den Bullerbü-Büchern, die eine Ahnung davon vermittelt, dass die Welt nicht nur aus Geborgenheit besteht, nicht einmal in Bullerbü.

Ich überlegte gerade, wie oft Großvater an seinem Geburtstag »Jajajaja« gesagt hat. Er saß ganz still in seinem Schaukelstuhl, aber hin und wieder sagte er:

»Achtzig Jahre, denkt nur, dass man so alt ist, jajajaja!«

Als er es zum fünften Mal sagte, lief Inga zu ihm. Sie nahm Großvater am Arm und sagte:

»Großvater, versprich, dass du nie, nie stirbst!«

Aber Großvater antwortete nicht darauf. Er streichelte Inga nur über die Wange und sagte: »Mein liebes, gutes, kleines Mädchen!«

Der Großvater in Bullerbü vermischt sich mit dem wirklichen Großvater auf Näs, wenn Astrid Lindgren erzählt. In dem Märchen »Die Schafe auf Kapela« kommt er auch vor, als der Großvater vom Kapelahof. Genau wie er den Enkeln auf Näs in Wirklichkeit den uralten Spruch aufsagte und dazu mit dem Stock auf den Fußboden stieß, sagt er ihn in dem Märchen seiner armen Enkelin Stina Maria auf:

Tu, tu, tu,
Schafe weit und breit,
heut wie allezeit,
so groß ist die Himmelsweid'.

Der Großvater auf Näs wurde genau wie der Großvater in Bullerbü über achtzig Jahre alt, und Astrid Lindgren beschreibt in ihren Kindheitserinnerungen, wie der alte Großvater von seinem Sohn aufs Feld hinausgefahren wurde und dort das wachsende Getreide anschaute und sich an der Ernte freute. Er war sanftmütig, hatte die Kinder lieb und wurde von allen gemocht. Als er starb, kam ein Häusler ans Grab und weinte, als er seine einzige Blume hinlegte, eine abgeschnittene Geranie.

# 8

Wenn man an Samuel August und seine Eltern denkt, erscheinen sie als einzigartige Beispiele für die »Menschen der Mühsal und der Ruhe«, von denen Vilhelm Moberg in *Erzählungen aus meinem Leben* schreibt:

> Tagsüber arbeiteten sie schwer, nachts schliefen sie gut. Sie brauchten keinen Zeitvertreib. (...) Sie hatten keine Neurosen, kannten keine Kulturverdrossenheit, mussten vor keinen Grübeleien fliehen. Einzig ein Übermaß an gesunder Kraft suchte nach seinem Auslauf. Für Freud wären sie wenig ergiebig gewesen. (...)
>
> Für irgendwelche Probleme hatte ihr Dasein keinen Platz. Sie hatten kaum Zeit zum Unglücklichsein und Grübeln. Das Leben erschien ihnen auf eine Art selbstverständlich, die für einen Außenstehenden schwer nachvollziehbar ist. Sie versuchten ihr Leben nicht zu organisieren; sie waren vollauf damit beschäftigt, es zu *leben*.

So unkompliziert positiv war das Bauernleben sonst selten. Nicht zuletzt Vilhelm Moberg hat sich mit seinen Bauernromanen selbst widersprochen. Dort kommen starke Gefühle vor – Unterdrückung, Hass und Enttäuschung – und genügend Beispiele von Kleinlichkeit, Missgunst und Verleumdung.

Hanna aus Hult wurde Astrid Lindgrens Mutter und in ihrer Familie gibt es durchaus tragische Schicksale, wo Mühsal mit Unruhe verbunden ist statt mit Ruhe.

Hanna war die jüngste Tochter des Kirchenältesten und Schöffen Jonas Petter Jonsson in Pelarnehult und seiner Frau Lovisa Persdotter. Jonas Petter besaß in der Gemeinde großes Ansehen; Kirchenältester war ein begehrtes Amt. Albert Engström erzählt in *Kindheitserinnerungen aus Småland*:

Die Kirchenältesten, die den Schlüssel zum Opferstock hatten, Wein und Oblaten an den Abendmahltisch trugen und die Nummern der Gesangbuchlieder anbrachten, waren von einem hell strahlenden Heiligenschein umgeben, dessen Leuchtkraft sich dem des Pfarrers näherte.

Jonas Petter war ein freundlicher, tüchtiger Mann, aber nicht ganz glücklich. Der Vater, Jon Persson, war einst wegen Totschlags zu lebenslänglicher Strafarbeit verurteilt, aber nach zehn Jahren begnadigt worden. Jonas Petters Kindheit muss von diesen Ereignissen geprägt worden sein. Er lebte allein mit seiner Mutter und er hat selbst berichtet, wie schwer es für ihn war, als sie Hohn und Verleumdung erlitt.

*Jonas Petter und Lovisa, Hannas Eltern. »Lovisa mit den sanften Händen« half vielen Kindern im Kirchspiel auf die Welt.*

Und das Mädchen, das er haben wollte, bekam er auch nicht. Sie war zwar in ihn verliebt, aber seine Herkunft war nicht gut genug für sie. Die Ehe mit Lovisa Persdotter wurde auch nicht harmonisch. Lovisa war eine starke Frau, in der ganzen Gegend als tüchtige Hebamme bekannt, »Lovisa mit den sanften Händen«, eine Wohltäterin der Armen. Aber mit Jonas Petter zankte sie oft. Manchmal versank sie lange Zeit in Grübelei und Tränen. Hanna suchte in den schlimmen Kindheitserlebnissen ihrer Mutter nach einer Erklärung für ihr Verhalten: »Man kann sich ja vorstellen, wie sie aufgewachsen ist. Sie war sieben, als ihr Vater starb. Als man ihn fand, hing er tot über einem Weidezaun. Bis auf den heutigen Tag ist da noch eine Grube, abergläubische Leute werden sich von dort Erde geholt haben, um geheilt zu werden. Dass Mutter damals einen Schock bekam, davon bin ich überzeugt.«

Jonas Petters Vater lebte als alter Mann bei seinem Sohn und seiner Schwiegertochter auf Hult, und Hannas erste Kindheitserinnerung hängt mit dem Tod des Großvaters zusammen. Sie hat den Vorfall selbst aufgeschrieben:

> Großvater und ich waren sehr gute Freunde. Es war im Oktober. Er stand am Küchenherd, um sich zu wärmen, als er zu Boden sank. Vater war nicht daheim und Mutter wurde fast hysterisch. Großvater wurde in sein Bett getragen. Mutter rief ununterbrochen seinen Namen. Da schlug Großvater die Augen auf und sagte: »Warum schreist du so?« Mutter sagte: »Ich hab geglaubt, Ihr sterbt«, und Großvater antwortete: »Es stirbt sich nicht so einfach, wenn man's nicht gewohnt ist!« Dann kam der Nachbar herüber und alles war gut und Großvater sprach bei klarem Verstand, aber nach einer Weile kam ein neuer Schlaganfall und dann war er tot. Das war im Herbst 1881. Ich bin 1879 geboren, war damals im dritten Jahr. Danach wurde Großvater in einen Sarg gelegt und geschmückt. Alles war so traurig und ich sagte: »Ich will mir einen neuen Großvater mit Bändern kaufen.« Dann kam die Beerdigung und ich weiß noch, dass ich ein schwarzes Kleid mit einer weißen Schürze und einem weißen Kopftuch trug. Viele Leute kamen und sie brachten Essen mit. Hefekranz, Gebäck und Käsekuchen.

In kurzen lebhaften Erinnerungsbildern erzählt Hanna von ihrer Kindheit. Sie erzählt von dem heftigen Feuer, das eines Tages im Getreidemagazin des Dorfes ausbrach, als sie vier Jahre alt war und mit der Mutter zur Kirche gegangen war. »Ich bekam so große Angst, dass die Beine mich kaum an dem Brand vorbeitragen wollten, wir wären fast nicht nach Hause gekommen.« Sie erzählt von der aufwühlenden Szene auf dem Friedhof, als zwei Hunde anfingen, sich während einer Beerdigung zu raufen. »Über diesen Vorfall wurde viel geredet. Das sei ein schlechtes Omen für den, der bestattet worden war.« Der drastische smäländische Humor war überall dabei, in allen Zusammenhängen – Schutz, Entspannung und Kraft: »Als unser Häusler heftige Schmerzen in einem Zeh hatte und Nisse Bang um Rat fragte, sagte Bang: ›Könntest ja mal versuchen, dir den Zeh abmachen zu lassen, es heißt doch, dass das gut sein soll.‹«

In dem kleinen Haus in Pelarnehult war es eng, und Jonas Petter fand nur schwer Ruhe und Frieden, wenn er die vielen Schreibarbeiten für den Pfarrer erledigen wollte. Das Schlimmste war, den Zehnten für den Pfarrer auszurechnen. »Und dann waren da all die Kinder, die im selben Zimmer Radau machten. ›Geh weg, da rüber!‹, sagte er, wenn die Kinder ihn bedrängten.«

Abends gaben die rauchenden Talgkerzen nur schwaches Licht. Ein Tag, den Hanna nie vergaß, war der Tag im Jahr 1882, als der Vater mit einer großen Petroleumlampe nach Hause kam, die er über den Schreibtisch hängte. Da wurde es hell in der Stube. »Wenn man im Winter morgens aufwachte«, berichtet Hanna, »schnurrte bereits das Spinnrad. Ich glaube, Mutter stand immer um zwei Uhr auf. Alles für unsere Kleider musste gesponnen und gewebt werden.«

Die regelmäßigen Hausandachten wurden in Pelarnehult sehr ernst genommen. Jonas Petters Sympathien gehörten der religiösen Sekte der »Leser«, er wurde als »Waldenströmer« betrachtet. Lovisa hielt es eher mit der herkömmlichen Kirche. Sowohl Leser-Prediger als auch Pfarrer waren im Haus gern gesehene Gäste.

»Sonntags gingen so viele wie möglich von der Familie zum Gottesdienst, nachmittags las Vater dann aus irgendeiner Postille vor,

*Glaubensbefragung in Lönneberga*

zum Beispiel aus der Luther'schen, und wir mussten derweil stillsitzen und zuhören. Das war schwer verdaulich und ich ließ die Fantasie meistens in eine ganz andere Richtung laufen und hörte nicht zu, saß aber dennoch still. Einmal war meine ältere Schwester zum Spielen bei den Nachbarn. Vater ging hinüber und holte sie. Aber bevor er überhaupt anfangen konnte zu lesen, war sie schon wieder drüben. Sie wurde noch einmal geholt, es setzte was und dann saß sie still. Jeden Tag nach dem Abendessen las Vater ein Kapitel aus der Bibel vor. Da nahmen wir uns eine Handarbeit und saßen so lange still.«

Vielleicht war es das Schicksal des Vaters, das Jonas Petter in Pelarnehult zu dem nüchternen und gottesfürchtigen Bauern machte, der er war. Es wird erzählt, seine Mutter habe sich gewünscht, dass er auch mal ein Schnäpschen trinken und so sein sollte wie alle anderen: Ihr zuliebe genehmigte er sich da ein Glas, aber hinterher fühlte er sich so schrecklich unglücklich, dass er nie mehr etwas anrührte.

Die pietistische Erweckungsbewegung, die in der zweiten Hälfte des neunzehnten Jahrhunderts durch Småland zog, war zugleich eine soziale Erweckung, die Errettung vor dem »Branntweinteufel«, der immer mehr Menschen ins Verderben trieb. Der Schnaps war eine Flucht aus der Armut und dem Elend in den Häuslerhütten. Mit Hilfe von Rosenius und Waldenström – und Gott – wurden kleine Höfe wieder rentabel gemacht. Die Erweckung – und die Nüchternheit, die diese mit sich brachte – bedeutete wachsenden Wohlstand. Die Kombination aus pietistischer Frömmigkeit, Nüchternheit und Wohlstand, die um die Jahrhundertwende in Småland entstand, lebt dort bis auf den heutigen Tag fort, sowohl bei Bauern als auch bei Klein- und Großunternehmern. Mit Gottes Hilfe und eigener Zähigkeit und Kraft so viel wie möglich zu erwirtschaften, das ist Gott wohlgefällig.

Aber in den Michel-Büchern taucht Astrid Lindgren die allzu salbungsvollen Kämpfer für Nüchternheit und Sittsamkeit ins Licht der Komik.

Gegen Abend schritten drei würdevolle Herren durch das Gartentor von Katthult, drei Guttempler von der Guttempler-Vereinigung Lönneberga. (...)

Krösa-Majas Gejammer über Michels Trunkenheit hatte die Guttempler-Vereinigung in Bewegung gesetzt. Und nun kamen sie und wollten mit Michels Mama und Papa reden. Es wäre gut, meinten sie, wenn Michel zum Abendtreffen ins Guttemplerhaus käme.

Als der Abend kam, musste Michel seine Sonntagskleider anziehen. Die Müsse setzte er auch auf. Er hatte nichts dagegen, sich bekehren zu lassen. (...)

An diesem Abend war das Guttemplerhaus überfüllt, kann ich wohl sagen. Ganz Lönneberga wollte dabei sein, wenn Michel zur Nüchternheit bekehrt wurde. Vorn auf der Tribüne hatte sich der Chor der Vereinigung aufgestellt, und als Michel zur Tür hereinkam, legten sie los und sangen aus voller Kehle:

»Du junger Mann hast ergriffen das Glas,
gefüllt mit dem tödlichen Gifte ...«

Für Hanna war ihre Kindheit eine glückliche Zeit. »Wir waren fünf Geschwister und beim Nachbarn waren es neun. Wir konnten uns ordentlich austoben, spielten Räuber und Gendarm, Königreich und Schlagball.«

Bald kam Hanna in die Dorfschule in Pelarne, wo sie Klassenbeste wurde. Als junges Mädchen singt sie im Kirchenchor und nimmt an Veranstaltungen von Basaren und Buchauktionen teil. Mit ihrer schönen, deutlichen Handschrift ist sie die selbstverständliche Protokollführerin. Daheim in Hult ist sie keine Minute untätig. Sie hütet die Kinder der Schwägerin, sie backt und webt, melkt und bereitet Käse.

Ihr innerlichster Wunsch wäre es gewesen, studieren und Lehrerin werden zu dürfen, aber damit war Mutter Lovisa unter keinen Umständen einverstanden. Man sollte meinen, die starke, begabte Hanna hätte dagegen protestiert, aber in ihrer Haltung der Mutter gegenüber gibt es keine Spur von Protest. Der Wille Gottes und der Eltern ist ihr Gesetz. Gegen dieses Gesetz verstößt sie nicht einmal, als Mutter Lovisa direkt nach der Hochzeit mit Samuel August verlangt, dass Hanna noch in Hult bleibt, um dort vierzehn Tage lang die große Wäsche und das Reinemachen nach der Hochzeit zu erledigen, anstatt ihrem sehr verliebten frisch gebackenen Ehemann in das neue Zuhause Näs zu folgen. Dies grämte Samuel August. »Dass ich so dumm sein konnte und damit einverstanden war«, sagte er jedes Mal, wenn er daran zurückdachte.

Aber auch das wird bei Hanna keinen Unwillen auslösen. Der Brief, den sie als neue Hausfrau auf Näs an ihre Eltern schreibt, ist voller Zärtlichkeit und Dankbarkeit:

> Meine lieben Eltern! Euer Kind sendet Euch hiermit seines Herzens demütigen und innigsten Dank für alles. Auch wenn ich meine Dankbarkeit darüber, so gute und liebevolle Eltern und Geschwister zu haben, weder zeigen noch ausdrücken kann, empfinde ich dennoch genauso tief und inniglich und hebe meine Augen dankbar zu einem gütigen Gott, der sie mir nebst einem mir teuren Elternhaus geschenkt hat, das ich niemals vergessen werde, desgleichen nicht, wie schwer es fiel, davon zu scheiden.

Aus den Briefen an die Mutter, die sie im Lauf der folgenden Jahre schreibt, spricht Gemeinschaftsgefühl und Vertrauen sowie Freude und Selbstbewusstsein angesichts des bäuerlichen Berufes, den sie beide teilen. Bei der Beschreibung der Arbeit in Haus und Hof lässt Hanna keine Einzelheiten aus.

»Auf dem Markt haben wir Preiselbeeren gekauft und 13 Öre pro

Liter bezahlt, also habe ich 50 bis 60 Liter eingekocht, manche auch mit Äpfeln.«

»Heute haben wir die Färse und den Eber geschlachtet. Der Eber wog 250 kg.«

»Gestern haben wir den Webteppich beendet. Er wurde 56 Ellen lang. Heute haben wir die Teppiche für die Küche geknüpft und fertig gestellt, sodass sie jetzt auf den Fußboden gelegt werden können.«

Der sachliche Inhalt ist von liebevollen Überschriften und Unterschriften eingerahmt. »Liebe kleine Mama!« steht in den Briefen, und unterschrieben sind sie mit »Mutters kleine Hanna«.

Jonas Petter Jonsson starb 1910 und sein Tod wurde die erste Erinnerung der dreijährigen Enkelin Astrid. »Er lag auf der Veranda in einem Sarg. Ich legte meine Hand auf seine Stirn und stellte erstaunt fest, dass sie ganz kalt war.«

Astrids Großmutter mütterlicherseits, Lovisa aus Pelarne, stand den Kindern nicht so nahe wie die väterlichen Großeltern, die auf Näs wohnten und die außerdem wesentlich kinderfreundlicher eingestellt waren. »Großmutter Lovisa ermahnte uns immer, und wenn sie merkte, dass uns etwas Spaß machte, war sie schnell dabei, es uns zu verbieten. Hieß es in einer Anzeige, dass ein lustiger Abend geplant war, deutete sie es sofort als etwas richtig Sündiges.«

Großmutter Lovisa durfte auch nicht in den Bullerbü-Büchern dabei sein, aber wenn die Bullerbü-Kinder zum Festessen bei Tante Jenny fahren, dienen der Weihnachtsschmaus und das Kirschenfest der Großmutter Lovisa als Vorbilder. Diese Feste gehörten zu den Höhepunkten des Jahres. Dort traf man alle Kusinen und Vettern und durfte den lieben langen Tag spielen. Unterbrochen wurde das Spiel nur vom unablässigen Essen. Astrid Lindgren hat von diesen Festessen bei der Großmutter Lovisa erzählt, unter anderem in *Das entschwundene Land.*

Nicht zuletzt war auch die mit dem Festschmaus verbundene Hin- und Rückfahrt äußerst vergnüglich. Natürlich machte es Spaß, in dem von dem Pferdegespann Maj und Maud gezogenen Kremser zu fahren, behaglich dort oben zu thronen und sich in aller Ruhe alles angucken zu können. Meistens schien die Sonne, und es roch gut nach Pferden und sonnendurchwärmtem Leder und harzigen Kiefern. Wie still und friedlich alles war – falls man nicht das Pech hatte, einem »Attemobil« zu begegnen. Dann schlug das Entsetzen in den Kremser ein, Papa sprang ab und hielt die Pferde an den Zügeln, nein, in den Wald führte er sie nicht, wie es manche Bauern taten, er hielt sie nur, damit sie ruhig blieben und nicht scheuten. Und wir saßen zitternd da, bis das Ungeheuer vorübergerattert war. Hinterher war die Erleichterung groß, und da wurden wir auch ganz aufgekratzt, denn man stelle sich vor, wir hatten ja ein »Attemobil« gesehen, und das war ein seltenes und bemerkenswertes Ereignis, etwas, das man bei Großmutters Festschmaus erzählen konnte.

Ein paar Stunden dauerte es, dorthin zu kommen, und langten wir an, stand Großmutter wie gewöhnlich auf der Vortreppe, um uns zu begrüßen. »All meine Kinder und all meine Kindeskinder«, sagte sie und weinte vor Rührung. Und dann fügte sie geschwind hinzu, dass wir auf gar keinen Fall zum See hinunterdürften, denn das könne nur damit enden, dass wir ertränken. Und fast genauso geschwind waren wir unten am See, kamen aber dennoch stets nicht ertrunken zurück.

Auf so einem Festschmaus in Småland wurde viel gegessen. Alltags war die Kost einfach, aber gab es einen Schmaus, dann wurde auch geschmaust. Wir Kinder hatten alle Mühe, uns vor dem meisten, was da aufgetischt wurde, zu drücken, um Zeit für unsere Spiele zu ergattern. Kaffee mit Rosinenbrot und Kuchen gab es gleich nach der Ankunft gegen elf Uhr. Dann dauerte es nur ungefähr eine Stunde, und die zahllosen Vorgerichte zum Mittagessen wurden aufgetragen. Mehr brauchte jedenfalls kein Kind, um proppensatt zu sein, danach machten wir uns davon und kehrten zu unseren Spielen zurück. (...) Und wenn unsere Mutter und ihre Geschwister »Oh, wie se...« anstimmten, dann wussten wir, dass es Zeit für die Heimfahrt war. »Oh, wie selig, dort zu wandern«, sangen sie mehrstimmig und so schön, dann folgte noch »So geht ein Tag von unsrer Zeit«. Auch an die Heimfahrten erinnere ich mich gut, müde saß man da und sah den schwarzen Wald und darüber den hellen Sommerhimmel. Aber noch besser erinnere ich mich der Heimfahrten von den Weihnachtsfeiern, wenn man eingemummt im Korbschlitten lag, das Schellengeläut in den Ohren und den funkelnden Sternenhimmel über sich.

Die Poesie der Heimfahrt war Lisa aus Bullerbü und auch Michel aus Lönneberga gegenwärtig. Es war am achten Juli, als Michel auf der Festwiese von Hultsfred ein lustiges Leben führte und dann mit all den anderen abends nach Katthult zurückfuhr. Froh und glücklich lag er im Halbschlaf im Wagen:

> Manchmal wachte Michel auf und sah den dunklen Wald und den hellen Sommerhimmel und er spürte den Geruch von Heu und Pferden und Nacht und hörte die Hufe klappern und die Wagenräder knirschen.

# 9

Am 30. Juni 1905 fand in der alten Kirche von Pelarne die Hochzeit von Samuel August Eriksson aus Näs in Vimmerby und Hanna Jonsson aus Pelarnehult statt. Und »es war eine fidele Hochzeit, obwohl weder getanzt noch gerauft wurde«, wie Samuel August immer wieder versicherte, wenn er seiner Tochter Astrid später im Leben davon erzählte.

Samuel August war ein gestandener junger Bauer von dreißig Jahren, der lange und treu auf seine vier Jahre jüngere Braut gewartet hatte. Ihre lebenslange Liebesgeschichte, die sich über sechsundfünfzig glückliche Jahre erstreckte, hat Astrid Lindgren in *Das entschwundene Land* beschrieben. Sie hat diese Liebesgeschichte geschildert »mit all ihren Touren und Schnörkeln und naiven kleinen Details, so wie ich sie selbst am liebsten habe, weil ich die ganze Zeit die Stimme meines Vaters höre, als er sie erzählt.«

Und Samuel August erzählte seiner Tochter. Immer wieder aufs Neue erzählte er von diesem Tag irgendwann im Jahr 1888, als im Gemeindehaus von Pelarne eine Repetitionsprüfung stattfand: Er war dreizehn Jahre alt und richtete seinen Blick zum ersten Mal auf Hanna aus Hult, das Mädchen mit den Stirnfransen, das dicht neben dem Ofen saß und alle Fragen so gut beantworten konnte. Er erzählte davon, wie er sie später hin und wieder sah und wie er sie nie vergessen konnte, und davon, wie schüchtern er war und sich ihr nicht zu nähern wagte. Er erzählte von seinen Liebesqualen und wie er litt, als er sie auf Buchversteigerungen und Festen sah, »umgeben von einem Rattenschwanz aus Pelarneburschen«. Da »wurde er so gottsjämmerlich traurig, dass er nichts wollte als heim«.

Er erzählte vom zeitigen Frühjahr 1903, als Hanna nach Vimmerby kam, um Weben zu lernen, und er ihr unverhofft in der Stadt begegnete. Sie trafen sich und machten lange Spaziergänge und tranken Tee im Café Royal. »Viel später«, erzählt Astrid Lindgren, »stellte sich heraus, dass weder Samuel August noch Hanna Tee mochten, aber sie hielten Tee wohl für ein wenig feiner als Kaffee und wollten ja um jeden Preis einen guten Eindruck aufeinander machen.«

Aber obwohl Samuel August »von Liebe besessen« war – »es war, als hätt eine Krankheit in mir gesteckt«, sagt er selbst –, brachte er es nicht fertig, mit seiner wichtigen Frage an Hanna herauszurücken. Erst am Abend, bevor sie nach Hult zurückfahren würde, war es so weit.

Er hatte seine Liebste zum Park an der Kirche geführt. Dort wuchs eine Traueresche, und darunter stand eine Bank, und auf diese Bank setzten sie sich. Am 1. April 1903 des Nachts um elf Uhr im wilden Schneetreiben – o Liebe! Wie Recht hat doch der Apostel, wenn er sagt: Die Liebe, sie verträgt alles und duldet alles!

Jetzt endlich brachte es Samuel August über sich, mit seiner Frage herauszurücken.

»Meinst, dass du und ich zusammen glücklich leben könnten?«

Darauf antwortete Hanna:

»Mit unserer Macht ist nichts getan!«

Sie kam aus einem tiefreligiösen Heim und glaubte wohl, dass bei einer so ernsten Sache Gottes Beistand vonnöten sei. Ihre Kinder aber sind mit der Antwort, die Samuel August damals erhielt, nie recht zufrieden gewesen. Er hätte doch einen eindeutigeren Bescheid gebraucht und auch verdient. Hanna jedoch war nicht bereit, uneingeschränkt ja zu sagen. Aber immerhin war es doch so, dass Samuel August die Bank unter der Traueresche zu Recht als »den Platz, wo mir der Stern der Hoffnung aufging« bezeichnen konnte. Sogar einen Kuss bekam er im Schneegestöber, den allerersten.

Es sollte noch über zwei Jahre dauern, bevor Samuel August und Hanna einander bekamen – zwei lange Jahre, angefüllt mit harter Arbeit und sehr viel Sehnsucht.

In einem kleinen viereckigen braunen Holzkästchen sind die Liebesbriefe auch heute noch auf Näs in der Kammer aufbewahrt, all die Briefe, die in den Jahren 1903–1905 zwischen Samuel und Hanna gewechselt wurden.

Samuel ist von Liebe überwältigt, aber zugleich auch ein praktischer, nüchterner junger Bauer, unermüdlich, voller zäher Energie und mit einem klaren Blick dafür begabt, wie sich die Landwirtschaft auf Näs verbessern lassen könnte.

Das, was die Briefe in dem braunen Kästchen so ungewöhnlich und zutiefst bewegend macht, ist nicht zuletzt die Kombination oder manchmal eher die Kollision von echter Leidenschaft und einem ungewöhnlich gut entwickelten Sinn für alle Arten von praktischen kleinen Alltäglichkeiten. »Es gab keinen einzigen Tag, ja, kaum eine Stunde, da du nicht in meinen Gedanken warst, seit du hier weiltest, mein Liebling. Ich hoffe, du mögest mich nicht vergessen und wissen, dass ich immerdar in deinem Herzen ruhen mag – du bist ja das Ideal unter den Frauen«, schreibt Samuel August in seinem ersten Brief an Hanna nach dem Heiratsantrag unter der Traueresche auf dem Friedhof von Vimmerby. »Oh, meine Liebste«, fügt er hinzu, »zweifle nie an meiner Liebe, denn sie ist wie ein Fels.« Und dann, nüchtern und sachlich: »Dein stets ergebener S. A. Eriksson.«

Mit den zärtlichsten Liebesworten beschreibt er, wie sehr er sich danach sehnt, seine Liebste in die Arme zu nehmen, diese Sehnsucht muss allerdings zugunsten der praktischen Vernunft den Kürzeren ziehen. Obwohl der Weg nach Pelarnehult und Hanna nicht länger als zwölf Kilometer ist, erscheinen dem hart arbeitenden Bauern, der sich um seine Pferde sorgt, die Hindernisse plötzlich unüberwindlich:

> Herzlichen Dank für die Einladung zu eurem Singen, es würde mir große Freude machen, hinzufahren und *dich* zu besuchen. Aber wenn es so weiterregnet, werden und sind die Straßen so schrecklich schlecht, dass man wohl nicht mit dem Fahrrad fahren kann, denn die Pferde haben es nötig, den Sonntag frei zu kriegen, wo sie sich die ganze Woche tagaus, tagein schinden müssen. Aber sollte es nicht unmöglich sein, dann werde ich kommen, denn wie das Sprichwort sagt, wo ein Wille ist, ist auch ein Weg. Aber auch anderes kann dazwischenkommen, warte daher nicht zu sehr auf mich, denn ich wage nicht sicher zu versprechen, dass ich komme. Wenn dem so ist, werden wir uns kaum sehen, bevor du nach Wimmerby kommst, aber das wird ja eine ziemlich lange Zeit, wogegen man nichts machen kann.

Uns mit unserer modernen, liberalen Einstellung zur Sexualität fällt es schwer zu verstehen, wie junge Liebespaare sich viele Jahre lang mit verstohlenen Küssen und leichten kurzen Umarmungen begnügen konnten. Die Begegnungen zwischen sittsamen Liebesleuten mussten ohne sinnliche Erfüllung auskommen, und vielleicht war es daher für Samuel August genauso beglückend, aus der Ferne von Hanna zu träumen. Oft erzählt er, wie er mitten in der täglichen Plackerei Bilder seiner Liebsten hervorlockt.

»... da kann ich sitzen und über vieles grübeln, während die Maschine läuft und rattert, um täglich so viele Millionen Halme wie möglich zu fällen. Ja, man kann Zukunftspläne schmieden und an seine Liebste denken – am meisten denkt man an die, die man liebt, ich jedenfalls.«

Hanna bittet ihn inständig, sie so oft wie möglich zu besuchen – aber als es darum geht, sich zu verloben, zögert sie:

> Ach, es ist so schwer zu antworten, wenn man mit sich selber uneins ist. Ganz gewiss habe ich dich genauso lieb wie früher und möchte so von Herzen gern frei von jeglichem Wankelmut sein, dennoch ist mir, als schrecke ich davor zurück, eine so wichtige Sache zu entscheiden. Wahrscheinlich ist es mir schon eine eingefleischte Gewohnheit geworden, mit Genuss an die Ehe in weiter Ferne zu denken, sodass mich, wenn die Frage sozusagen näher rückt, die Lust überkommt, mich gleich einem unartigen Kind zu verstecken.

Vielleicht wünschte sie auch, vor der Ehe noch etwas mehr vom Leben zu haben. Das Lernen war ihr immer leicht gefallen, in ihrem Abgangszeugnis hatte sie in allen Fächern ausnahmslos die Note

»Sehr gut«. Einst hatte sie gehofft, Lehrerin zu werden, aber die Mutter war dagegen gewesen. Kam es ihr jetzt so vor, als gebe sie mit der Heirat unwiderruflich etwas auf?

Vielleicht lag Hannas Zögern vor der Ehe auch eine gewisse Angst zugrunde, Angst vor den starken sinnlichen Kräften, die sie unter der ruhigen Oberfläche des eifrigen Verehrers ahnte. Sie verschanzte sich sowohl hinter Gott als auch den Eltern (»Ich *möchte* kein unartiges Kind sein, weder in der einen noch in der anderen Hinsicht, vielmehr bin ich fest entschlossen, lieber gegen meinen eigenen Willen zu handeln als gegen den meiner Eltern.«) – aber damit war sie in dem puritanischen Småland nicht alleine, wo die Mädchen zu einer Sexualangst erzogen wurden, die eigentlich mit der allgemeinen Angst der bäuerlichen Gesellschaft vor unerwünschten Kindern, also illegitimen Erben, zusammenhing.

Wenn Samuel August an seine geliebte Hanna schreibt, benützt er auf seine persönliche, gediegene Art dieselben Worte, die Tausende von romantischen Liebhabern schon voller Leidenschaft oder Leichtsinn verwendet haben, wenn auch für Liebesdinge in einem ganz anderen Milieu.

Die romantische Auffassung von der Liebe war als wahre Welle aus Gefühlen und Sentimentalität durch die bürgerliche Welt des achtzehnten und neunzehnten Jahrhunderts gezogen. Die Liebe, groß und ausschließlich, wurde in Romanen und Gedichten als eine Naturkraft beschrieben. Goethes Werther war nur einer von vielen pathetischen Helden und Heldinnen, die sich aus unglücklicher Liebe das Leben nahmen.

Die Frauen und Männer in den bürgerlichen Salons hatten ihre klar definierten Rollen und »Eigenschaften«, die der allgemeinen Auffassung von Liebe entsprachen. Eine »wahre« Frau hatte anmutig und schwach, empfindlich und mild, talentiert und gefallsüchtig zu sein. Sie war für Bildung, die schönen Künste und Wohltätigkeit zuständig. Ihr Leben sollte sie geschützt und isoliert am häuslichen Herd und in den Salons verbringen.

Für den Mann galt das Gegenteil – Wettbewerb, Pflicht, Macht und gesellschaftliche Verantwortung waren seine Bereiche. In den Salons wurden endlose Diskussionen über die »wahre Natur der

Frau« und über »das rechte Wesen der Liebe« geführt – Diskussionen überspannter Romantiker, die von den überspannten Zynikern abgelöst wurden.

Samuel August und Hanna erschienen derlei Diskussionen albern und unwirklich. In einem Brief an Hanna fertigt Samuel August einen »Studiosus Wilke« ab, der in einer Abendgesellschaft die Unverfrorenheit besessen hat, zu behaupten, so etwas wie wahre Liebe gebe es nicht. »Seine Rede hat bei mir zumindest keine Änderung bewirkt, denn ich halte daran fest, dass es Liebe gibt, wenn auch vielleicht nicht so vollkommen, wie es wünschenswert wäre. Ich stimme lieber mit einer Dame überein, die einmal gesagt hat: Was wäre die Welt ohne Liebe? Es wäre wohl eine öde Wüste für den Wanderer durchs Leben, sich nie geliebt zu fühlen oder lieben zu dürfen oder können. Nein, du und ich wollen einander lieben mit ganzer, ungeschmälerter Liebe, um uns beiden das Leben dadurch so hold wie möglich zu machen.« In ihrem Antwortbrief beruhigt Hanna Samuel August: »Seine Ansichten haben mich nicht im Geringsten beeindruckt, die kann er gerne für sich behalten.«

Die Liebesbriefe zwischen Samuel August und Hanna sind sicherlich einmalig. Im Småland der Jahrhundertwende waren weder Zärtlichkeitsbekundungen noch leidenschaftliche Liebeserklärungen bei den Bauernjungen und Bauernmädchen üblich. In der Agrargesellschaft war die Auffassung von der Ehe von alters her eher praktisch als gefühlvoll gewesen. Bei einer Ehe ging es nicht um Liebe, sondern um praktischen Landerwerb und Landverteilung, eine wirtschaftliche Gemeinschaft demnach – die zugleich eine sexuelle war, um Liederlichkeit und unerwünschte Kinder und Erben zu verhindern. »In der bäuerlichen Großfamilie wählten die Eltern die Ehepartner für die Kinder aus«, schreibt Ronny Ambjörnsson in einer interessanten Studie über die Entwicklung der Ehe. »Liebe zwischen Eheleuten war weder eine Forderung noch ein Ideal.«

Theoretisch war die Frau in der Agrargesellschaft dem Mann und Patriarchen untergeordnet, aber *praktisch* war sie ihm bei der Arbeit auf dem Hof gleichgestellt. Eine Bauersfrau hatte von den so genannten weiblichen Eigenschaften der Bürgersfrau keinen Nut-

*Samuel August und seine »kleine Inniggeliebte« nach fünfzig gemeinsamen Jahren*

zen. Von ihr wurden dieselben Eigenschaften wie vom Mann verlangt: Kraft, Ausdauer und ein praktischer Verstand.

Samuel August benützt alle schönen Liebesworte der Romantik, wenn er an Hanna schreibt, aber was einen Leser von heute am stärksten beeindruckt, ist die tiefe Vertrautheit, die aus den Briefen spricht, wenn die beiden Liebenden praktische Einzelheiten aus ihrem Alltagsleben schildern. Sie schreiben detailliert über die Tiere, über Saat und Ernte und Schlachtung. Man spürt, dass alles in Samuel Augusts Welt auch für Hanna wichtig ist und umgekehrt. Sie sind gleichgestellt und bilden eine perfekte Interessengemeinschaft.

Wenn Astrid Lindgren von ihren Eltern und deren lebenslänglichem glücklichem Zusammenleben erzählt, arbeitet sie als Autorin eigentlich auf verlorenem Posten. Unsere Bereitschaft, Schilderungen von bodenlosem Unglück aufzunehmen, ist groß. Im Vergleich mit den Allerunglücklichsten können wir uns damit trösten, dass unser Leben trotz allem einige Augenblicke der Erleichterung und des Glücks enthält. Aber wenn wir von einer Liebe und einem

Glück lesen, die beständig sind und nicht zerbrechen, fühlen wir uns provoziert. Wir werden misstrauisch – mit vollem Recht, da die Erfahrung uns gelehrt hat, dass solche Schilderungen oft verbotene Gefühle und unbewältigte Konflikte unter einer verführerischen, idyllischen Oberfläche verbergen. Natürlich wehren wir uns auch gegen die Möglichkeit, dass das, was erzählt wird, wahr sein könnte. *Wenn* es wahr ist, steht unser eigenes Leben doppelt unvollkommen und ungenügend da.

Dass es Astrid Lindgren gelingt, den Widerstand des Lesers zu brechen, wenn sie von der Liebe ihrer Eltern erzählt, liegt vielleicht daran, dass sie die ganze Zeit das unerhört naive Staunen vermittelt, das Samuel August ein Leben lang erfüllte, wenn er an sein ungewöhnliches Glück dachte: dass er mit Hanna hatte leben dürfen. Der Leser nimmt an einem Wunder teil.

In den Briefen und auch in Astrid Lindgrens Erzählung erscheint Samuel August als derjenige, der dieses ungewöhnliche Klima von bedingungsloser Liebe aktiv geschaffen hat. Samuel August ist von Liebe zu Hanna erfüllt, und seine Tochter folgt ihm darin mit einer Zuneigung, die so stark ist, dass er ganz und gar davon eingehüllt wird.

> »Du, Kind, eine Mutter, wie du gehabt hast«, sagte er, als ich ihn das letzte Mal besuchte.
>
> Ja, ganz gewiss habe ich das! Und einen solchen Vater! Mit einem so treu liebenden Herzen, einem so bis in den Tod liebenden Herzen!

Voller Genugtuung pflegt Astrid Lindgren Christopher Polhem zu zitieren, der einmal gesagt hat, es tue Kindern gut, ihre Eltern schmusen zu sehen. »Samuel August hätte Polhem gefallen«, stellt sie fest. »Wir Kinder waren es gewohnt, tagtäglich zuzuschauen, wie unser Vater, und sei es nur für einen kurzen Augenblick, unsere Mutter umarmte und herzte.«

Unter den småländischen Bauern dürfte Samuel August bestimmt so ziemlich der einzige gewesen sein, der seine Gefühle auf diese Art zeigte. Wenn man heute mit alten småländischen Verwandten von Astrid Lindgren spricht, kehren sie immer wieder zu der ungewöhnlichen Beziehung zwischen Samuel August und Hanna zurück. Eine von Samuel Augusts Kusinen erzählt:

> Ich glaube nicht, dass irgendjemand auf dieser Welt je so geliebt worden ist wie Hanna. Wenn ein Fest war, saß Hanna immer so fein da mit ihrer Goldbrosche. Samuel August kam ab und zu von den anderen Mannsbildern zu den Frauenzimmern herein, nur um nachzuschauen, wie Hanna es hatte. »Hast du es gut, Liebchen?«, fragte er. »Wie geht es dir, mein Herz?« Ja, ist doch klar, dass manche der Bauersfrauen das ganz schrecklich fanden. In puncto Liebe waren sie ja ziemlich unterernährt.

Wenn man weiß, wie viel Liebe Samuel August ausstrahlte, kann man ahnen, wo Astrid Lindgren ihre eigenen Gefühle verankert, wenn sie Zärtlichkeit und Liebe beschreibt. Die spontane und echte Sinnlichkeit, das richtig starke Gefühl in ihren Büchern findet man nicht auf den Seiten, die von Liebe im konventionellen Sinn han-

deln; die Verliebtheit in den Mädchenbüchern wirkt eher ausgedacht und oberflächlich. Nein, man findet sie in der Beziehung zwischen einem erwachsenen Mann und einem Kind.

In der Liebe zwischen Michel und dem Knecht Alfred, zwischen dem Landstreicher Paradies-Oskar und dem elternlosen Rasmus und auch zwischen Mio und seinem Vater, dem König, schimmert sie hindurch, die starke Liebe, die immer zwischen Samuel August und seiner Tochter bestand.

# 10

Die starke und selbstständige Pippi Efraimstochter Langstrumpf, die den stärksten Mann der Welt mühelos in die Luft wirft und mit den Autoritäten der Männerwelt spielt, findet ihre Vorfahrinnen zweifellos im smäländischen Bauerntum. In einem geistreichen Essay hat Stig Ahlgren Pippi und ihre ungewöhnlichen Eigenschaften beschrieben und sie neben Hexen und starke weibliche Urgestalten gestellt:

> Pippi Langstrumpf entsprach dem Frauenbild hinter dem Hexenmythos, das ein paar Jahre zuvor in Elin Wägners Utopie vom Matriarchat und gleichzeitig auch bei Emilia Fogelklou in der Vorstellung von der Urhexe als einer kühnen, lebensklugen Frau, die im Einklang mit der alten Magie lebt, widergespiegelt wird.

Für ein Mädchen, das wie Astrid Lindgren Anfang des Jahrhunderts im bäuerlichen Milieu in Småland aufwuchs, muss die weibliche Kraft etwas Selbstverständliches und Greifbares gewesen sein. Elin Wägner bringt in »Tausend Jahre in Småland« viele Beispiele einer Frauenkultur, die von starken, selbstständigen Frauen getragen wurde. »Wenn das wissenschaftliche Interesse sich dereinst dem Anteil der Frauen an unserer Kulturgeschichte zuwendet, wird Småland sich als reicher Fundort erweisen …«

In Astrid Lindgrens Familie dominieren die Frauen. Samuel Augusts Vater, Samuel, war ein tüchtiger, sanftmütiger und weicher Mann. Samuel Augusts Mutter Ida war genauso tüchtig und vielleicht noch tatkräftiger und erschien nach außen hin weniger weich als ihr Mann. »Wenn Mutter zornig wurde und auf uns losging, rannten wir zu Vater auf den Acker hinaus«, erzählen Samuel Augusts alte Schwestern.

Auch in Hannas Familie gibt es sensible, gefühlvolle Männer und starke, eher reservierte Frauen. Hannas Mutter war eine Frau, die in der ganzen Gegend respektiert wurde. Sie war nicht nur eine sehr tüchtige Hebamme, sondern besaß auch ein großes Wissen über traditionelle Kräutermedizin. Ihrer Tochter Hanna vererbte sie neben ihrem Wissen auch eine Intelligenz, die mit starkem Willen und unerschöpflicher, manchmal fast dickköpfiger Energie gepaart

*Die Pächtersfamilie auf Näs 1918, v. l. Samuel August, Ingegerd, Astrid, Stina, Gunnar und Hanna*

war – lauter Eigenschaften, die bei der Enkelin Astrid wiederzufinden sind.

Die Briefe, die Hanna während der ersten Jahre als Hausfrau auf Näs an ihre Mutter schrieb, zeigen eine starke junge Frau mit unglaublicher Arbeitskraft und großem Können. Sie webt und näht, versorgt die Hühner und den Garten, kocht ein, backt, bereitet Käse und macht die Wäsche.

Hanna bringt vier Kinder zur Welt. Damit sie den großen Haushalt dennoch im Griff behält, dürfen die Kinder Zeit und Aufmerksamkeit der Mutter nie zu sehr beanspruchen. In den Briefen an die Mutter schimmert manchmal eine gewisse Müdigkeit durch. Zeitweise wird Hanna von heftigen Zahnschmerzen geplagt, begleitet von Fieber und Vereiterungen, aber das Hofgesinde hört sie nie klagen. Den Knechten und Mägden tritt sie stets als die überlegene Hausfrau entgegen, deren starke Integrität unerschüttert bleibt. Sich einer Person wie Hanna zu nähern ist nicht leicht.

»Wir hatten einen fürchterlichen Respekt vor ihr ... Sie änderte nie ihre Meinung und konnte immer alles«, sagt Maja Svensson, die Enkelin des Stallknechtes auf Näs, die 24 Jahre lang dort lebte und arbeitete. »Als ich Näs verließ, hätte ich Hanna so gern umarmt, aber es wäre mir nicht im Traum eingefallen, so etwas zu wagen.«

Die Familie auf Näs war eine Großfamilie, wo nie weniger als zehn Personen am Tisch saßen, meistens waren es mehr. Hanna besaß vor allem ein großes Organisationstalent. Unsentimental, mit fester Hand und selbstverständlicher Autorität erzog sie Kinder und Mägde.

»Es gab eine Kategorie Hausfrauen, die verachtete sie«, erzählte Ingegerd Lindström, Astrid Lindgrens jüngste Schwester, »und zwar solche, die Dienstmädchen einstellten, ohne deren Arbeit selbst zu können.«

In Astrid Lindgrens Kindheit funktionierte Näs mehr oder weniger als selbstversorgender Haushalt. Alles, was Tiere, Landwirtschaft und Garten produzierten, wurde verwertet. Die Notjahre waren noch in lebhafter Erinnerung, sodass die Ehrfurcht vor der Nahrung ganz selbstverständlich war. Außerdem ist die småländische Einstellung zum Wohlstand schon immer mit äußerster Sparsamkeit und Geschäftssinn verbunden gewesen. »Es ist nicht so wichtig, was einer einnimmt und verdient«, sagt man in Småland. »Die Hauptsache ist, was einer ausgibt. Du kannst reich werden, obwohl du arm bist, du darfst bloß nichts unnötig ausgeben.«

»Du hättest sehen sollen, wie Hanna ein Butterpapier abkratzte«, sagte Ingegerd Lindström. »Ich selbst kann bis auf den heutigen Tag kein Butterpapier wegwerfen! Und die Eier mussten ordentlich geleert werden, anschließend musste man die Schale noch einmal extra mit dem Finger auswischen, damit nichts vom Eiweiß verloren ging. Ein Kommentar meiner Mutter über eine Familie aus unserer Bekanntschaft war: ›Kein Wunder, dass sie kein Geld haben. Sie leert die Eier ja nie ordentlich aus.‹«

Ingegerd Lindström wusste auch über Hannas pädagogische Erziehungsmethoden zu erzählen: »Wir hatten eine Magd, die ging ziemlich großzügig mit den Zuckerwürfeln um, wenn sie den Ernteleuten auf dem Feld Kaffee brachte. Sie nahm eine Hand voll oder zwei, ohne die Würfel zu zählen, und wenn sie zurückkam, lag kein einziger Zuckerwürfel mehr im Korb. Das beobachtete Hanna, sie sagte aber nichts. Eines Tages, als die Magd den Korb wieder aufs Feld hinausbringen wollte, fragte Hanna, wie viele Zuckerwürfel sich im Korb befänden. Die Magd holte sie heraus und zählte sie. Wie viele Zuckerwürfel sind nötig, wenn du genau nachrechnest? Die Magd addierte und multiplizierte und kam zu einer Summe, die nur einen kleinen Teil der Zuckerwürfel ausmachte, die sie aufs Geratewohl in den Korb gesteckt hatte. Hanna legte die überschüssigen Zuckerwürfel auf einen Haufen: Da siehst du, wie viel du an einem Tag wegwirfst! Leg jetzt zehnmal so viele Zuckerwürfel auf einen Haufen! Die Magd tat es. Der Haufen wurde erschreckend groß. Jetzt siehst du, was für einen Zuckerberg du im Lauf von zehn Tagen wegwirfst! Überleg dir, wie viel das in einem Monat und einem Jahr ergibt!«

Man kann sich gut vorstellen, was die bedauernswerte Magd dachte und wie entsetzt sie war. Bestimmt würde ihr ein für alle Mal klar sein, worauf der småländische Wohlstand gründete.

Wer selbst in Småland auf dem Land aufgewachsen ist, weiß, wie tief greifend und prägend diese Erziehung zur Sparsamkeit ist. Die småländischen Töchter passen ganz und gar nicht in die moderne Wegwerfgesellschaft. Jeder, der einmal dazu erzogen wurde, unter gar keinen Umständen essbare Speisereste und altes Brot wegzuwerfen, findet eine Seelenverwandte in Astrid Lindgren, die darin ganz die småländische Tochter ihrer Mutter – und auch ihres Vaters – ist. Mit innerer Genugtuung und auch mit einem Augenzwinkern hinüber zu Anton Svensson, Michels Vater auf Katthult in Lönneberga, lebt sie immer noch denkbar einfach, wärmt den Reisauflauf immer wieder von neuem zum Mittagessen auf, lässt keine Brotkante verkommen und tischt die Fischreste und Kartoffeln von gestern am nächsten Tag in verwandelter Form zum Mittagessen auf.

*Astrid in der Küche in der Dalagatan in den achtziger Jahren*

# 11

»Das Beste an den Bullerbü-Büchern ist, dass die Eltern da so lieb sind«, schrieb ein Kind einmal in einem Brief an Astrid Lindgren. Dieser Brief sagt vielleicht weniger über die Bullerbü-Bücher als über die Beziehung des Kindes zu seinen *eigenen* Eltern. Das, was die Mütter und Väter in Bullerbü vor allem auszeichnet, ist nämlich, dass sie kaum in Erscheinung treten. Sie sind so sehr von ihren eigenen Aufgaben in Anspruch genommen, dass sie keine Zeit haben, sich in die Angelegenheiten der Kinder einzumischen.

Darin erinnern sie an Samuel August und Hanna auf Näs.

> Zweierlei hatten wir, das unsere Kindheit zu dem gemacht hat, was sie gewesen ist – Geborgenheit und Freiheit. Wir fühlten uns geborgen bei diesen Eltern, die einander so zugetan waren und stets Zeit für uns hatten, wenn wir sie brauchten, uns im Übrigen aber frei und unbeschwert auf dem wunderbaren Spielplatz, den wir in dem Näs unserer Kindheit besaßen, herumtollen ließen. Gewiss wurden wir in Zucht und Gottesfurcht erzogen, so wie es dazumal Sitte war, aber in unseren Spielen waren wir herrlich frei und nie überwacht. (...)
>
> Unsere Kindheit war ungewöhnlich frei von Rügen und Schelte. Dass unsere Mutter nicht mit uns zankte, mag daran gelegen haben, dass man ihr meistens gleich gehorchte, wenn sie etwas anordnete. Sie war es, die uns erzog, und ich kann mich nicht entsinnen, dass Samuel August sich da je eingemischt hätte. Hannas Art der Kindererziehung war, so finde ich, recht großzügig. Dass man zu gehorchen hatte, war selbstverständlich, aber sie stellte nie unnötige und unerfüllbare Forderungen. So verlangte sie beispielsweise nicht, dass man unbedingt pünktlich zu den Mahlzeiten erschien – kam man zu spät, musste man sich selber etwas aus der Speisekammer holen. Ohne Vorhaltungen. Ich kann mich auch nicht erinnern, dass sie uns je Vorwürfe gemacht hätte, wenn wir mit zerrissenen oder beschmutzten Kleidern nach Hause kamen. Wahrscheinlich hielt sie

solche Pannen, die im Eifer des Spiels passieren konnten, für das gute Recht eines Kindes.

Diese spezielle Erziehungssituation, in der Hanna den größten Respekt genießt, taucht in Astrid Lindgrens Büchern oft auf.

In *Ferien auf Saltkrokan* versucht Tjorvens Vater vergebens, die Erzieherrolle, die der Mutter zusteht, zu übernehmen:

»Geh nach Hause, Tjorven«, sagte er zu dem majestätischen Kind. Unfassbar, dass er sich traute, und ebenso unfassbar, dass er der *Vater* von so einem Kind war! Es nützte jedoch nicht viel. »Wer hat das gesagt?«, fragte das Kind streng. »Hat Mama das gesagt?«

»Nein, ich sage es«, antwortete ihr Vater.

»Dann tu ich es nicht«, sagte das Mädchen. »Jetzt muss ich nämlich den Dampfer in Empfang nehmen.«

Dasselbe Kräfteverhältnis zwischen Vater, Mutter und Töchtern findet sich im Mädchenbuch *Kerstin und ich*:

Wenn wir als Kinder zu Hause in der Stadt auf dem Hof in der Sandkiste spielten und unser Hausmädchen den Kopf zum Fenster hinausstreckte und rief: »Kerstin und Barbro müssen sofort hereinkommen«, fragten wir vorsichtig: »Wer hat das gesagt?« Denn wir

> wussten, wenn Mutter es gesagt hatte, so war es das Sicherste, sich sofort auf den Weg zu machen. Wenn aber Vater es gesagt hatte, so konnte man in aller Ruhe noch ein paar Sandkuchen backen, ohne dass irgendetwas passierte.

Während die Bullerbü-Bücher die Spiele und die Beziehungen der Kinder untereinander realistisch beschreiben, wirkt die Beschreibung der äußerst seltenen Gelegenheiten, wo die Eltern auftauchen, dagegen beschönigend und von Wunschdenken bestimmt. Die Väter sind verspielt und rodeln miteinander am Hang von Bullerbü. Es ist kaum anzunehmen, dass Samuel August sich je zusammen mit anderen Bauern auf diese Weise verlustiert hätte. Auch hätte Astrid selbst ihre Mutter nie aus lauter Freude umarmt – wie Lisa aus Bullerbü. Hanna umarmte man nicht. Es war Samuel August, der die seltenen äußerlichen Zärtlichkeitsbeweise erhielt und verteilte, die auf Näs zwischen Eltern und Kindern vorkamen. Astrid Lindgren kann sich nur daran erinnern, dass sie als Kind ein einziges Mal von ihrer Mutter spontan umarmt wurde. Das war bei ihrer Rückkehr von einer längeren Reise, und diese Umarmung hat sie nie vergessen.

Hannas Art, mit den Kindern umzugehen, war typisch für das Milieu und die damalige Zeit. Samuel Augusts Offenheit und liebevolle Zuwendung waren es nicht.

Die Eltern in den Bullerbü-Büchern können, soweit sie überhaupt anwesend sind, natürlich auch nicht als zeit- oder milieutypisch bezeichnet werden. Sie sind eher aus der Zeit heraus entstanden, in der die Bücher geschrieben wurden, Mitte der vierziger Jahre also, und verdanken ihre Charakterisierung der Tatsache, dass Astrid Lindgren zu diesem Zeitpunkt als kinderliebe Mutter in bürgerlichem Milieu lebte.

In den vierziger Jahren hatte sich die Familiensituation für viele Menschen radikal verändert. Aus den Großfamilien der Agrargesellschaft waren kleine intime Kernfamilien geworden, die nur noch die Gefühle füreinander gemeinsam hatten. Die Zahl der Geschwister war geschrumpft, und die Beziehung der Kinder zu den Eltern war wichtiger als die zu den Geschwistern, gefühlsmäßig war man vor allem von der Mutter abhängig. Umarmungen und Zärtlichkeiten spielten eine immer größere Rolle, sowohl im Positiven als auch im Negativen.

Viele Kinder in Astrid Lindgrens Büchern wachsen in ebensolchen intimen Familiensituationen auf. Sie werden mit kinderpsychologisch geschultem Bewusstsein realistisch geschildert. Die Kinder aus der Krachmacherstraße, die Kinder auf Saltkrokan, Lillebror in den Büchern über Karlsson vom Dach, das sind lauter moderne »emanzipierte« Kinder, die in einer von Geborgenheit geprägten Umgebung ihr Temperament und ihre Aggressionen ausleben dürfen. Die Konflikte mit den Eltern sind klein, alltäglich und offen. Die verständnisvollen Eltern sind Idealeltern.

Dass Astrid Lindgren selbst als Kind mit *ihren* Eltern ebenfalls so temperamentvoll hätte umgehen dürfen, ist ausgeschlossen.

»Soweit ich mich erinnern kann, habe ich mich meiner Mutter nur ein einziges Mal widersetzt. Ich war ziemlich klein, drei oder vier Jahre alt, als ich mich eines Tages über meine Mutter ärgerte und beschloss, zum Klohäuschen auszureißen. Besonders lange werde ich wohl nicht weggeblieben sein, aber als ich wieder hereinkam, hatten meine Geschwister Bonbons bekommen. Das fand ich so ungerecht, dass ich vor Wut nach meiner Mutter trat. Doch da wurde ich in die Stube geführt, und dort gab es Haue ...«

Astrid Lindgrens Beschreibung der eigenen, ziemlich autoritär bestimmten Kindheit als eine freie, durch und durch glückliche Zeit – »ich kann mich nicht daran erinnern, dass ich als Kind jemals irgendwelche rebellischen Gefühle mit mir herumtrug« – steht in offenbarem Widerspruch zu ihren psychologisch realistischen Kinderschilderungen, wo sie immer die Partei der Kinder gegen jegliche Autorität ergreift.

Dieser Widerspruch wird am deutlichsten, wenn man die angepasste Lisa aus Bullerbü neben die rebellierende Pippi Langstrumpf stellt. Beide Mädchen existierten gleichzeitig im Innern von Astrid Lindgren. Lisa aus Bullerbü ist – genau wie Pippi Langstrumpf – nur ein halbes Selbstporträt.

Diesen Wechsel zwischen Anpassung und Rebellion kann man

im ganzen Werk der Autorin verfolgen. Man kann vielleicht sagen, dass sie erst mit Michel aus Lönneberga ein Kind schuf, in dem die fantasievolle Rebellion mit der Anpassung an die etablierte Familien- und Gesellschaftsnorm in Einklang gebracht wird – und dass Michel daher die Gestalt ist, die Astrid Lindgrens eigener Persönlichkeit am nächsten kommt.

Astrid Lindgrens autobiografische Schriften und Erzählungen werden von der harmonischen Anpassung bestimmt. Daher will eine Szene wie die mit der trotzenden kleinen Astrid, die in die Stube geführt wird und Haue bekommt, nirgends hineinpassen. Stattdessen trifft man in der Erzählung *Pelle zieht aus* auf eine freundlich verspielte Variante des Vorfalls. Die Geschichte handelt von Pelle, der sich eines Tages so sehr über seine Eltern ärgert, dass er beschließt, nach »Herzhausen« zu ziehen, zu dem »kleinen roten Häuschen mit dem Herz in der Tür«. Dort will er für immer bleiben, obwohl seine Mutter ihn anfleht, zurückzukommen.

»Wir tun dir vielleicht manchmal unrecht, aber wir lieben dich doch so sehr, so sehr.«

Allmählich lässt Pelle sich überreden und kehrt zurück.

Und als Mama ihre Arme um ihn legt, drückt er sein Gesicht an ihren Hals und weint noch mehr, so sehr, dass Mama ganz nass davon wird.

»Ich verzeihe euch«, sagt Pelle zwischen den Tränen. »Danke, lieber Pelle«, sagt Mama.

Es mag vielleicht so scheinen, als hätte Astrid Lindgren wichtige Teile ihrer Kindheit verdrängt, weil sie das Bild stören, das sie vorzeigen will. Wer einen gewissen Einblick in das Funktionieren von Kindheitserinnerungen hat, weiß, dass diese nie die ganze Wahrheit repräsentieren, sondern nur die sehr persönlichen Bilder, die jeder Mensch sich von seiner Kindheit schafft. Hannas Züchtigung der kleinen Astrid wurde nie zu einem wesentlichen Baustein in Astrids eigener Persönlichkeit; also wurde er beiseite gelegt und nur als eine Erfahrung ohne subjektive Brisanz und autobiografische Vorzeichen benützt.

Wenn man Astrid Lindgren viele Jahre lang mit provozierenden Fragen nach »der glücklichen Kindheit« bombardiert hat, wird man erst nach der Begegnung mit den anderen Geschwistern Ericsson auf Näs endgültig überzeugt. Dann endlich wird einem klar, dass das alles tatsächlich wahr ist: Ihre Kindheit auf Näs war einmalig. Der Bruder Gunnar starb bereits 1974, die Schwester Ingegerd erst 1997. Zwischen den Schwestern blieb bis ins hohe Alter eine ursprüngliche Verspieltheit und Flapsigkeit erhalten, ein lustvolles, liebevolles Gefühl der Zusammengehörigkeit. Die Türen zur Kindheit wurden geöffnet, nichts wurde verborgen, aber das Negative flatterte frei herum, ohne irgendwo landen zu können. Die Erinnerungen an die Spiele, das Gelächter und die Geborgenheit und an Samuel Augusts Liebe haben die Beziehung der Schwestern und das Gesamtbild der Kindheit bestimmt.

Vielleicht hätte dieses Bild doch ein wenig anders ausgesehen,

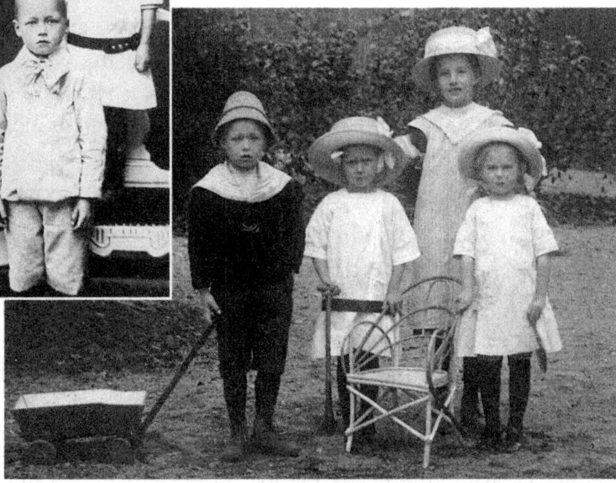

*Bullerbü-Kinder: links Stina, Gunnar und Astrid. Rechts Gunnar, Astrid, Edit, die Tochter des Kuhknechts, und Anne Marie, die Enkelin des Pfarrers.*

wenn der Bruder Gunnar am Leben geblieben wäre. Gunnar war der Älteste, der einzige Sohn, Astrids Lieblingsbruder und ständiger Spielgefährte. Sie waren fast gleichaltrig, nur ein Jahr trennte die beiden. Die drei jüngeren Schwestern, die auf Gunnar gefolgt waren, hatten Hannas begrenzte Aufmerksamkeit rasch mit Beschlag belegt. Es gibt Geschichten über Gunnars Sensibilität und sein großes Zärtlichkeitsbedürfnis. Als er Zahnschmerzen hatte, nahm Hanna ihn auf den Schoß und tröstete ihn. Er durfte seine Wange an ihrer weichen Strickjacke reiben, während sie ihn beruhigend wiegte. Hinterher kam es immer wieder vor, dass Gunnar die Strickjacke seiner Mutter hervorholte, sich irgendwo hinsetzte und sich damit die Wange rieb, als hätte er Zahnschmerzen.

Intuitiv muss seine Schwester Astrid erfasst haben, wie sehr der Bruder sich nach mütterlicher Liebe sehnte. Als die Episode mit Gunnars Zahnschmerzen in ihrem Werk auftaucht, geschieht dies in einer Erzählung von einem Jungen, der es sehr schwer hat und in einer kargen, gefühlsarmen Umgebung lebt. Es geht um den Waisenjungen Rasmus in *Rasmus und der Landstreicher*, der bei der barschen, Respekt einflößenden Fräulein Habicht nach Wärme sucht:

> Die Vorsteherin machte die Abendrunde. Sie ging von einem Bett zum anderen und kontrollierte, ob alles war, wie es sein sollte. Ganz selten einmal kam es vor, dass sie einem Jungen ungeschickt und beinahe gegen ihren Willen übers Haar fuhr. Rasmus mochte den Habicht nicht. Aber Abend für Abend hoffte er, sie möge ihn streicheln. (...) Fräulein Habicht war jetzt bei Gunnars Bett angelangt. Rasmus lag vor Spannung ganz steif da. Jetzt ... jetzt kam sie zu ihm.
>
> »Rasmus, wie liegst du da? Du zupfst ja die Decke kaputt«, sagte Fräulein Habicht.
>
> Dann ging sie weiter und gleich darauf schloss sie die Tür hinter sich, ruhig und bestimmt und unerschütterlich. Im Schlafsaal war es still. Aber von Rasmus' Bett kam ein tiefer Seufzer. (...)
>
> Vor mehreren Jahren hatte sie ihn mal eines Abends, als er Ohrenschmerzen hatte, auf den Schoß genommen. Er hatte sein krankes Ohr auf ihren Arm legen dürfen und sie hatte ihm vorgesungen »Geborgener kann niemand sein«. Da hatte er sie so gern gehabt, lange, lange hinterher hatte er sie noch gern gehabt und sich geradezu danach gesehnt, Ohrenschmerzen zu bekommen. Aber er bekam keine Ohrenschmerzen mehr, und Fräulein Habicht hatte sich nie mehr um ihn gekümmert und ihn fast nie gestreichelt, wenn sie die Abendrunde machte. (...)

Fräulein Habicht ist kein Porträt von Hanna, aber die Vorstellung von Rasmus' unbefriedigter Sehnsucht nach Zärtlichkeit muss Astrid Lindgren bewusst oder unbewusst aus der Wirklichkeit geholt haben, aus dem Innenleben eines sensiblen Bullerbü-Kindes.

# 12

Astrid Lindgren erwähnt oft, wie viel ihr Vater, Samuel August, für sie als Person und auch für ihr Werk bedeutet hat.

Wie beschreibt man einen glücklichen Menschen, ohne in die Nähe der abgedroschenen, oberflächlichen Bilder vom Glück zu geraten, von denen wir ständig umgeben sind? Ein vollkommen glücklicher Mensch ist eine Unmöglichkeit. Wie beschreibt man eine Unmöglichkeit so, dass einem Glauben geschenkt wird?

Samuel August war über neunzig, als ich ihm im August 1967 zum ersten und einzigen Mal begegnete. Er war schwer krank gewesen und lag seit vielen Monaten in einem Erholungsheim in Vimmerby. Dennoch war er völlig zufrieden, allerdings ohne des-

*Bei Samuel August auf Näs in den sechziger Jahren.*

interessiert und passiv zu wirken wie so viele Hochbetagte.

»Unglaublich, dass ein alter Bauer wie ich es noch so gut haben darf«, sagte er, um im nächsten Augenblick mit funkelnden Augen und treffsicherem Humor die Leute in seiner Umgebung mit all ihren Gebrechen zu beschreiben. Ab und zu hielt er inne und musterte die fremde Besucherin aus »Nineve«, wie Samuel August die sündige Hauptstadt nannte, mit forschendem Blick. Dieser Blick war stark und unbestechlich, aber gleichzeitig ganz offen und warm.

Über Samuel Augusts Genügsamkeit wussten seine Kinder Folgendes zu erzählen: »Er war bestimmt der einzige Mensch auf Erden, der jedes Mal beim Anblick seines Steuerbescheids mit zufriedenem Lächeln sagte: ›Na, das war ja halb so schlimm!‹«

Als Neunzigjähriger war er immer noch voller aufrichtiger Verwunderung: Verwunderung über die Existenz der Liebe, Verwunderung darüber, dass er einst Hanna begegnet war und dass er ihr bald wieder begegnen würde. Für Samuel August war die Liebe eine Kraft, keine Abhängigkeit. Daher war sein ganzes Leben von Liebe geprägt, ohne dass er seine Integrität verloren hätte. Und daher hat ihn Hannas Tod auch nicht vor Schmerz gelähmt. Er liebte sie weiterhin mit unverminderter Kraft und mit einer Dankbarkeit, die sich auch auf die Umgebung übertrug.

Das Einmalige an Samuel August Ericsson ist vielleicht, dass er Eigenschaften in sich vereinte, die sich nur selten in ein und demselben Menschen vereinen lassen (diesen Eindruck vermittelt auch seine Tochter Astrid). Samuel August ist gleichzeitig naiv und scharfsinnig. Er ist freundlich, ohne nachgiebig zu sein. Er flößt seiner Umgebung großen Respekt ein, aber niemand fürchtet sich vor ihm. Er hat einen ausgeprägten Geschäftssinn und ist gleichzeitig großzügig. Er ist aktiv, extravertiert, arbeitsam und dabei auch einfühlsam und offen für alle Nuancen in menschlichen Beziehungen.

Ein typischer Realist und gleichzeitig ein Träumer. (Welcher Bauer in Småland würde in aller Herrgottsfrühe eine Stunde vor allen anderen aufstehen, nur um *Segen der Erde* von Hamsun weiterlesen zu können?)

Samuel August war politisch konservativ und wer sich durch die

*Samuel August fährt den so genannten Milchwagen auf Näs. Neben ihm der Sohn des Pfarrers und hinter ihnen stehend Petrus Larsson – Pelle –, der als Vierzehnjähriger nach Näs kam und dort bis ans Ende seines Lebens arbeitete.*

Beschreibung all seiner Tugenden provoziert fühlt, kann natürlich behaupten, dass seine glückliche Genügsamkeit einen großen Anteil politischer Ahnungslosigkeit verbarg und dass er nie radikale Konsequenzen aus seiner Menschenliebe zog. Samuel August war ein angepasstes Kind seiner Zeit und seines konservativen Milieus, und innerhalb dieser Grenzen war er dem Gesinde ein guter, sehr fürsorglicher Arbeitgeber, ein Patriarch, bei dem sich alle Rat holten (es gab sogar Knechte, die wollten ihn dabeihaben, wenn sie einen neuen Überzieher kauften). Dennoch kann man natürlich behaupten, dass er viel staatserhaltender war als die oft unmenschlich harten Arbeitgeber auf den größeren Höfen in Schonen oder Östergötland. Diese provozierten Widerstand und trugen so indirekt zu Solidarität und Kampfbereitschaft unter den Landarbeitern bei. Gleichzeitig hatten es die Häusler und Tagelöhner auf Näs besser als viele andere ihrer Kollegen in der Umgebung. Sie hatten bessere Wohnungen und Arbeitsbedingungen, das wird ganz deutlich, wenn man die Berichte von Leuten hört, die auf dem Hof gearbeitet haben und sich in den siebziger Jahren noch gut an vieles erinnerten. Bei allen lag eine überzeugende Wärme in der Stimme, wenn sie von Samuel August sprachen: »Er war ein guter Mensch.« – »Er war ein ungewöhnlicher Mann.« – »Er hatte einen wundervollen Humor.« – »Es war nie davon die Rede, sich gegen ihn aufzulehnen.«

Samuel August fing in seiner Jugend als Knecht an und endete als wohlbestallter Landwirt, der sich fürs Allgemeinwohl einsetzte und bei den Bauern der Umgebung großes Ansehen besaß.

Sowohl Samuel August als auch Hanna waren darum bemüht, die Erzeugnisse ihres Hofes ständig zu verbessern, und stellten hohe Qualitätsansprüche. Samuel August gründete einen Molkereiverein für die örtlichen Bauern, bildete Zuchtverbände und heimste für seine Hengste und Stiere Anerkennung und Preise ein. Hanna setzte währenddessen ihre Bemühungen um Zuchtgeflügel fort.

In der guten Stube von Näs hängen auch Diplome für fleißiges Steineräumen. Die småländischen Bauern waren vom Steineräumen geradezu besessen. Die Aussicht auf zusätzlichen fruchtbaren Boden trieb sie zu übermenschlichen Anstrengungen. Zu Samuel Augusts Zeit auf Näs wurden 820 Steinhaufen und 10 000 Einzelsteine aus den dortigen Ländereien weggeräumt. Und dennoch kamen immer wieder neue Steine aus dem kargen småländischen Boden heraufgequollen.

Samuel August hatte zeitlebens Spaß an Geschäften, und wenn er seiner Tochter von seiner Kindheit erzählte, handelten die Geschichten oft von den ersten gelungenen Geschäften seines Lebens. In der Erzählung »Sammelaugust« hat Astrid Lindgren die Episode wiedergegeben, wie er die enorme Summe von 65 Ören verdiente, indem er dem reichen Großhändler Sörensen die Gatter öffnete. Dies war das Kapital für Samuel Augusts erste Investition: zwei heiß ersehnte Kaninchen, ein Männchen und ein Weibchen:

> Der aber, der jetzt dort an der Wegbiegung angelaufen kam, das war doch wohl nicht mehr ein armer Smålandjunge mit Namen Sam-

melaugust? Nein, das war ein reicher Mann, ein Geldprotz, Kaninchenfarmbesitzer, beinahe schon ein Großhändler. Wenn man sich einen Großhändler denken kann, der so entsetzlich nach Luft schnappt.

Welch ein Triumph, als die Brüder sich um ihn drängten und fragten und fragten! Welches Glück, die Hand zu öffnen und sie den ungeheuren, unglaublichen Reichtum sehen zu lassen!

In Michel aus Lönneberga lebt viel von Samuel Augusts Pfiffigkeit und gewitztem Geschäftssinn weiter. Auch Michel verdiente einen ordentlichen Batzen, als er den Bauern, die zur Auktion in Backhorva unterwegs waren, das Katthultgatter öffnete:

Eine ganze Stunde hielt Michel Gatterwache und er verdiente dabei fünf Kronen und vierundsiebzig Öre. Kaum zu glauben!

Die Pferdefuhrwerke kamen in einem so dichten Strom, dass er es kaum schaffte, hinter einem das Gatter zu schließen, bevor er es für den Nächsten wieder öffnen musste. Und alle Bauern, die hindurchfuhren, hatten gute Laune, weil sie doch zur Auktion wollten, und warfen bereitwillig Zweiörestücke und Fünförestücke in Michels Mütze hinunter. Einige vornehme Herren waren sogar so in Schwung, dass sie ihm ein ganzes Zehnörestück gaben, wenn sie es natürlich auch bald danach bereuten.

Aber der Bauer von Kråkstorp wurde wütend, als Michel das Gatter seinem braunen Gaul vor der Nase zuschlug.

»Warum machst du das Gatter zu?«, schrie er.

»Ich muss es doch erst zumachen, damit ich es dann wieder aufmachen kann«, erklärte Michel.

»Warum lässt du das Gatter an einem Tag wie heute nicht offen?«, fragte der Bauer wütend.

»Ich bin doch nicht verrückt«, sagte Michel. »Heute, wo mir dieses olle Gatter zum ersten Mal ein bisschen nützt!«

Aber der Kråkstorper schlug mit seiner Peitsche nach Michel und gab ihm nicht das kleinste Öre.

Michel aus Lönneberga war natürlich die Gestalt aus Astrid Lindgrens Kinderbüchern, die Samuel Augusts eigenem Leben, seinem Herzen und seinen Interessen am nächsten stand – und während seiner letzten Lebensjahre (die Jahre, in denen die beiden ersten Michel-Bücher erschienen) erkundigte er sich immer wieder danach, wie es Michel ging und ob er in letzter Zeit irgendwelche guten Geschäfte gemacht hatte.

»Eigentlich war Samuel August eher fürs Glück begabt als fürs Geschäftliche«, sagt die Tochter Stina. Aber im Lauf seines langen Lebens führte er immerhin mehrere erfolgreiche geschäftliche Transaktionen durch. Die Zeit des Ersten Weltkriegs, die für die Arbeiter und Angestellten des Landes hart war, brachte den Bauern wirtschaftliche Vorteile. Samuel August kaufte gemeinsam mit einem Verwandten Tjurstorp, einen Hof mit viel Wald, und verkaufte ihn später wieder. Mit der Zeit wurde er fast zum Großbauern, wollte aber immer als »ganz normaler Bauer« gelten. Als sein Schwiegersohn einen Brief einmal an »Herrn Gutsbesitzer S. A. Ericsson« adressierte, kommentierte er das mit: »Was für ein Gut denn? Soll wohl die Hälfte einer halben Hufe von Tjurstorp sein... mitsamt der Hypothek!«

Der Pfarrhof von Näs umfasste 98 Doppelmorgen Ackerland und gehörte zu den größeren Höfen in der Gegend von Vimmerby. Außerdem gehörten vier Häuslerhöfe zu Näs. Die Häusler verfügten über ungefähr 10 Doppelmorgen Land, kleine, von Steinmauern umfriedete Felder und magere Äcker, die nicht viel hergaben, aber umso mehr Arbeit erforderten. Für die Höfe bezahlten die Häusler und ihre Familien mit Arbeit: für jeden Hof zwei Tagewerke und 50 Aushilfstage pro Jahr. Die Tagewerke verlangten die Arbeit eines erwachsenen Mannes, aber für die Aushilfstage musste die ganze Häuslerfamilie einrücken. Die Arbeitstage waren lang, von sieben Uhr in der Früh bis sieben Uhr abends, unterbrochen nur von einigen Essenspausen.

Im Herbst gab es auf Näs für Häusler, Tagelöhner und Gesinde ein großes Erntefest. Das waren muntere Feste mit Tanz und Schmaus, Feste, die in der Erinnerung aller, die einst daran teilnahmen, weiterleben.

Von unserem Standpunkt aus erscheint dieses ganze Häusler- und Tagelöhnersystem als Ausdruck von Ausbeutung und Unterdrückung, aber diese Einsicht besaß Samuel August natürlich nicht, genauso wenig wie die meisten anderen Bauern im damaligen Småland. Wenn man den Zeugenaussagen so im Nachhinein Glauben schenken darf, lebten nicht einmal die Tagelöhner und Häusler selbst in dem Bewusstsein, unterdrückt zu sein. Die Industrialisierung war noch nicht stark entwickelt, die Arbeiterbewegung war schwach und hatte die Landarbeiter in den ersten Jahrzehnten des zwanzigsten Jahrhunderts noch nicht erreicht. Die Orte Västervik und Möre, wo die Arbeiter streikten und heftige Konflikte mit den Arbeitgebern austrugen, lagen nicht weit entfernt, aber das, was sich dort abspielte, beeinflusste die Landarbeiter in Vimmerby nicht. »Wir waren nie gewerkschaftlich organisiert«, berichtet Einar Hallin, einer der Häusler von Näs. »Politisch unterstützten wir den Bauernverband, genau wie Gunnar, Samuel Augusts Sohn, der ebenfalls auf Näs arbeitete. Wir waren alle Mitglieder des Verbandes der schwedischen Landjugend.«

Die Konservativen und auch der Bauernverband hatten ein politisches Interesse daran, ein Bild des Einvernehmens und der Interessengemeinschaft unter den Bauern aufzubauen, dies galt sowohl für die großen, bereits wohlhabenden Landwirte als auch für die ganz kleinen Bauern. Alle hatten sie gemeinsame Interessen. Genau wie Samuel August waren die meisten Bauern darauf eingestellt, ihr Vermögen zu mehren und ihr Bankkonto zu füllen, und zwar nicht so sehr, um ihren eigenen Lebensstandard zu verbessern, sondern vielmehr, um den Kindern ein anständiges Erbe hinterlassen zu können. Elin Wägner, die in den zwanziger und dreißiger Jahren das politische Leben in Småland beobachtete, hat in *Tausend Jahre in Småland* eine Rede festgehalten, die vor einer Landtagswahl auf einem Bauerntreffen gehalten wurde. Diese verrät viel über die Ideologie, die hinter dem politischen Zusammenschluss der småländischen Bauern lag:

> Falls ihr ein Öre mehr für die Milch und ein Öre mehr fürs Fleisch und ein Öre mehr pro Kubik Holz kriegt, kann jeder von euch, der einen normalen kleinen Hof hat, im Jahr fünfhundert Kronen extra verdienen, ohne dass er es merkt. Wenn man dann davon ausgeht, dass ein Bauer seinen Hof durchschnittlich dreißig Jahre hat, dann besitzt er ein Kapital von fünfzehntausend, wenn er ihn abgibt. Damit kann man seinen Kindern ein schönes Sümmchen hinterlassen. Aber gerade deshalb, um diese Extraöre zu kriegen, müssen wir zusammenhalten.

Die Häusler auf Näs hatten einen engen, guten Kontakt zu Samuel August. Er wurde so sehr geliebt und geachtet, dass die Häusler ihr Recht nicht ausnützten, ihre Höfe in selbstständige Pachthöfe umzuwandeln. Solange Samuel August den Hof selbst führte, setzten die Häusler ihre Tagewerke auf Näs fort.

1939, als Sohn Gunnar den Hof übernahm, wollte Samuel August alles beim Alten belassen. Der Sohn eines der Häusler berichtet darüber. »Jungs, wir machen doch so weiter, wie wir es immer gehalten haben«, sagte Samuel August. Doch da wehrte sich Axel aus Östra Nybbletorp mit fester Stimme: »Darüber ist noch nicht das letzte Wort gefallen!«

Von diesem Tag an hatten die Tagewerke auf Näs ein Ende.

# 13

Auf einem Foto, aufgenommen an einem Sommertag im Jahr 1915, stehen sie alle vor dem alten Pfarrhof auf Näs ordentlich aufgereiht da. Der Bauer und seine Frau – Samuel August und Hanna –, zwei Mägde, eine Aushilfskraft und Pelle, der Großknecht, Samuel Augusts Vetter, der schon als Vierzehnjähriger nach Näs kam und von Samuel Augusts Mutter aufgenommen wurde. Dann der Kuhknecht und eins seiner Kinder, übrige Knechte und Tagelöhner. Und drei der Kinder Ericsson sind auch dabei: Gunnar, Astrid und Stina. Ingegerd war noch nicht geboren.

Mägde, Knechte und Tagelöhner wechselten mitunter, allerdings weniger häufig als auf vielen anderen Höfen. Die meisten blieben

*Die ganze Großfamilie an einem Sommertag 1915: Bauer und Bäuerin, Kinder, Mägde und Knechte, Vorarbeiter und Häusler*

jedenfalls lange genug, um für die Pächterskinder auf Näs Teil ihrer Kindheit zu werden. Die Tagelöhnerkinder waren gleichaltrige Spielgefährten für die beiden älteren Ericsson-Kinder, fast wie Geschwister. Im Häuschen des Kuhknechts, in Kristins Küche, saß Edit, die Tochter des Kuhknechts, und las der viele Jahre jüngeren Astrid Märchen vor. Diese Szene hat Vivi Edström als die »Urszene« in Astrid Lindgrens Werk bezeichnet. In Kristins Küche fing alles an. Astrid Lindgren hat 1963 in der Zeitung *Expressen* darüber geschrieben:

> Diese Edit – gesegnet sei sie jetzt und allezeit – las mir das Märchen vom Riesen Bam-Bam und der Fee Viribunda vor und versetzte meine Kinderseele dadurch in Schwingungen, die bis heute noch nicht ganz abgeklungen sind. In einer seit langem verschwundenen kleinen Häuslerküche geschah dieses Wunder, und seit jenem Tag gibt es für mich in der Welt keine andere Küche. Lese ich von einer Küche oder schreibe ich selbst etwas, das sich in einer Küche ereignet, so spielt sich dies ewig und unveränderlich bei Kristin ab ... dort steht die Küchenbank, dort der Tisch, dort der eiserne Herd und dort ist die Tür zur Stube.

Als der Waisenjunge Rasmus in *Rasmus und der Landstreicher* in der Küche von Paradies-Oskar sitzt und fühlt, dass er endlich heimgekommen ist, sieht die Autorin demnach Kristins Küche vor sich:

> Vielleicht war er einmal in einem solchen kleinen grauen Haus geboren worden, vielleicht war das Erste, was er in seinem Leben gesehen hatte, eben solch eine armselige Küche gewesen mit weiß gescheuerten Dielen und Ausziehsofa und Klapptisch und Geranien an den Fenstern. Vielleicht hatte er deswegen das Gefühl, nach Hause zu kommen, als er über die hohe Schwelle trat, die von so vielen Füßen abgenutzt worden war.

Die Kinder auf Näs brauchten nie Arbeits- oder Spielgefährten zu entbehren. Auf Edit und die Häuslersfamilie, zu der sie gehörte, folgte eine Familie mit zwölf Kindern und einem Enkelkind. Maja Svensson, das Enkelkind, hat in den siebziger Jahren erzählt, wie sehr sie ihre eigene Kindheit in den Bullerbü-Büchern wiedererkannte. Sie war jünger als Astrid, gleichaltrig mit der jüngeren Ingegerd.

»Alle Kinder waren ja zusammen auf dem Hof, tagaus, tagein spielten wir und fegten umher. Oh, wir hatten viel Spaß! Aber ich kann mich auch erinnern, wie es war, als Ericssons Kinder sich in den Kremser hineindrängten, um zum Kirschenfest zu den Verwandten in Pelarne zu fahren. Da standen wir Tagelöhnerkinder dann und wären gern mitgefahren und fühlten uns ausgeschlossen. Wer da hätte mitfahren dürfen! Das ging einem durch den Kopf, als sie davonfuhren.«

Arbeiten mussten alle, die Pächterskinder genauso wie die Tagelöhnerkinder. Gunnar war erst sechs, als er Möhren und Rüben verziehen und Nesseln für die Hühner rupfen musste. Astrid, die ein Jahr jünger war, folgte ihm bald nach. Hanna behielt die Kinder wachsam im Auge, und wenn sie Anstalten machten aufzugeben, trieb sie sie an: »Nur immer vorwärts! Bloß nicht stehen bleiben!« Diese Worte klangen den Kindern stets in den Ohren, und viel später lässt Astrid Lindgren sie in dem Mädchenbuch *Kerstin und ich* auftauchen. Hier ist es Johan, der Stallknecht, der antreibt:

> »Nur vorwärts! Bloß nicht stehen bleiben!«, trieb er uns an. Und wir sagten ihm, er würde sich ausgezeichnet dafür geeignet haben, Galeerensklaven anzutreiben.

In den Bullerbü-Büchern ist die Arbeit Teil von Spiel und Gemeinschaft. Die Lust des Spiels färbt auf die Arbeit ab, und die Gemeinschaft hilft, die Anforderungen zu meistern:

> Eigentlich hätten Lasse und Bosse und ich natürlich die Rüben verziehen müssen, die zum Mittelhof gehörten, und Britta und Inga die, die zum Nordhof gehörten. Und Ole die, die zum Südhof gehörten. Stattdessen halfen wir uns alle gegenseitig bei allen Rüben. (...) Während wir Rüben verzogen, redeten wir die ganze Zeit und erzählten uns gegenseitig Märchen. (...) Am ersten Tag, als wir Rüben verzogen, war es am lustigsten. Später wurde es etwas langweiliger, aber wir mussten trotzdem weitermachen, denn die Rüben mussten ja verzogen werden.

Natürlich muss es Tage gegeben haben, wo die Rüben nur widerstrebend gezogen und die Nesseln für die Hühner nur unwillig gerupft wurden. Aber Trotz und Einwände sucht man vergebens in den Bullerbü-Büchern. Diese Gefühle findet man stattdessen bei dem Waisenjungen Rasmus:

> Brennnesseln dürfte es auch nicht geben, dachte Rasmus. Den ganzen Sommer lang musste man Brennnesseln für die Hühner pflücken, denn sie bekamen täglich gekochte Brennnesselgrütze.

Als Kind speicherte Astrid natürlich so manchen Seufzer über die Nesselhaufen und Rübenäcker in ihrem Gedächtnis; als Erwachsene holte sie diese später wieder hervor und stattete damit ein unglückliches Kind aus. Aber obwohl die Autorin Rasmus ihr ganzes Verständnis und ihre Zuneigung schenkt, kann sie nicht umhin, das strenge Fräulein Habicht zu verteidigen, wenn diese die Kinder zur Arbeit anhält:

> Das Waisenhaus von Västerhaga war eine städtische Anstalt, lebte aber zum Teil davon, dass man Eier und Gemüse verkaufte. Die Kinder waren eine billige und unentbehrliche Arbeitskraft und Fräulein Habicht verlangte sicher nichts Unmenschliches von ihnen, wenn Rasmus es auch seinerseits unmenschlich fand, dass er einen ganzen Tag lang Kartoffeln häufeln sollte. Da er aber ebenso wie alle übri-

gen elternlosen Kinder gezwungen sein würde für sich selbst zu sorgen, sobald er dreizehn Jahre alt war, so musste er beizeiten arbeiten lernen, das wusste Fräulein Habicht genau. Sie wusste dagegen nicht so richtig, wie notwendig es auch für Waisenhauskinder war, spielen zu dürfen, aber das konnte man vielleicht nicht verlangen. Sie selbst hatte sich wahrscheinlich nie sonderlich viel aus dem Spielen gemacht.

Fleiß, Ausdauer und Unternehmungsgeist waren – und sind – småländische Haupttugenden und bilden einen wichtigen Bestandteil der politischen Ideologie, die die echten Småländer im Lauf der Zeit immer entscheidender geprägt hat. Hanna und auch Samuel August waren ihren Kindern in dieser Hinsicht ständig Vorbild und Beispiel. Astrid Lindgren beschreibt ihre Schwester Ingegerd als diejenige mit dem deutlichsten »Hanna-Komplex«. Sie war zeitlebens tätig, sie pflanzte Kräuter und Gemüse an, es war ihr eine Lust, alles zu verwerten, sie kochte Marmelade ein, machte Saft und backte.

Astrid Lindgren selbst ist auch nicht aus der Art geschlagen. Ich erinnere mich an einen Herbsttag irgendwann in den siebziger Jahren. Wir waren mit dem Auto in der Provinz Hälsingland unterwegs, wo wir Samuel Augusts alte Schwestern besucht hatten. Auf dem Heimweg fuhren wir am Marktplatz von Söderhamn vorbei. Dort leuchteten einem die Preiselbeeren entgegen, und Astrid Lindgren stellte fest, dass das Kilo hier ein paar Kronen weniger kostete als in Stockholm. Kurz entschlossen kaufte sie eine ganze Kiste voll. Als wir spätabends nach einer langen, anstrengenden Reise in Stockholm ankamen, begann Hannas Tochter mitten in der Nacht die Preiselbeeren zu verlesen und einzukochen – für den Wintervorrat der Kinder und Enkel.

Das hat nichts mit Knausrigkeit zu tun – Astrid Lindgrens Großzügigkeit ihren Angehörigen gegenüber ist spontan und groß –, nein, sie hatte einfach Freude daran, den Moment zu nutzen und selbst etwas zu produzieren. Wenn diese Freude sich dann mit Gewinn kombinieren ließ – umso besser!

In Astrid Lindgrens Werk gibt es ein Buch, das von dieser småländischen Arbeitsmoral durchtränkt ist – *Kerstin und ich*, eine Art Bullerbü-Buch für prächtige junge Mädchen, jedoch ohne die zentrale Thematik des Spielens, die den lebendigen Inhalt der Bullerbü-Bücher ausmacht. In vielem ist dies eine angepasste, konventionelle Mädchenschilderung mit leicht moralisierenden Zügen. Aber kaum hat man das gedacht, streicht ein irrationaler Windhauch über die Buchseiten und schimmert hier eine Zeile, dort eine Seite auf, wo etwas eigensinnig Persönliches aufleuchtet, eine Mischung aus Humor und Verrücktheit, aus Poesie und sachlicher Beschreibung der Mühen des Landlebens.

Die Hauptthematik dieses Mädchenbuches ist etwas so Prosaisches wie »Arbeitsfreude«. (»Es ist eine wahre Lust, etwas mit den eigenen Händen tun zu dürfen.«) Astrid Lindgren ist 37 Jahre alt, als sie in Stockholm in ihrer Wohnung sitzt und *Kerstin und ich* schreibt. Die Arbeitsgemeinschaft auf Näs und die ganze Personengalerie mit Kuhknechten, Melkerinnen, Häuslern und Tagelöhnerkindern wird wieder vor ihr lebendig. Die kleine Liebesgeschichte zwischen der Hauptperson und einem passenden »anständigen« Jüngling aus der Nachbarschaft wirkt leblos und an die konventionellen Ansprüche des Mädchenbuches angepasst. Die starken, echten Gefühle sind nicht dort zu finden, sondern in der Beziehung zu den Tieren und zur Natur, zur Arbeit und zum Gesinde.

> »Das höchste Glück des Lebens«, sagte Kerstin und nahm mir das Wort aus dem Mund, »ist die Arbeit!«

Und die alleraufrichtigste Liebeserklärung im ganzen Buch gilt Johann, dem alten Kuhknecht.

> Als wir auf den Weg kamen, drehte ich mich um und sah ihn, klein, zuverlässig, freundlich und treu, dort gehen, und plötzlich übermannte mich eine Zärtlichkeit für ihn und ich rannte, ohne mich erst zu besinnen, zurück, quer über alle Pflugfurchen, und als ich bei ihm ankam, war ich ganz außer Atem.
>
> »Was ist denn jetzt los?«, sagte Johann.
>
> »Johann«, keuchte ich, »ich hab dich lieb, Johann, sehr lieb!«

Und als ich das gesagt hatte, dachte ich: Jetzt muss er ja glauben, dass bei mir eine Schraube lose ist.

»Das fehlte auch noch, dass es anders wäre«, sagte Johann mit seiner üblichen olympischen Ruhe. »War sonst noch etwas?«

»Nein, weiter nichts.«

In *Kerstin und ich* werden die einzelnen Arbeitsgänge auf dem Hof so detailliert geschildert, dass das Buch sich streckenweise wie ein Lehrbuch für Ackerbau und Viehzucht liest. Die landwirtschaftlichen Maschinen, McCormicks Selbstbinder und die Silo-Anlage, die es ermöglicht, die Kühe den ganzen Winter hindurch mit Grünfutter zu versorgen, sieht Astrid Lindgren viele Jahre später noch in allen Einzelheiten deutlich vor sich. Und der Vater in diesem Buch weiß darüber zu berichten, wie es früher war, bevor es Selbstbinder gab:

»Wie ganz anders ist es jetzt doch als in meiner Kindheit«, sagte er. »Ich weiß noch, damals gingen vier Knechte mit Sensen voran und mähten das Korn ab, und hinter jeder Sense ging eine Frau, um die Halme aufzunehmen, und dann kamen noch vier Frauen, die die Garben zusammenbinden mussten.«

# 14

Dass die Mägde und Knechte für die Pächterskinder auf Näs eine wichtige Rolle spielten, wird einem klar, wenn man ihrer Bedeutung in Astrid Lindgrens Werk nachgeht.

Die Mägde schliefen im Ausziehsofa in der Küche, genau wie Lina bei Anton Svensson auf Katthult in Lönneberga.

> In der Katthult-Küche stand eine blau angemalte, aufklappbare Küchenbank und darin schlief Lina. Zu der Zeit, als all dies geschah, war ganz Småland voller solcher Schlafbänke mit Mägden darin, die dort auf ausgebeulten Matratzen schliefen, von Fliegen umsummt, warum sollte es auf Katthult also anders sein?

Die Mägde auf Näs bewahrten ihre wenigen Besitztümer in einer Kommode auf dem Dachboden auf – genau wie Agda in Bullerbü. Agda war immer freundlich gesinnt und zeigte Lisa ihre Schätze.

> Sie zeigt mir die schönen Sachen, die sie in der Kommode aufbewahrt. Sie hat ein kleines rosa Nadelkissen, das mit Spitzen eingefasst ist, und viele bunte Ansichtskarten mit Blumen drauf und ein Parfümfläschchen, das riecht wundervoll, und ein Armband, das ist fast aus Gold, und …

Aber die wirklichen Mägde auf Näs hatten es nicht leicht, ihre wenigen Geheimnisse vor den Kindern zu schützen. In *Das entschwundene Land* erzählt Astrid Lindgren selbst darüber:

> Als Kind hatte man nicht Verstand genug, ihnen für ihre Fürsorge dankbar zu sein, sondern trieb mit ihnen, soweit ich mich erinnern kann, nur Unfug: lief, ohne zu überlegen, mit nassen, schmutzigen Stiefeln über ihre frisch gescheuerten Küchendielen, machte sich mit dummen, selbst erdachten Witzen über ihre verschiedenen Bräutigame lustig, brachte sie bis zur Weißglut dadurch, dass man in ihren

Liebesbriefen herumschmökerte und ausgewählte Stellen kichernd vorlas – »Oh, einen glühenden Kuss auf deine rosaroten Lippen drücken«, hihi, der kann ja wohl nicht bei Trost sein –, und das Allerschlimmste, in kindlicher Grausamkeit und Einfalt brachte man sie um ihre spärlichen Liebesstunden, die es ja nur dann geben konnte, wenn die Brotgeber abends einmal irgendwo eingeladen waren. Nur dann konnte ein Bräutigam in der stockfinsteren Küche Einlass finden, nur dann konnte das Liebespaar auf der Küchenbank sitzen und sich ungestört ein wenig liebkosen. Ungestört, na ich danke! Dann kamen nämlich auf nackten Füßen die Bälger aus ihren Betten angetapst, plötzlich stand in jedem Winkel eins. Sie schlichen und krochen kichernd umher, und wurden die Plagegeister endlich erwischt und von einer rasenden Furie aus der Küche gejagt, sodass die weißen Nachthemden nur so flatterten, dann erstickten sie fast vor quiekendem Gelächter, denn sie nahmen natürlich an, dass sie, die sie jagte, das alles ebenfalls höchst vergnüglich fand. Dass sie dies glaubten, ist auch das Einzige, was sich zu ihrer Entschuldigung sagen lässt.

Oft sind die Mägde, von denen Astrid Lindgren erzählt, komische Figuren. Die Kinder auf Näs wuchsen mit Samuel Augusts Humor und seinem Sinn für absurde Episoden auf und lernten die Welt aus dieser Perspektive zu sehen. Komische Geschichten und drastische Anekdoten machten die Runde und erleichterten die tägliche Plackerei. Die Zuhörer lachten genauso viel über sich selbst wie über andere.

Astrid und ihre Geschwister sperrten die Ohren auf und merkten sich Situationen, Charaktere und Redewendungen. Hinter den Mägden in den Büchern stehen die realen Mägde auf Näs. So zum Beispiel, als Alida in *Britt-Mari erleichtert ihr Herz* um ihren Vetter, den alten Gärtner Olle, trauert. In voller Trauerkleidung steht sie in der Küche und brät Fleischklößchen, als ihr plötzlich ein entsetzlicher Gedanke kommt:

Ja, bin ich denn verrückt? Jetzt, wo Olle gestorben ist, habe ich rote Schlüpfer angezogen!

Als Agda aus Bullerbü ihr neues Gebiss werktags schonen will, spricht sie mit den Worten einer einstigen Magd auf Näs:

> Sie sagte mir, dass sie ihre alten Zähne vielleicht manchmal werktags tragen würde, wenigstens bei schlechtem Wetter, die neuen aber für sonntags aufheben wollte.
>
> »Zum Schweinefüttern und Kühemelken sind diese Zähne noch allemal gut genug«, sagte sie.

Und hinter Edit in *Kerstin und ich* und Lina in *Michel aus Lönneberga* werden die Mägde aus Astrid Lindgrens Kindheit sichtbar.

Lina ist eine komische Figur (in den Filmen allerdings greller und wesentlich stärker karikiert als in den Büchern), aber das Schicksal, eine Figur aus einem Schwank zu sein, teilt sie mit Michels Vater und allen übrigen Personen in diesem Buch. (Das heißt mit allen bis auf – in gewissen Situationen – den Knecht Alfred und Michel selbst. Diese beiden bilden das lebendige Zentrum der Erzählung. Sie sind dort angesiedelt, wo Zärtlichkeit und Liebe entstehen, dort, wo die Liebe eine solche Kraft entwickelt, dass sie zum Schluss, im dritten Teil, sogar die Gesetze der Posse überwindet und Michel in dem schlimmen Schneesturm zum Helden werden lässt.) Auf Lina, die sich fortwährend danebenbenimmt, fällt ein komischer Schimmer, genau wie auf Michels Mutter, die Lina Moralpredigten hält und ihr empfiehlt, doch lieber den Mund zu halten, wo sie doch so gar nichts kann. Michels Mutter dagegen ist sehr tüchtig und kann gut schreiben, wie der Leser erfährt. Und dann folgt ein Zitat aus den blauen Heften von Michels Mutter, das ein ganz anderes, komisches Licht auf die gute Hausfrau von Katthult wirft:

> »Gestern war Michel artig«, schrieb sie am 27. Juli in ihr Heft. »Den ganzen Tag hat er keinen Unfug gemacht. Vielleicht lag es daran, dass er hohes Fieber hatte und einfach keine Kraft hatte.«

Astrid Lindgren macht aus dem Leben der Knechte und Mägde keine Idylle. Sie begleitet Lina durch die herbstliche Dunkelheit:

> »Hui, wie nasskalt!«, sagte Lina, wenn sie morgens um fünf Uhr in den Stall und in die Dunkelheit hinausmusste. Natürlich hatte sie die Stalllaterne, aber die flackerte so einsam und armselig in all dem Grau. Grau, grau war der ganze Herbst, ein einziger langer grauer Alltag ...«

Und dann kommt der Winter mit seiner Kälte:

> Lina und Krösa-Maja knieten auf dem eiskalten Steg am Katthultbach und spülten Wäsche. Lina weinte und hauchte auf ihre Finger, weil sie vor Frost schmerzten.

Ein wichtiges komisches Motiv der Erzählung über das Leben auf Katthult bilden die beharrlichen Versuche der liebeskranken Lina, Alfred, den Knecht, dazu zu bringen, dass er sich mit ihr verlobt. Vor allem in diesen Passagen spürt man, dass Lina vielleicht einsamer und ausgelieferter ist als alle anderen. In der Beziehung zu Alfred wird sie nämlich plötzlich zu Michels Rivalin – und gegen Michel hat die bedauernswerte Lina keine Chance, weder bei Alfred noch beim Leser.

Auch hinter diesem Liebesgeplänkel zwischen Alfred und Lina stecken die realen Knechte und Mägde auf Näs. Zum Beispiel hat Astrid Lindgren Alfred eine authentische Äußerung in den Mund

gelegt, die von einem Knecht aus der Gegend stammt, der eine Verlobung auflösen wollte und dafür keine passenderen Worte fand als: »Also, diese Heiraterei, über die wir gesprochen haben … ich würde sagen, da pfeifen wir lieber drauf!« Ansonsten hat Alfred sehr viele Züge von Pelle, dem Großknecht auf Näs. Pelle war, genau wie Alfred, sehr kinderlieb, und er wurde, genau wie Alfred, von einer Magd aus der Nachbarschaft geliebt, die scharf darauf war, ihn zu heiraten. Nachdem Pelle lange gezögert und viele Ausflüchte gesucht hatte, gelang es der Magd dann schließlich doch. Während der ganzen Zeit waren die beiden Liebesleute ohne ihr Wissen von neugierigen Kinderaugen beobachtet worden.

Wer zur Zeit der Jahrhundertwende auf einem so kleinen Hof wie Katthult Knecht oder Magd war, teilte in fast allem das Leben und die Lebensbedingungen der Bauersleute, sowohl an Fest- als auch an Werktagen. Für den Bauern bedeutete die Arbeit Plackerei, genau wie für den Knecht, ab und zu aber auch Freude. »Morgen werden wir den ganzen Tag Mist ausfahren, da freu ich mich drauf«, sagt Alfred zu Michel auf dem Heimweg vom Markt in Vimmerby, wo die ganze Familie, Knecht und Magd eingeschlossen, einen ereignisreichen Tag verbracht hat. Dies entspricht Astrid Lindgrens eigener Erfahrung von der Gemeinschaft auf Näs – obwohl das Buch über Michel eigentlich das Leben auf einem kleinen Bauernhof aus der früheren Generation schildert, also aus der Zeit, als Samuel August ein Kind war.

Natürlich konnte bei dem Gesinde auf den Höfen der Umgebung in einer solchen Situation keinerlei klassenbewusste Solidarität entstehen. Stattdessen hielt man zu seinen eigenen Bauersleuten und teilte deren Status. Je vornehmer die Herrschaften, bei denen man diente, desto vornehmer war man selbst. Es war auch ganz natürlich, dass man, wie Lina auf Katthult, Vorräte und Schätze des Hofes genauso sehr hütete wie die Bauersleute selbst. Die Mägde und Knechte waren selbstverständliche Familienmitglieder – im Guten wie im Bösen. Manch eine Bäuerin in Småland hätte sich in Michels Mutter wiedererkannt und ihr Bemühen, Lina zu erziehen und ihr gutes Benehmen zu predigen, nachvollziehen können. Michels Mutter fühlt sich für Lina verantwortlich und weiß, dass alle Bewohner auf Katthult von Linas Schnitzern und Patzern mitbetroffen sind.

Carl Jonas Love Almqvist hat in *Die Bedeutung der schwedischen Armut* die soziale Beziehung zwischen dem Bauern und seinen Knechten und Mägden beschrieben:

> Das Gesinde bei den Bauern wird sehr viel strenger zur Arbeit angehalten, gehört aber zur Familie und teilt das Leben und die Freuden, die sich dort ereignen. Die Dienerin, die das Mittagessen gekocht hat, kann sich sicher sein, dass es nicht ihr Los ist, Küchenreste am Herd oder in irgendeiner unsauberen Ecke rasch verschlingen zu müssen, während die Herrschaften an einem wohlgedeckten, säuberlichen und schönen Tisch ihr Mahl verzehren.
>
> Nein. So gut (oder schlecht) es dem Bauern und seiner Frau in ihrem Hause und an ihrem Tisch ergeht, so ergeht es auch den Knechten und Mägden, mitsamt den Kindern.

Dies wurde um 1830 geschrieben und war sicher beschönigt, aber eine gewisse Gültigkeit muss es auch gut fünfzig Jahre später noch in Michels Småland gehabt haben – in demselben Småland, das Vilhelm Moberg in *Geschichten aus meinem Leben* beschreibt:

> Aber in diesem armen Teil des armen Småland existierte kaum ein wirtschaftlicher Klassenunterschied im eigentlichen Sinn. Solche Unterschiede traten auf Gütern und großen Höfen in reicheren

> landwirtschaftlichen Gegenden deutlicher zutage. Hier war jedenfalls kein Klassenunterschied spürbar. Bauer und Knecht waren vom selben Stamm, aßen am selben Tisch das gleiche Essen, verrichteten Seite an Seite dieselbe Arbeit, widmeten sich in der Freizeit denselben Vergnügungen und trafen sich als gleichberechtigte Gäste auf Hochzeiten, Beerdigungen und Festen. Das alles vermittelte ein Gefühl der Ebenbürtigkeit, auch wenn der Bauer wohlhabend war und der Knecht nur die Kleider am Leib besaß. Keiner lebte in Überfluss oder Luxus, kein Tagdieb rief den Unwillen der Arbeitenden hervor, alle waren insofern gleichgestellt, als sie körperlich arbeiteten. Und der besitzende Bauer plagte sich genauso sehr wie der eigentumslose Knecht, meistens sogar mehr. Unter solchen Verhältnissen fanden Neid und Hass zwischen den Armen und den relativ Wohlhabenden keinen fruchtbaren Boden. Kaum einer konnte reich genannt werden.

Die Beziehung zwischen der Pächtersfamilie auf Näs und dem dortigen Gesinde entsprach dieser Beschreibung ziemlich genau, obwohl Näs ein etwas größerer Hof war (allerdings gehörte er den Ericssons ja nicht) und obwohl Samuel August im Lauf der Zeit immer häufiger im Büro saß und sich mehr der Organisation widmete als der praktischen Arbeit im Stall und auf dem Acker. Und weil die Kinder, Astrid und ihre Geschwister, schon früh zur Arbeit angehalten wurden und die Schinderei mit den Knechten und Mägden teilten, war dennoch das, wenn auch oberflächliche Gefühl vorhanden, dass man zur selben sozialen Klasse gehörte. Oder vielmehr war es so, dass die Situation weder Klassenbewusstsein noch Klassenkampf bei den Knechten und Mägden förderte. Als Astrids Schwester Stina erwachsen war, arbeitete sie als Magd auf Näs, und sie hat erzählt, dass sie immer genauso sehr gefordert wurde wie die angestellten Mitarbeiter. Und Astrids Bruder Gunnar, der 1933 heiratete und mit seiner jungen Frau Gullan weiterhin auf Näs wohnte, musste sich mit demselben kargen Monatslohn begnügen wie die übrigen Landarbeiter. 1933 waren das 70 Kronen im Monat.

Dagegen befanden sich die Mägde und Dienstmädchen in den Häusern der Mittel- und Oberschicht umso deutlicher in einer anderen, niedrigeren Klasse. Die »feinen« beschäftigungslosen Damen gaben

Einladungen und gingen zum Kaffeekränzchen, die Dienstmädchen bedienten und machten die eigentliche Arbeit. In vielen Büchern hat Astrid Lindgren die Partei dieser Mägde und Dienstmädchen ergriffen.

In dem Mädchenbuch *Britt-Mari erleichtert ihr Herz*, mit dem sie 1944 debütierte, empört sich Britt-Mari über die Behandlung der Dienstboten im Haus der vornehmen Mitschülerin:

> ... wäre ich allerdings hier im Hause Sklavin, dann hätte ich wohl bald die Nase voll davon und würde mit der hoch erhobenen Fahne des Aufruhrs zu den Herrschaften stürmen und ihnen die Internationale vorsingen.

Pippi Langstrumpf hat eine ähnliche Einstellung zu den hochnäsigen »feinen« Damen, und als sie mitten in einem Kaffeekränzchen landet und hört, wie die Damen sich über ihre Dienstmädchen be-

schweren und beklagen, erfindet sie Malin, das verrückte Dienstmädchen ihrer Großmutter, das den Dienstmädchen der Damen in jeder Hinsicht haushoch überlegen ist:

»Wenn meine Rosa wenigstens sauber wäre«, sagte Frau Berggren, »dann würde ich sie vielleicht behalten. Aber sie ist ein richtiges Ferkel.«

»Da hätten Sie Malin sehen sollen«, fiel Pippi ein. »Malin war so ungeheuer dreckig, dass es eine richtige Freude war, sagte Großmutter. Lange Zeit hat Großmutter geglaubt, dass sie eine Negerin wäre, weil sie so eine dunkle Haut hatte, aber das war wahrhaftig nur der allerwaschechteste Dreck. Und einmal, bei einem Fest im Stadthotel, bekam sie den ersten Preis für ihre Trauerränder an den Fingernägeln.«

In dem zweiten Buch über Madita, *Madita und Pims*, spielt das Dienstmädchen Alva eine Hauptrolle. Maditas Vater ist ein wohlhabender Zeitungsredakteur, der die Bürger der kleinen Stadt mit seinen sozialistischen Ideen herausfordert. Von seinen armen Nachbarn wird er als »Herrschaftssozialist« bezeichnet, aber das, was er Madita und ihrer kleinen Schwester einzuprägen versucht, entspricht kaum einer eindeutigen sozialistischen Gesellschaftsauffassung, sondern eher einem Humanismus, der den gleichen Wert aller Menschen befürwortet. Um der Konvention zu trotzen, lädt die Familie das Dienstmädchen Alva dazu ein, sie zu dem großen Wohltätigkeitsball der Bürgermeisterin zu begleiten, wo die bessere Gesellschaft Geld für die Armen »eressen, ertanzen und ertrinken« soll – wie es der Vater ironisch beschreibt.

Als Erste sehen sie die Bürgermeisterin und sie lächelt so freundlich.

»Hier komme ich mit meinem ganzen Damenflor, eine hübscher als die andere«, sagt Papa stolz.

Doch als die Bürgermeisterin Alva wiedererkennt, lächelt sie nicht mehr. (...)

»Mein Verehrtester«, sagt sie, »auf diesen Ball Dienstboten mitzubringen ist aber nicht üblich.«

Sie sagt es mit leiser Stimme und will damit andeuten, dass Alva sie nicht hören soll. Aber Alva hat gute Ohren und sie wird ganz rot im Gesicht.

Papa sieht die Bürgermeisterin durchdringend an.

»So, das ist nicht üblich«, sagt er. »Na, dann ist es wirklich an der Zeit, dass sich das ändert, finde ich.«

Dann hakt er Mama an der einen Seite und Alva an der anderen unter und marschiert quer über die Tanzfläche zu dem Tisch, den er bestellt hat.

# 15

Näs und Umgebung, die Kleinstadt Vimmerby und das umliegende Småland, das alles ist für Astrid Lindgren eine Landschaft voller Assoziationen an Kindheitserlebnisse und auch an ihre eigenen Bücher. Wer dort mit ihr umherwandert, entdeckt, dass diese Welt in fast allen ihren Büchern wiederzufinden ist – verwoben ist –, und zwar nicht nur in den Alltagsgeschichten, wie die von den Kindern in Bullerbü oder von Madita, sondern auch in den fantastischen Erzählungen, wie zum Beispiel Pippi Langstrumpf.

Ein Spaziergang auf Näs nimmt seinen Anfang beispielsweise beim Vorratsschuppen, der später zu Michels Tischlerschuppen wurde. In der Dachkammer dieses Schuppens schliefen die Knechte und in den Michel-Büchern wurde Alfred dort untergebracht. Das Waschhaus, wo Madita mitten in der Nacht auf das abscheuliche Gespenst, den Grafen Krähenkralle, traf, steht nicht mehr, das Häuschen des Kuhknechts, in dem sich Kristins Küche befand, auch nicht – jene Küche, die immer noch eine so große Rolle in Astrid Lindgrens kreativer Fantasie spielt. Kristins Küche ist nicht nur Paradies-Oskars Küche in *Rasmus und der Landstreicher*, sondern auch die Küche in *Die Brüder Löwenherz*. Die Veranda des großen weißen Hauses, das Samuel August 1920 baute, dient Pippi Langstrumpf als Veranda für ihr Pferd. Draußen am Weg steht die hohle Ulme:

> »Eulenbaum« wird sie genannt, weil die Eulen dort nisteten, deren melancholischer Ruf in den Frühlingsnächten Kinder zum Erschauern brachte. Aber ein Eulenbaum war die Ulme nur nachts. Tagsüber war sie unser Kletterbaum, der beste, den es gab.

In das Eulennest im Eulenbaum legte Astrids Bruder Gunnar einmal ein Hühnerei, das die Eulen brav ausbrüteten, bis ein Küken aus-

*1920 wurde das weiße Haus gebaut, das später in der Kinderliteratur zur Villa Kunterbunt werden sollte. Im Hintergrund das Haus, in dem Astrid 1907 geboren wurde.*

schlüpfte. Die Ulme wurde zum Eulenbaum von Bullerbü und Gunnars Streiche wurden auf Bosse übertragen. (Als Astrid Lindgren Pippi Langstrumpf auf Näs unterbrachte, wurde die Ulme auch zur hohlen Eiche.)

Der große Stall fiel Ende der sechziger Jahre einem Brand zum Opfer. Sonst hätte man dort auf den Heuboden hinaufspähen können, wo die Kinder von Näs genau wie die Kinder aus Bullerbü geheime Tunnel bauten. Auf dem Stallvorplatz ging es oft lebhaft zu, und dort spielt sich auch *Als Adam Engelbrecht so richtig wütend wurde* ab, eine Geschichte, die ihren Ursprung ganz und gar in der Wirklichkeit hat.

Der Pfarrhof hat seine Küche an Madita ausgeliehen, und in einem Graben in der Nähe hocken Anna und Lisa aus Bullerbü und küssen ihren verzauberten Frosch. Wenn man stadteinwärts geht,

*Die große hohle Ulme, die zum Eulenbaum und auch zum Limonadenbaum wurde.*

kommt man an Maditas Haus vorbei, und in der Stadt selbst wird es eng. Dort tummeln sich Michel und die ganze Familie aus Katthult auf der Viehkoppel und auf dem Weg zu Frau Petrell, der Nachbarin des Bürgermeisters. Dort ist Madita zum Bonbonladen unterwegs. Dort rennen Kalle Blomquist und Eva-Lotta über den Båtmannsbacken. Dort stand bis in die siebziger Jahre das Polizeigebäude von Wachtmeister Björk, und dort zieht Pippi Langstrumpf mit einer Schar von Kindern durch die Gassen, von erschrockenen Vimmerbybewohnern beäugt.

Unterwegs nach Pelarnehult, wo Astrid Lindgrens Großmutter mütterlicherseits wohnte, trifft man auf Michels Armenhaus. Auf einem Bauernhof in Grögarp leben die braven Grögarpsverwandten, die der friedlichen, freundlichen Bauernfamilie auf Apelkullen in den Madita-Büchern als Modell dienten. Im See Mossjön liegt die Insel Lommetuva, wo Pippi mit Tommy und Annika Schiff-

*Onkel Björks Polizeiwache, ein wichtiges Haus in der Welt des Meisterdetektivs Blomquist.*

bruch erlitt, und etwas weiter weg verläuft die Straße nach Mariannelund, wo Michel im Schneesturm ums Überleben kämpfte.

Dies sind nur ein paar von vielen Beispielen dafür, wie deutlich der Zusammenhang zwischen den Orten aus Astrid Lindgrens eigener Kindheit und den Orten in ihren Büchern ist.

Immer wieder hat sie darüber berichtet, wie sie als Kind abstrakte Fantasien in der konkreten Wirklichkeit verankerte und wie Märchen, Geschichten und Lieder in der Natur real wurden.

In der Natur ringsum war auch all das angesiedelt, was unsere Fantasie zu erfinden vermochte. Alle Sagen und Märchen, alle Abenteuer, die wir uns ausgedacht oder gelesen oder gehört hatten, spielten sich nur dort ab, ja sogar unsere Lieder und Gebete hatten dort ihren angestammten Platz. So begann »Ein reines Herz ...« beispielsweise an der Holzschuppenecke und hörte am Graben hinter dem Waschhaus auf, das stand jedenfalls für mich fest. Als ich dies

*Lommetuva, die Insel im Moossee, wo die schiffbrüchige Pippi »zwei Tage ohne Schnupftabak« fast verschmachtete.*

aber zufällig und als allgemein bekannte Tatsache meinem Bruder Gunnar gegenüber erwähnte, rief er bestürzt aus: »Ja, bist du denn ganz und gar verrückt? ›Ein reines Herz‹ geht doch hinterm Kuhstall lang!«

Es heißt oft, Kinder würden Geschichten, die Naturschilderungen enthalten, nicht gern lesen. Im Fall von Astrid Lindgren ist dies eine absurde Behauptung. Die starken Erinnerungen daran, wie sie selbst als Kind die Natur erlebte – die Seligkeit, als sie zum ersten Mal den Heckenrosenstrauch auf der Ochsenweide »sah« –, werden mit ebenso starken Leseerinnerungen aus der Kindheit vermischt. Die erdichtete Natur siedelte sie als Kind in ihrer eigenen småländischen Landschaft an – und dort holte sie sich diese Natur wieder, als sie selbst zu schreiben und erzählen begann.

Der dichte Schnee, der in der Steinzeitnacht auf Ura Kaipa fiel, fiel gleichzeitig auch auf Småland. Es ist derselbe Schnee, den Astrid Lindgren im zweiten Michel-Buch fallen lässt:

> Es schneite über ganz Katthult und über ganz Lönneberga und über ganz Småland, bis alles unter einer einzigen Schneedecke lag. Die Zaunlatten ragten gerade noch heraus, sodass man sehen konnte, wo die Wege waren.

Und in der Erzählung »Gute Nacht, Herr Landstreicher« fällt derselbe urzeitliche Schnee:

> An diesem Abend schneite es über ganz Småland. Ein wirbelnder Schnee fiel auf Tomtabacken und Taberg und Skurugata und Åsnen und Helgasjön, ja, auf alle Wälder und Seen und Wiesen und auf die steinigen Äcker in ganz Småland fiel er. Er fiel auch auf all die kleinen hügeligen Wege und legte sich schwer auf die Zäune, die die Wege begrenzten. Vielleicht fiel er auch auf irgendeinen armen Teufel, der gerade einen Weg entlangwanderte.

Die Jauchegrube hinter dem Kuhstall auf Näs wurde zur »Dunklen Spiegelnden Welle«, nachdem Astrid *Anne auf Avonlea* gelesen hatte, und die Kirschbäume von Avonlea blühten gleichzeitig im Garten in Småland. Unter dieselben blühenden Bäume setzte die Autorin viel später das Mädchen in der Erzählung »Unterm Kirschbaum«:

> An einem Sommerabend sitzt Anne unterm Kirschbaum und sieht die Schwalben fliegen. Der weiße, weiße Kirschbaum voll von Blüten!

Die singenden Blätter, von denen Astrid in ihrem Lieblingsmärchen »Prinz Hut unter der Erde« las, hingen an einem Baum auf einer småländischen Wiese und wurden mit der Zeit für Malin, die jüngste Armenhäuslerin von Norka (»Klingt meine Linde«), zum Inbegriff der Schönheit.

Die Schwankungen zwischen naivem Hingerissensein und erwachsener Trauer und Melancholie werden in Astrid Lindgrens eigener Person deutlich. In diesem Spannungsfeld sind ihre Märchen entstanden. Zeitlebens ist sie eine »musische« Person gewesen, voller kindlicher Offenheit für alles Schöne und Geheimnisvolle in der Natur und der Literatur. Sie hat immer die intensiven Gegenwartsmomente gesucht, die an die Konzentration und geballte Erfahrung der Kindheit erinnerten. Immer wieder hat sie diese Augenblicke in ihren Büchern erneut zum Leuchten gebracht. Aber ein Leuchten setzt Dunkelheit und grauen Nebel voraus. Melancholie liegt immer auf der Lauer. In einem Brief an Elsa Olenius vom 4. Juli 1950 schreibt sie:

> Ich habe viele wundervolle Augenblicke voll stiller, aber heftiger innerer Verzückung verbracht, von denen niemand etwas weiß. Unterm Wolkenhimmel über eine von blühenden Heckenrosen umsäumte Wiese mit frisch aufgestellten Heureitern zu wandern, das bewegt mich heftiger als die Champs-Élysées und Notre Dame de Paris.

Aber die Briefe enthalten auch den Gegenpol: »Ich kenne Momente der allerschlimmsten Melancholie.« (Aus einem Brief an E. O. vom 7. Juli 1970.)

Samuel August, Astrid Lindgrens Vater, besaß dagegen zeitlebens ein merkwürdig strömendes Lebensgefühl *ohne* Melancholie. Noch auf seine alten Tage beschrieb er voller Begeisterung seine Naturerlebnisse. »Ich ging vor mich hin und jubelte.«

Vielen Kindern, über die Astrid Lindgren schreibt, hat sie ihr eigenes intensives Gefühl für die geheimnisvolle Schönheit der Natur mitgegeben. Je schlimmer das Schicksal der Protagonisten ist, umso stärker lässt sie deren Naturerlebnis sein; es wird zu einer Art Kompensation für Armut und Gefühlsarmut in ihrer eigenen Umgebung. Bo Vilhelm Olsson in *Mio, mein Mio* trägt in all seinem Unglück und seiner Einsamkeit ein solches Erlebnis mit sich herum. Als er später den Rosengarten seines Vaters, des Königs, erblickt, ist die

Erinnerung an dieses Erlebnis – der Blick übers Meer draußen bei Benka auf Vaxholm – das Einzige, was er als Vergleich heraufbeschwören kann:

> Einmal vor langer Zeit durfte ich mit Benka zu ihrem Sommerhäuschen draußen auf Vaxholm fahren. Wir saßen auf einer flachen Felsplatte und angelten, gerade als die Sonne untergehen wollte. Der Himmel war ganz rot und das Wasser so still. Es war die Zeit, in der die Heckenrosen blühen, und es wuchsen so viele Heckenrosen gleich hinter dem Felsen. Und weit entfernt auf der anderen Seite der Bucht rief laut ein Kuckuck. Ich dachte, das sei das Schönste, was es auf der Welt gäbe. Nicht der Kuckuck natürlich, den ich ja nicht sah; aber sein Ruf machte, dass alles andere noch schöner aussah, als es sonst ausgesehen hätte. Ich war nicht so dumm, dass ich davon etwas zu Benka sagte, aber ich dachte die ganze Zeit still für mich: Das hier ist sicher das Schönste, was es auf der Welt gibt.

Die Heckenrosen auf der småländischen Viehweide blühen in vielen von Astrid Lindgrens Büchern. In den *Brüdern Löwenherz* gibt es das »Heckenrosental«:

> Mir gefällt das Tal in der Dämmerung. Und die laue Luft gefällt mir auch. Und die rosa Heckenrosen, die nach Sommer duften.

Wenn Astrid Lindgren die Natur beschreibt, geht sie von ihren eigenen starken Gefühlen aus, und die Details, die sie oft betont – Heckenrosen, Bäche, Bäume, der Ruf des Kuckucks, das Licht der Sonne auf dem Pfad –, dienen dazu, Stimmungen heraufzubeschwören, die jeder Leser wiedererkennen kann. Das Naturerlebnis ist existenziell, genau wie bei Pär Lagerkvist und Vilhelm Moberg. Der Kontakt mit den Elementen ist ungebrochen. »Mit meinen harten Fußsohlen ging ich auf sonnenverbranntem Boden, und ringsum und über mir hatte ich Luft und Weite und Himmel. Auch das Wasser war nahe: Der Bach, der im Halbkreis um unseren kleinen Hof floss, war ein bewegliches Gewässer, das sich im Laufe des Jahres stets veränderte«, schreibt Vilhelm Moberg in *Geschichten aus meinem Leben*.

»Wenn du einmal an einem frühen Sonntagmorgen im Juni in einem Wald in Småland gewesen bist, dann wirst du dich sofort erinnern, wie es ist«, schreibt Astrid Lindgren in *Michel bringt die Welt in Ordnung*.

> Du hörst den Kuckuck rufen und die Amsel flöten und du fühlst, wie weich die Kiefernnadeln unter deinen nackten Füßen sind und wie schön die Sonne deinen Nacken wärmt. Du gehst dahin und magst den Harzduft von Kiefern und Tannen und du siehst, wie weiß die Walderdbeeren auf den Lichtungen blühen.

Die Art der Naturbeschreibung, die Betonung des Elementaren, des Typischen und Allgemeingültigen teilt Astrid Lindgren mit Albert Engström und Elin Wägner. Elin Wägner beschreibt in *Tausend Jahre in Småland* die Laute, die sich aus der småländischen Stille lösen, und das sind keine zufälligen Laute, sondern ursprüngliche und zeitlose Geräusche: »... der Gesang des Windes, des Regens und der Amsel, das Summen der Insekten und das Rauschen der Bäume kurz vor dem Regen und dem Sonnenuntergang.«

Albert Engström, Elin Wägner und Astrid Lindgren sprechen gleichermaßen über die abwechslungsreiche småländische Landschaft. »Wir können Beispiele für alle Landschaftsarten vorweisen, von der Idylle bis zum Unheimlichen, vom Bedrohlichen bis zum Sanften«, schreibt Albert Engström in *Smålandsmystik*.

Astrid Lindgren lässt Barbro in dem Mädchenbuch *Kerstin und ich* die charakteristische Natur im nordöstlichen Småland beschreiben – die Mischung aus Herbem und Freundlichem, mächtige, bemooste Findlinge, hohe Berggipfel und dunkle Tannenwälder. Dann plötzlich öffnet sich der Wald und man sieht »die grünen Wiesen mit all den Blumen und die kleinen Gehölze, in denen Birken, Ebereschen und Erlen ihr helles Grün ausbreiten. Der Laubwald hüllt die ganze Landschaft in einen weichen Schleier, und klare kleine Seen blinken hier und da auf, nur damit keine Einförmigkeit entsteht, und gerade diese Art der Natur wünsche ich mir.«

# 16

Die Kargheit, die »Armut zwischen den kleinen Höfen im Wald« (Albert Engström), die Dickköpfigkeit, der Geiz oder, positiver betrachtet, der Geschäftssinn, der Humor und die Pfiffigkeit, all das, was als »typisch småländisch« gilt, ziehen sich als ständig wiederkehrender Faden durch das Gewebe der großen Smålanderzähler.

Auf einer der vielen Auktionen oder Märkte, von denen Albert Engström erzählt, könnte man sowohl dem Witwer Jarl von Vilhelm Moberg begegnen als auch Astrid Lindgrens Anton Svensson aus Katthult und Elin Wägners Smålandsbauern aus dem Kirchspiel Berg. In ihren Gesprächen fallen schlagfertige Formulierungen über ihr armseliges, bescheidenes Leben, das sich zwischen Auktionen, Katechismusverhören und Weihnachtsschmaus abspielt. Die Formulierungen werden aufbewahrt und weitergegeben. Elin Wägner reiste zum Beispiel durch Småland und sammelte lokale Redensarten, die oft mit einer bestimmten Person verbunden waren. In *Tausend Jahre in Småland* hat sie ein paar davon festgehalten:

»Ich lüge nicht, aber ich geh sparsam mit der Wahrheit um.«

»Ich lüge, das stimmt, aber ich krieg nicht dafür bezahlt.«

Astrid Lindgren bewegt sich in derselben Gegend wie Albert Engström eine Generation vor ihr. Außerdem stammen sie beide aus derselben småländischen Familie: Albert Engströms Großvater und Astrid Lindgrens Urgroßmutter waren Geschwister. Daher ist es ganz natürlich, dass sie mit derselben Erzähltradition, mit denselben komischen Geschichten, drastischen Redensarten und volkstümlichen Ausdrücken und Witzen in Berührung kamen.

In manchen Fällen kann man zwischen Albert Engströms Texten und denen von Astrid Lindgren einen direkten Zusammenhang feststellen. Als Michel in die Schule kommt, was in *Michel bringt die Welt in Ordnung* beschrieben wird, darf er eines Tages an die Tafel gehen und schwierige Zahlen zusammenzählen. Die Lehrerin lobt ihn und sagt, dass er sich wieder setzen kann.

> Das tat er auch. Im Vorbeigehen beugte er sich aber über die Lehrerin, die am Katheder saß, und gab ihr einen richtigen Kuss mitten auf den Mund. So etwas hatte sie noch nie erlebt und sie wurde rot und stotterte:
>
> »Michel, warum … warum … hast du das getan?«
>
> »Das tat ich wohl in meiner Güte«, sagte Michel und es wurde nachher so gut wie ein Sprichwort in Lönneberga. »Das tat ich in meiner Güte, sagte der Katthultjunge, als er die Lehrerin küsste«, pflegten sie zu sagen und sagen es vielleicht heute noch, was weiß ich.

Die Antwort, die Michel seiner Lehrerin gab, findet man in einer Geschichte von Albert Engström wieder:

> Der Hauptmann (an den Wehrpflichtigen, der einem Gefreiten das Gewehr präsentiert): »Weißt du nicht, wie du Unteroffiziere zu begrüßen hast, du Schwachkopf?«
>
> Der Wehrpfl.: »Doch, Herr Hauptmann!«
>
> Der Hauptmann: »Warum hast du dem Gefreiten dann das Gewehr präsentiert?«
>
> Der Wehrpfl.: »Das hab ich aus meiner Güte getan, Herr Hauptmann!«

(Diese Engström-Geschichte erzählte Astrid Lindgren übrigens am 17. Juli 1927 in einem Brief an ihren Bruder Gunnar. Astrid war zu jener Zeit Sekretärin in Stockholm und Gunnar in Ystad beim Militär eingezogen.)

Ein Buch wie *Pippi Langstrumpf* ist voller Witze, die zum Teil der eigenen Fantasie der Autorin entstammen und zum Teil dem Allgemeingut des volkstümlichen Humors. Da auch Albert Engström seine Witze und Geschichten aus vielen verschiedenen Quellen bezog, ist es schwierig, über Zusammenhänge und Einflüsse zu sprechen, wenn man bei Pippi Langstrumpf einen Witz findet, den man in anderer Form bei Albert Engström wiederfinden kann. Beispielsweise gibt es eine Schulgeschichte von Engström:

> Ein Siebenjähriger in der ersten Klasse:
>
> »Gestern hat die Lehrerin gesagt, dass fünf und fünf zehn ist, und heute sagt sie, dass sieben und drei zehn ist. Was zum Henker soll man jetzt eigentlich glauben?«

In *Pippi Langstrumpf* klingt das so, mit Astrid Lindgrens eigenem Tonfall:

> »Na, Pippi, wie viel, glaubst du, ist 8 und 4?«
>
> »So ungefähr 67«, meinte Pippi.
>
> »Aber nein«, sagte die Lehrerin, »8 und 4 ist 12.«
>
> »Nee, meine Liebe, das geht zu weit«, sagte Pippi. »Eben erst hast du gesagt, 7 und 5 ist 12. Ordnung muss sein, selbst in einer Schule.«

Wer in Småland zu Hause ist, dem ist auch die Angewohnheit vertraut, Redensarten, die mit bestimmten Personen verknüpft sind, zu zitieren.

»Alles muss man mit List machen, sagte die Alte und fing die Läuse mit den Zehen«, heißt es in *Rasmus und der Landstreicher.*

»Recht so! Alles muss man mit List machen, sagte Stolle Jocke und fing die Läuse mit den Zehen«, steht in einem der Michel-Bücher. Hier hat die Redensart eine persönliche Verknüpfung, so wie es in Småland üblich ist; Stolle-Jocke war Alfreds Großvater.

Wie es in Småland zu neuen Redensarten kommt, zeigt Astrid

Lindgren auch in den Michel-Büchern, zum Beispiel in der Episode, die davon erzählt, »wie Michel Blutklößeteig über seinen Vater ausgoss und sein hundertstes Holzmännchen schnitzte«:

> »Blupp«, sagte Michels Papa wieder, denn mehr kann man nicht sagen, wenn man das Gesicht voll Kartoffelpufferteig hat. Michel und Ida machten später daraus so etwas wie eine Redensart.
>
> »Blupp, sagte Papa im Kartoffelpufferteig«, pflegten sie mit einem Kichern zu sagen – oder auch: »Blupp, sagte Papa im Blutklößeteig« – eins von beiden passte immer.

Samuel August war ein großer Erzähler, und wenn Astrid Lindgren selbst erzählt, kann man seine Stimme immer wieder im Hintergrund ahnen. Seine Kindheitserinnerungen und seine Geschichten über die Leute aus der Gegend bildeten den lebendigen Stoff, den seine Tochter in ihren Erzählungen weiterführte. Die Bücher über Michel sind selbstverständlich diejenigen, die Samuel Augusts eigenen Erinnerungen und Erfahrungen am nächsten kommen, aber wenn es um Stil und Ausdruck geht, um die eigentliche Art des Erzählens, kann man seinen Einfluss überall finden.

Samuel Augusts Sprache wurzelte in der geheimen Sprache, die den volkstümlichen magischen Vorstellungen von der Macht des Wortes und des Wünschens entsprang, und diese Sprache prägte das zuhörende Kind Astrid.

»Und so sehr hab ich mir ’n Rad gewünscht, dass es reineweg wunderlich war, dass keins aus dem Erdboden auftauchte«, sagt Samuel August, als er seiner Tochter von jener denkwürdigen Samstagnacht im Jahr 1894 erzählte, als er sich von Vennebjörke, wo er als Knecht diente, auf den langen Weg heim nach Sevedstorp machte, wo seine Eltern wohnten.

Dieser magische Ausdruck kommt bei Astrid Lindgren immer wieder vor.

So heißt es in der Erzählung »Sammelaugust«: »Er wünschte sich so heiß und brennend, so sehnsüchtig Kaninchen, dass es eigentlich erstaunlich war, dass keine vor seinen Augen aus dem Boden emporwuchsen.«

Und in »Nils Karlsson-Däumling«, wo der einsame Bertil am Fenster steht und darauf wartet, dass seine Eltern nach Hause kommen: »Er wartete so schrecklich, dass sie eigentlich schon an der Straßenlaterne hätten auftauchen müssen, nur weil er so darauf wartete.«

Auch in *Rasmus und der Landstreicher* findet sich dieser Ausdruck wieder, als Rasmus und Paradies-Oskar in das leere, verlassene Häuschen kommen und Rasmus davon träumt, dass sie dort wohnen könnten: »Er wünschte sich so glühend Möbel, dass sie eigentlich hätten aus dem Fußboden herauswachsen müssen …«

In dem Märchen »Klingt meine Linde« geschieht endlich das Wunder: Malin, die jüngste Armenhäuslerin, sehnt sich mit solcher Intensität nach Schönheit, dass ihre Sehnsucht die magische Kraft befreit:

> Noch nie zuvor hatte jemand so stark geglaubt und sich so innig gesehnt. Es war, als müsste die Erdkruste bersten und als müssten in allen Hainen und Wäldern Linden sprießen.
>
> Schließlich schlief sie ein und erwachte erst, als die Sonne hoch am Himmel stand. Sie wusste gleich, was geschehen war, denn da drängten sich alle Spittler vor dem Fenster und gafften vor Verwunderung. Wahr und wahrhaftig, draußen auf dem Kartoffelacker stand eine Linde, der schönste, zierlichste Baum, den man sich wünschen konnte.

Die gefühlsmäßige Intensität und Intimität des Erzählens ist typisch für Astrid Lindgren – und hinter ihr steht immer Samuel August mit seinem Staunen und seiner Erzählfreude.

Astrid Lindgren holt den Stoff für ihre Bücher aus dem Småland ihrer Kindheit und aus Erzählungen über Småland, die eine Generation weiter zurückliegen. Manchmal ist auf die Ähnlichkeit mit Albert Engström hingewiesen worden, so im Fall der Beschreibung des Armenhauses in »Klingt meine Linde« und in den Michel-Büchern. »Das Armenhaus« heißt eine autobiografische Erzählung des Autors, in der er beschreibt, wie »der kleine Albert« einen Korb mit Weihnachtsessen ins Armenhaus bringt:

> Neben dem Gemeindehaus lag das Armenhaus, morsch, schief und krumm, unten zwei Zimmer, eins auf dem Dachboden. In der schwarzen Diele stampfte ich den Schnee von den Füßen. Aus der Küche, dem größten Zimmer, kamen wütende Stimmen, mürrisches Altmännerknarren und Altweiberkrächzen. Bei meinem Stampfen verklang das Zanken in der Küche wie ein ersterbendes Knurren, die Tür ging auf und ich erkannte die Stimme der Regenta, die fragte: »Wer da?« *Regenta* war der stehende Name für Vorsteherinnen der Armenhäuser.
>
> »Bloß der Albert, ich bring einen Korb von daheim mit.«
>
> »Herrjemine, Albert, bist du bei diesem Wetter unterwegs! Ich sag's ja, so eine gute Frau, die wo immerzu die Armen im Sinn hat.«
>
> (...)
>
> Jetzt saßen sie da auf ihren Schlafbänken, Männer und Frauen durcheinander, und sahen in der zunehmenden Dämmerung wie Lumpenbündel aus.

Das mag durchaus an Michels Weihnachtsbesuch im Armenhaus erinnern. Die Regenta wird zu Maduska, beide wohnen in der Kammer unterm Dach, beide bedanken sich und sprechen von der Mutter, die an die Armen denkt.

Bei Albert Engström: »Ich sag's ja, so eine gute Frau, die wo immerzu die Armen im Sinn hat ...«

Bei Astrid Lindgren: »... ja, die liebe Mutter auf Katthult – sie weiß schon, was der Arme braucht ...«

Aber wenn man weiß, dass die alten Leute, die Astrid Lindgren in ihrer Kindheit Geschichten erzählten, das Gleiche erlebt hatten wie Albert Engström, werden diese Ähnlichkeiten ganz natürlich. In dem armen Småland gab es genügend Armenhäuser. Unterwegs

von Näs zur Großmutter in Pelarnehult fuhr man jedes Mal an dem Armenhaus vorbei, dem Hanna, Astrids Mutter, als Kind oft einen Besuch abstattete. Als die Kinder aus Näs mit ihren Eltern vorbeifuhren, winkten ihnen die alten Leute aus den Fenstern zu. Hanna beschrieb dies in ihren Erinnerungen:

> Das Armenhaus lag in der Nähe unseres Hofes. Es sah genauso aus wie das Armenhaus, das Albert Engström beschrieben hat. Alte Männer und Frauen, Kinder und Verrückte wohnten in ein und demselben Zimmer. Ihre wenigen Habseligkeiten und ihr Essen, so sie überhaupt etwas besaßen, bewahrten sie unter ihren Betten auf. Es gab viele Wanzen und es roch ungesund. Manchmal, nach dem Schlachten, durfte ich ihnen eine Kostprobe vorbeibringen und ab und zu auch Kaffee für alle. Bei den Glaubensbefragungen waren die Rentner oder die Armenhäusler, wie sie damals noch hießen, dabei. Es war üblich, dass die Wohlhabenden nach der Befragung zum Essen eingeladen wurden. Aber der neue Pfarrer hatte angeordnet, und er selbst ging mit gutem Beispiel voran, dass alle aus dem Armenhaus ebenfalls eingeladen werden sollten. Sie würden es gewiss

> zu schätzen wissen, sich endlich einmal satt essen zu dürfen. Klein-Sara brachte einen Korb mit, den sie neben sich stellte. Bei jedem neuen Gericht legte sie etwas von dem, was sie auf dem Teller hatte, in den Korb. Oh, das war ihr von Herzen gegönnt!

Astrid Lindgrens Beschreibungen des Armenhauses halten sich eher an Hannas Erzählung als an die von Albert Engström. In dem Märchen von der jüngsten kleinen Armenhäuslerin im Armenhaus von Norka – »Klingt meine Linde« – kommen sowohl die Wanzen als auch die Bündel unter den Betten vor:

> In der Frühe erwachte Malin und in der kalten, grauen Morgendämmerung sah sie die Scharen der Wanzen über die Tapete spazieren. (...)
>
> Von ihrem Winkel aus konnte Malin auch sehen, was unter den Betten stand und lag. Alles, was die Armenhäusler von den Dörflern erbettelt hatten, das verwahrten sie dort in Schachteln und Beuteln, ein jeder seine Brotkanten, ein jeder seine Erbsen und seine Grütze, ein jeder sein Speckstreifchen, seine paar kümmerlichen Kaffeebohnen und seinen Kessel mit dickem, altem Kaffeesatz.

Als die Maduska sich bei Michel für das Essen im Korb bedankt und sagt, dass »die liebe Mutter aus Katthult schon weiß, was der Arme braucht«, ist dies keine Variante von Albert Engström, sondern eine Redewendung, die mit Ida, Astrid Lindgrens Großmutter, verknüpft ist. Ida war dafür bekannt, Landstreichern und Armenhäuslern ihre Tür zu öffnen. »Dort könnt ihr reingehen«, sagten sie zueinander, »sie weiß nämlich, was der Arme braucht.«

Astrid Lindgrens eigene Kindheitserlebnisse stehen natürlich auch im Hintergrund. In ihren Schriften über die Kindheit (in *Das entschwundene Land*) erzählt sie von den Landstreichern und Armenhäuslern:

> Wenn der Frühling kam, wagten sich auch die Armenhäusler hinaus in den Sonnenschein. Ja, im Volksmund sprach man immer noch vom Armenhaus, wie sehr man sich auch bemühte, es in Altersheim

umzutaufen. Häufig waren es die »Jämmerlinge«, die ihren Verstand verloren oder nie welchen gehabt hatten, Jocke-Kis und Johan-Ein-Öre und Elin-Verrückt und wie sie nun genannt wurden.

Johan-Ein-Öre kommt auch in Michels Armenhaus vor und Jocke-Kis gehört zu den Armenhäuslern in Norka im Märchen »Klingt meine Linde«.

Und mit ihrer kleinen Schwester Stina ging Astrid Lindgren oft am Armenhaus in Vimmerby vorbei, genau wie Madita mit *ihrer* kleinen Schwester Lisabet an einem Sonntagmorgen Anfang des Jahrhunderts:

> Ein paar alte Weiblein sitzen am Fenster und starren in die sonntägliche Stille hinaus. Sicherlich freuen sie sich, dass jemand die Straße entlangkommt. Madita und Lisabet winken ihnen zu und sie winken eifrig zurück.
>
> »Die finde ich nett«, sagt Lisabet. »Am liebsten hab ich die alte Nanna. Sie sieht immer so ulkig aus, wenn sie weint.«
>
> »Pfui, schäm dich«, sagt Madita, »die alte Nanna kann doch nichts dafür, dass sie so aussieht.«
>
> »Hab ich auch gar nicht gesagt«, antwortet Lisabet.
>
> Mama ermahnt sie, nie Armenhaus zu sagen, sie sollen Altenheim sagen, denn so heißt es.
>
> »Aber die Leute nennen es ja doch Armenhaus, das nützt gar nichts«, sagt Madita.

# 17

1914 brach der Erste Weltkrieg aus und Astrid Lindgren kam in Vimmerby in die Schule. Das Grollen des Kriegs war zwar nur aus der Ferne zu hören, aber unter der Rubrik »Vom Kriegsschauplatz« konnte man in der Zeitung *Wimmerby Tidning* die Ereignisse an der Ostfront und an der Westfront verfolgen. In *Madita* schneidet Madita eine solche Überschrift aus und verfasst selbst den Text dazu:

IM KRIG IST ES SCHLIM DIE SOLLDAHTEN LIGEN IN DEN SCHITSENGREBN UND FRIRN AN DIE FÜSE. (...)

Die schrecklichen Geschichten aus dem Krieg ließen sich genauso verwenden wie Gruselgeschichten und Märchen. Astrid Lindgren erzählte ihren kleinen Geschwistern, genau wie Madita später ihrer kleinen Schwester Lisabet, von »Gespenstern, Mördern und dem Krieg«. Die Kinder auf Näs waren, wie viele andere Bauernkinder auch, privilegiert, sie konnten sich satt essen. In den Städten und Industrieorten wurden die Schlangen vor den Läden immer länger, viele Kinder hungerten, aber auf Näs ging alles fast unverändert seinen gewohnten Gang.

Der König würde auch weiterhin unverrückbar auf seinem Thron bleiben, davon waren die Kinder auf Näs überzeugt. Er war vom »Staffen« bedroht worden – der Liberale Karl Staaf, der in den Augen der Bauern in Verteidigungsfragen versagt hatte; aber seit Samuel August als »Mitglied des Bauernzuges Nr. 10364« in Stockholm gewesen war, hatte Staffen einen tüchtigen Nasenstüber erhalten. »Am 6. Februar 1914 war Unterzeichneter bei S. M. dem König in Begleitung von 30 000 Bauern«, schrieb Samuel August auf die Rückseite seines Mitgliedsausweises, und seine Kinder hörten seinem Bericht gespannt zu.

Am 7. August 1914 wurden die Schulanfänger in der Grundschule von Vimmerby angemeldet. Astrid war ein lebhaftes Kind in einem klein karierten Kleid, die Zöpfe mit Schleifen zu Schnecken hochgebunden. Sie kam in Begleitung ihrer Mutter.

Der Pfarrer nahm die Anmeldungen vor. Er rief die Namen der Anfänger auf, die mit Ja antworten und dann nach vorne kom-

men und sich neben dem Katheder aufstellen sollten. Das Ganze muss ziemlich furchteinflößend gewirkt haben, denn mehrere Kinder fingen an zu schluchzen. Ein Zwillingspärchen weinte und machte außerdem in die Hosen. Auch Astrid brach in Tränen aus, als ihr Name aufgerufen wurde. Sie kann sich noch gut an ihr Gefühl damals erinnern – und daran, wie rasch die Tränen versiegten, als der Pfarrer bemerkte, sie brauche nicht in der Reihe stehen zu bleiben, sondern solle zum Weinen lieber an ihren Platz zurückkehren und sich dort hinsetzen. Aber nein, das wollte sie nun doch nicht!

»Plötzlich waren die Tränen verschwunden«, erzählt sie. »Ich hatte den Wall aus Schüchternheit gesprengt und jetzt wollte ich auf jeden Fall bei den anderen bleiben. Unter keinen Umständen wollte ich an meinen Platz zurückkehren! Vor mir stand ein niedliches schwarzhaariges Mädchen in einem roten Wollkleid. Die wollte ich kennen lernen. Ich begann sie vorsichtig zu stupsen, und dann stupste ich noch mehr. Und noch ein bisschen. Da drehte sie sich plötzlich um und sah mich mit einem so erbosten, strafenden Blick an, dass ich glaubte, im Boden versinken zu müssen. Aber mit der Zeit kamen wir nebeneinander zu sitzen und wurden dicke Freundinnen. Sie hieß Märta.«

Märta Almér, das Mädchen mit den schwarzen Haaren, erinnert sich auch noch an den Anmeldetag und an das lebhafte Mädchen, das hinter ihr stand und sie stupste.

Astrids erste Lehrerin war altmodisch streng und ungerecht, wie es zu jener Zeit fast die Regel war: Die guten Schüler aus den »besseren« Elternhäusern behandelte sie freundlich, zu den übrigen war sie weniger nett.

Die Kinder von Samuel August und Hanna auf Näs hatten es in dieser Beziehung gut. Samuel August war ja ein bekannter, geachteter und angesehener Vertrauensmann der Gemeinde, stets mit Aufträgen überhäuft, und Hanna war für die Armenpflege und für die Kinder- und Gesundheitsfürsorge tätig.

»Ja, ich wurde gefördert«, erinnert Astrid Lindgren sich. »Ich weiß noch, dass ich einmal einen ganzen Haufen Steine von der Lehrerin bekam – Orthozeratiten, mit denen meine Schwester Stina und ich dann Kuhstall spielten. Aber trotzdem konnte ich sie eigentlich nicht leiden. Und komischerweise kann ich mich nur an eine einzige Sache erinnern, die ich im Lauf von zwei Jahren von ihr lernte – nämlich dass man immer Sämischleder benützen soll, wenn man seine Brille putzt. Keine Ahnung, warum eine ganze Klasse von Siebenjährigen das lernen musste!«

In Astrid Lindgrens Büchern kommen nur wenige Lehrer und

Lehrerinnen vor, und in keinem der Bücher spielen sie eine wesentliche Rolle. Wenn sie irgendwo am Rand auftauchen, sind sie fast immer jung, lieb und freundlich – wie die Lehrerin, die von Michel einen Kuss auf den Mund kriegt, wie die Lehrerin in Bullerbü, wie die Lehrerin in Maditas Schule und die Lehrerin, die Pippi Langstrumpf erlaubt, in die Schule zu kommen. (Die einzigen Ausnahmen sind die Lehrerin in *Die Brüder Löwenherz*, die als »ziemlich albern« beschrieben wird, und der Lehrer in »Sonnenau«: »Schon am zweiten Tag schlug der Schulmeister Matthias mit einer Rute auf die Finger, weil er nicht stillsaß.«)

»In der dritten Klasse bekamen wir eine junge Lehrerin, die wir unglaublich gern hatten. Und immer, wenn ich eine Lehrerin beschreiben muss, denke ich wahrscheinlich an sie. Die Kinder in Bullerbü dürfen ihre Lehrerin in ihrer Wohnung besuchen. Als ich das schrieb, habe ich wohl an meine Lehrerin in der dritten Klasse gedacht. Sie wohnte im ersten Stock in einem Haus in der Stadt, im selben Haus, wo Maditas Großmutter eine Konditorei hatte. (Im Buch über Madita ist dies der Bonbonladen.) Wir besuchten sie oft. Sie ließ uns doch tatsächlich durchs Fenster aufs Dach hinausklettern und dort sitzen! So was vergisst man nie!«

Es mag verwundern, dass Astrid Lindgren sich die Lehrer nicht ein bisschen mehr vorgeknöpft hat – vor allem, wenn man Pippi Langstrumpfs Freiheitsbewegung gegen Zwang und Autorität bedenkt. Sogar in den Pippi-Büchern werden die geschäftigen Tanten lächerlich gemacht und die Polizisten um den Verstand gebracht, während Pippis Konfrontation mit der Lehrerin im Klassenzimmer recht friedlich verläuft.

»Ich habe mir bewusst vorgenommen, den Hass auf die Lehrer nicht noch weiter zu schüren«, erklärt Astrid Lindgren. »Heutzutage versuchen viele Autoren, sich bei den Kindern einzuschmeicheln, indem sie sie mehr oder weniger gegen alle Erwachsenen aufhetzen, und diese Autoren beschreiben alle Lehrer als wahre Teufel. Sie versuchen den Abscheu der Kinder vor der Schule zu steigern, aber auf diese Weise hilft man den Kindern nicht.«

Der Schulweg durch die Pfarrhofsallee von Näs in die Stadt war ziemlich weit, sodass Gunnar und Astrid immer etwas zu essen mitnehmen mussten.

»Dort saß man dann in der Mittagspause und trank Milch und aß Roggenbrot mit Speck«, erzählt Astrid Lindgren. »Das ist mein Lieblingsessen. Dafür könnte ich immer noch mein Leben geben.«

Im Ersten Weltkrieg waren Roggenbrote mit Speck gewiss nicht jedermann zugänglich. Wenn Astrid Lindgren in ihren Büchern die armen Kinder aus ihrer eigenen Kindheit und dem Småland der früheren Generation schildert, wird die Ungerechtigkeit dann am deutlichsten, wenn das Mittagsbrot hervorgeholt wird. Die armen Kinder Matthias und Anna in »Sonnenau« schämen sich für ihr Essen:

> Sie hatten nur ein paar kalte Kartoffeln, aber die anderen Kinder hatten Butterbrote mit Speck und Käse und Joel, der Sohn des Krämers, hatte sogar Eierkuchen, ein ganzes Bündel voller Eierkuchen. Matthias und Anna starrten auf Joels Eierkuchen, bis ihre Augen ganz blank waren, und Joel sagte: »Armeleutekinder, habt ihr noch nie richtiges Essen gesehen?«
>
> Da seufzten Matthias und Anna und sie schämten sich und wandten sich ab und antworteten nicht.

Mia, Tochter armer Eltern in den Madita-Büchern, lässt sich dagegen nicht kleinkriegen und schämt sich nicht. In Mia steckt eine Kraft, die Funken sprüht, sobald Mia irgendwo auftaucht. Sie wird um ihr Recht kämpfen:

> »Ihr alle in der Klasse seid eine feige Bande«, sagt Mia. »Nur ich allein hab Mumm in den Knochen.«
>
> Es ist große Pause. Alle, die weit von der Schule entfernt wohnen und es nicht nach Hause schaffen, haben ihr Frühstück mit und sie sitzen im Flur auf einer Bank, essen Butterbrote und trinken Milch, reden und haben es meistens richtig gemütlich. Mia wohnt zwar nahe bei der Schule, geht aber trotzdem nicht nach Hause und Butterbrote hat sie auch nicht mit. Darum ist sie auch so dünn, denkt Madita. Und sie hat sich ja vorgenommen ein bisschen nett zu Mia zu sein.
>
> »Möchtest du das?«, fragt sie und hält Mia ein Wurstbrot hin.

Mia sieht erst Madita und danach das Wurstbrot an und dann lächelt sie verächtlich.

»Lieber fress ich Rattengift. Propp du dir nur deine Brote selber rein, du Plusterpute!«

Die Ungerechtigkeiten in der Schule sind natürlich ein Spiegelbild der sozialen Ungerechtigkeiten. Die Kinder, die in der Schule verprügelt wurden, waren zu Hause meistens Armut und Elend ausgesetzt. Es kam gar nicht so selten vor, dass manche Kinder vor der ganzen Klasse Prügel bezogen.

»An ein Ereignis in der Grundschule erinnere ich mich noch mit Entsetzen«, erzählt Astrid Lindgren. »Es geschah zwar nicht in meiner Klasse, aber das Gerücht verbreitete sich wie ein Lauffeuer: Ein Mädchen hatte aus irgendeiner Manteltasche Geld gestohlen und davon Süßigkeiten gekauft, die sie an ihre Schulkameraden verteilte. Als das entdeckt wurde, bekam sie vor der ganzen Klasse Schläge auf den bloßen Hintern. Wir waren entsetzt, als wir davon erfuhren.

Später, in der Oberschule, bekam einer der Jungen aus unserer Klasse vor unseren Augen Schläge mit dem Rohrstock. Bis auf den heutigen Tag sehe ich noch vor mir, wie der Lehrer dastand und den Stock hob und damit gegen die Lampe stieß, bevor er losschlug.

Körperliche Bestrafung war damals in den Schulen üblich, aber die allgemeine Einstellung dazu war durchaus gemischt. Nisse Ståhl ging in meine Klasse, und ich weiß noch, dass sein Vater sich einmal sehr darüber aufregte, als er erfuhr, dass jemand verprügelt worden war. ›Haben die denn nichts Besseres zu tun als egalweg auf kleine Kinder einzudreschen?‹, sagte er.

Oft war die Einstellung zur Prügelstrafe von Familie zu Familie verschieden. In unserer Familie war man schon immer sehr kinderlieb. Weder in der Familie meiner Mutter noch in der meines Vaters waren die Kinder geschlagen worden. Von *einem* Vater allerdings weiß ich, dass er dem Lehrer ausrichten ließ: ›Hau sie durch, ja, hau sie nur ordentlich durch!‹«

In einem von Astrid Lindgrens späteren Büchern, *Madita und Pims*, spielt die Geschichte von dem Mädchen, das Geld klaute und vor der Klasse Prügel bekam, eine wichtige Rolle. In diesem Buch geht es um die arme Läuse-Mia, die »Hosen von der Armenpflege« trägt und von Anfang an Maditas heftigste Gegnerin ist. Madita gerät in eine Rauferei mit Mia. Als der Oberlehrer eingreift, zerrt er Mia am Arm und sagt, dass er ihr die Flötentöne beibringen werde, während er Madita laufen lässt. Warum, denkt Madita, wird er mir nicht die Flötentöne beibringen?

Madita ahnt die Zusammenhänge: »Madita hat einen Vater, der für die Zeitung schreibt, und mit dem möchte sich der Rektor wohl gut stellen. Mia aber hat gar keinen Vater, ihr kann man Flötentöne beibringen, ohne dass es etwas ausmacht.«

Der Oberlehrer prügelt Mia vor der ganzen Klasse. Madita schreit laut: »Nein, nein, nein, *nein*!«, und in der Kursivschreibung spürt man, dass dies Astrid Lindgrens eigener intensiver Protest ist.

Als Madita nach Hause kommt und über den Vorfall berichtet, sind alle sehr aufgebracht und Alva, das Dienstmädchen, spricht die Worte von Nisse Ståhls Vater aus: »Hat der denn nichts Besseres zu tun als egalweg auf kleine Kinder einzudreschen?«

# 18

Als Astrid Lindgren sieben Jahre alt war, begegnete sie Madita, und daraus entstand eine lebenslange Freundschaft. Eigentlich hieß Madita Anne-Marie, wurde aber von ein paar Tanten aus der Bekanntschaft Madita genannt. Madita war in eine Villa in der Nachbarschaft eingezogen, sie war keine Bauerstochter, ihr Vater war Bankdirektor und rauchte Zigarren. In Maditas Elternhaus roch es vornehm, fand Astrid, die dort zum ersten Mal das Bürgertum am Duft erkannte.

Madita hatte schöne braune Haare, sie war verwegen und kühn und brachte Astrid das Raufen bei. »Ich war die Stärkere«, erzählte die erwachsene Madita – die Verlagslektorin Anne-Marie Fries –, als ich in den siebziger Jahren mit ihr sprach. »Aber die Einfälle und die Ideen kamen oft von Astrid. Astrid war so unglaublich gelenkig. Ich sehe sie noch vor mir in der Turnhalle. Wie ein Affe turnte sie oben unter der Decke herum.«

Weil sie körperlich so leicht und lebhaft war, kraxelte und kletterte Astrid überall, wo es etwas zu kraxeln und klettern gab. Sie selbst hat erzählt, dass sie als Kind fast genauso viel Zeit oben in den Bäumen verbrachte wie unten auf dem Erdboden. Über den hohlen »Eulenbaum«, der an der großen Landstraße bei Näs steht, schreibt Astrid Lindgren: »Jedes Mal, wenn ich seinen rauen Stamm sehe, erwacht in meinen Händen und Füßen die Erinnerung daran, welche Handgriffe nötig waren und auf welche Ausbuchtungen man die Füße stellen musste, um raufzukommen. Auch an das Gefühl unter den Fußsohlen erinnere ich mich.«

Diese Liebe zu Bäumen, der Astrid Lindgren so oft Ausdruck verliehen hat, hängt nicht nur mit der Liebe zur Natur und zur Schönheit zusammen, sondern genauso sehr mit der sinnlichen Freude am Hangeln und Klettern zwischen den Zweigen.

Astrids Geschmeidigkeit und ständige Kletterlust kehrt auch in den Erzählungen der alten Schulkameraden immer wieder. Viele von ihnen erzählen, wie es war, als sie gemeinsam die Feuerleine im vierten Stock des Apothekerhauses testen sollten.

»Wir warfen eine Münze, und so kam es, dass ich den Test aus-

*»Steht etwa in Moses' Gesetz geschrieben, dass es alten Weibern verboten ist, auf Bäume zu klettern?«*

führen musste«, erzählt Astrid Lindgren selbst. »Ja, denn es ging nicht darum, wer von uns sich aus dem Fenster stürzen sollte, sondern darum, ob *ich* hinausspringen sollte oder *nicht.* Nun sollte ich das also, und todesmutig ließ ich mich von den anderen hinaushieven. Als ich dann so ungefähr in der Höhe des zweiten Stockwerks baumelte, ließen sie plötzlich die Leine los, worauf ich direkt auf die zementierte Straße hinuntersauste. ›Hast du dir wehgetan?‹, hörte ich völlig umnebelt die anderen von oben herunterschreien. ›Na klar hat das Kind sich wehgetan!‹, rief eine alte Frau, die sich entsetzt über mich beugte.«

Diese Episode taucht später in Astrid Lindgrens Büchern auf. Sie selbst erzählt gern, wie sie unter Einsatz von Leib und Leben einen Kochtopf voller Gulasch vor dem Anbrennen rettete. Der Topf stand auf dem Herd in der kleinen Mansarde, die sie mit einer Freundin teilte, als sie in den zwanziger Jahren als Kontoristin in Stockholm arbeitete. Die Mansarde lag in der Kaptensgatan im fünften Stock, die Mädchen hatten den Schlüssel vergessen, und die einzige Möglichkeit, in die Wohnung zu gelangen und das Essen zu retten, bestand darin, dass jemand aufs Dach hinauskletterte und auf der Dachrinne bis zum Fenster balancierte. Als die Autorin das später in *Kati in Italien* beschreibt, wird hier die Episode mit der Münze im Apothekerhaus in Vimmerby wieder heraufbeschworen:

> »Wir losen«, sagte Eva. »Kopf oder Zahl.« Wir nahmen also ein Geldstück und warfen es auf den Boden. Man darf mich jetzt nicht missverstehen: Es ging nur darum, ob *ich* es tun sollte oder nicht. Denn Eva wird schon schwindlig, wenn sie nur auf den Küchentisch steigt.

Die reale Madita hat der Madita in den beiden Büchern gewisse äußere Züge und auch ihr Ambiente geliehen, aber natürlich ist Madita in erster Linie Astrid Lindgren selbst als Kind. (Außerdem ist es ganz offensichtlich, dass Astrid Lindgrens eigene kleine Schwester Stina mit Maditas kleiner Schwester Lisabet identisch ist.)

Die Lust am Klettern und die Verwegenheit, mit der die lebens-

gefährlichsten Kletterpartien in Angriff genommen werden, teilt Madita jedenfalls mit der Autorin. Im ersten Buch wird aufs Dach des Waschhauses geklettert, und von dort aus testet Madita ihre Flugfähigkeit, mit einer Gehirnerschütterung als Folge. Im zweiten Buch wird ein Geburtstagsausflug beschrieben, ein Picknick im Grünen. Die Familie will sich gerade im Gras niederlassen, als ein paar Stierkälber auf sie losgerast kommen. Alle müssen sich schleunigst in zwei große Bäume hinaufretten. In den Augen vieler Leser dürfte dies wohl als ein Geburtstag mit Hindernissen erscheinen, aber für Madita und die Autorin selbst ist es der eigentliche Höhepunkt des Daseins: Etwas Herrlicheres, als oben in einem Baum zu sitzen und zu picknicken, kann es doch gar nicht geben!

Die Klettertouren werden oft zu Herausforderungen: Wenn du das hier wagst, dann wage ich noch mehr. Für Astrid und für Anne-Marie-Madita und die anderen Mädchen war es wichtig, genauso viel zu wagen wie die Jungen, ja, lieber noch, sie herauszufordern und noch mehr zu wagen. Über Eva-Lotta in den Kalle-Blomquist-Büchern erfährt der Leser, dass sie den Jungen in nichts nachstand: »Als der Wasserturm gebaut wurde, war sie genauso hoch wie Anders und Kalle an dem Holzgerüst hinaufgeklettert.«

Eine der spannendsten Szenen im zweiten Buch über Madita ist die, wo Mia Madita dazu herausfordert, aufs Schuldach zu klettern:

> Mit klopfendem Herzen klettert Madita weiter zum Dach hinauf.
>
> Und jetzt ist sie oben. Jetzt steht sie dort, hoppla, ist das hoch! Der Holzschuppen zu Hause ist nichts dagegen. Und nun muss sie den Dachfirst entlang bis zum andern Giebel und dann wieder zurück. Das ist ja Wahnsinn! Und alles nur, weil die dumme Mia sich diesen Blödsinn ausgedacht hat!
>
> Doch Wahnsinn oder nicht – Madita begibt sich aufs Dach hinaus. Und es geht gut. Es geht wirklich gut. Ihre Füße und ihr ganzer Körper wissen genau, wie man auf einem Dach entlangbalanciert. Hier kommt kühn und geschmeidig Stolz-Jungfrau von Birkenlund. Sie geht dort entlang wie auf einem gewöhnlichen Fußboden, den Rektor hat sie schon fast vergessen und dort unten stehen die andern und gaffen sie an, das weiß sie. Es ist ein herrliches Gefühl, ätsch, Pustekuchen, Mia, was sagst du jetzt?
>
> Mia sagt überhaupt nichts, als Madita wieder unten ist. Viktor, Axel und Elof aber starren sie mit großen Augen an. Sie halten es wohl für eine tolle Tat, das kann man ihnen ansehen. Madita ist mit sich selbst recht zufrieden.

Das ist wirklich eine Szene mit vertauschten Geschlechterrollen: Mia und Madita fordern einander fast auf Leben und Tod heraus und führen ihre Heldentaten aus, atemlos begafft von drei passiven Jungen, Viktor, Axel und Elof!

In der ironischen Geschichte »Wer springt am höchsten?« geht es um Albin und Stig und um ein albernes »Wer ist der Beste?« – ein Denken, das bereits im Kleinkindalter von den Müttern geweckt

wird und mit der Zeit zu immer irrsinnigeren Herausforderungen führt. Dementsprechend endet es auch damit, dass Albin und Stig wohl überlegt vom Dach des Kuhstalls springen und sich mit vollem Einverständnis der Autorin Arme und Beine brechen.

Die Lust am Klettern und Springen hat Astrid Lindgren sich ihr Leben lang bewahrt. Beim Schreiben lässt sie diese Lust wieder erstehen, und je älter und gebrechlicher ihr eigener Körper wird, desto mehr müssen die von ihr geschaffenen Kinder ihre Kräfte an gefährlichen Sprüngen messen.

Für Ronja, die Tochter des Räubers, hat der Sprung über den Höllenschlund symbolische Bedeutung.

»Hüte dich vor dem Höllenschlund«, warnt der ängstliche Mattis, als Ronja zum ersten Mal auf eigene Faust loszieht.

Ronja aber begibt sich sofort dorthin, zum Allergefährlichsten, und in ihrer Reaktion ist der notwendige Trotz aller jungen Menschen enthalten und auch die Lust, eigene Grenzen zu ziehen.

»Wie soll ich mich vor dem Höllenschlund hüten, wenn ich gar nicht dort bin?«

Astrid Lindgren weiß, dass jedes normale Kind in der Vorpubertät gefährlich lebt, ja, gefährlich leben will. Von jeher hat dies vor allem für die Jungen gegolten, aber hier überschreitet Astrid Lindgren die Geschlechtergrenzen. Ihre Mädchen – von Pippi bis Ronja – fordern die körperliche Gefahr ebenso ernsthaft heraus wie die Jungen. Daher macht Ronjas Sprung über den Höllenschlund gleichzeitig auch ihre Position Birk gegenüber deutlich. Die Begegnung der beiden beginnt in einem Kampf um Revier und Herrschaft, in dem Ronja und Birk einander gleichgestellt sind. Als Birk den Halt verliert und Ronja ihn davor bewahrt, in die Tiefe zu stürzen, entsteht der erste Ansatz zu Freundschaft und Liebe, der später, als Ronja von Birk dieselbe Hilfe annehmen muss, vertieft wird. Auch in der Gefahr und in der Bedrohung sind beide gleich und brauchen einander.

Astrid Lindgrens eigenes Klettern und Springen hat sich bis ins Alter fortgesetzt, ja, bis in ein Alter, wo man üblicherweise alle strapaziösen körperlichen Aktivitäten meiden müsste. In der Kreiszeitung Östergötland stand nach der Jubiläumssendung des Schwedischen Rundfunks in Motala zu lesen, dass die bald siebzigjährige Astrid Lindgren als einzige der Gäste den hohen schwankenden Sendemast geentert habe.

»Kinder lieben Schwerelosigkeit«, sagt der Neurophysiker und Hirnforscher Matti Bergström. »Sie wollen ständig hüpfen und hoch schaukeln, bestimmt streben sie danach, den schwerelosen Zustand in der Gebärmutter wieder erleben zu dürfen. Im Stammhirn gibt es ein Zentrum für Schwerelosigkeit, das in der frühen Kindheit besonders aktiv ist.«

Im Fall von Astrid Lindgren scheint das Gehirn des Kindes immer noch Impulse für gewagte Sprünge auszusenden. Oder geht es doch um etwas anderes? Gibt es eine Todessehnsucht, die lange Zeit von der lausbübischen Seite der Autorin in Schach gehalten wurde und die erst in *Die Brüder Löwenherz* sichtbar wird? Hier ist der Sprung eine Befreiung und zugleich ein starkes sinnliches Erlebnis. Viele Kinder haben das, laut Astrid Lindgren, als »ein glückliches Ende« aufgefasst.

»Weißt du noch – damals, als wir gesprungen sind? Dieser schreckliche Augenblick, als es brannte und wir auf den Hof hinuntersprangen. Damals kam ich nach Nangijala, erinnerst du dich?«

»Und ob ich mich erinnere«, sagte ich und weinte noch mehr. »Wie kannst du nur so fragen? Weißt du denn nicht, dass ich seither immer daran gedacht habe?«

»Doch, ich weiß«, sagte Jonathan und streichelte mir wieder die Wange. »Ich dachte, wir könnten vielleicht noch einmal springen. Hier den Abgrund hinunter. Dort unten auf die Wiese.«

»Ja, dann sterben wir«, sagte ich. »Aber kommen wir dann auch nach Nangilima?«

»Ja, ganz gewiss«, sagte Jonathan. »In dem Augenblick, wo wir dort unten ankommen, sehen wir schon das Licht von Nangilima. Wir sehen die Morgensonne über Nangilimas Tälern leuchten, denn dort ist jetzt Morgen.«

»Dann könnten wir also geradewegs nach Nangilima hineinspringen«, sagte ich und lachte dabei zum ersten Mal seit langem.

# 19

Die Madita in den Büchern ist eine fantasievolle Siebenjährige, »der die Einfälle so rasch kommen, wie 'n Ferkel blinzelt.« Madita erfindet Richard, einen schrecklichen Jungen, der schlimmste Tunichtgut der Klasse, mit dessen Hilfe sie sich immer wieder aus der Klemme rettet, wenn sie etwas angestellt hat oder die Eltern ihr zusetzen.

Eines Tages kommt Madita nach Hause und hat nur einen Überschuh an. Der andere ist fort. Und es war ein so feiner Überschuh, schwarz und blank und innen mit rotem Futter.

»Wo hast du denn den andern Überschuh?«, fragt Mama.

»Den hat Richard mir weggenommen und in den Gully geschmissen«, sagt Madita.

»Richard müsste Haue kriegen«, sagt Lisabet.

Mama ist sehr böse auf diesen Richard.

»Es ist schon ein Kreuz, dass ihr so einen Jungen in der Klasse habt«, sagt sie. »Ich muss doch wirklich einmal mit der Lehrerin sprechen.«

Aber Mama hat so viel zu tun. Sie hat einfach keine Zeit zur Lehrerin zu gehen. Und Richard macht weiter seine dummen Streiche. Fast täglich heckt er etwas Neues aus.

Madita kommt mit einem großen Tintenklecks auf ihrem neuen Kattunkleid nach Hause ... natürlich Richard! Eines Tages hat Maditas Schiefertafel einen großen Sprung ... weil Richard sie an die Wand geschmissen hat. Er wollte nur mal sehen, ob sie richtig haltbar ist. Und das war sie nicht. Jedenfalls nicht *so* haltbar.

Die reale Astrid war mit sieben Jahren genauso einfallsreich und fantasievoll wie die Madita in den Büchern.

»Ja, deinen Kopf sollte man haben, proppvoll von Einfällen«, pflegte eine der Melkerinnen auf Näs zu Astrid zu sagen. Aber im Gegensatz zu Madita in den Büchern brachte Astrid als Kind niemals Fantasie und Realität durcheinander. Eine Lüge war etwas sehr Schlimmes, das hatte man den Kindern auf Näs beigebracht, und alles, was nicht absolut der Wahrheit entsprach, war gelogen. Nur beim Spiel und in den vielen Märchen, die Astrid ihren kleinen Schwestern erzählte, durfte die Fantasie frei strömen.

Astrid Lindgren kann sich nicht erinnern, dass sie sich als Kind dem hemmungslosen Fabulieren hingegeben hat, das später bei Pippi Langstrumpf so aufblühen sollte. Aber als sie sich an ihre Schulaufsätze zu erinnern versucht, fällt ihr plötzlich eine Lügengeschichte ein, die sie einmal in der Oberschule schrieb. Das Thema hieß »Ein Schwede aus Amerika erzählt«, und der ganze Aufsatz war auf Småländisch geschrieben. Der Lehrer lobte ihn und las ihn der Klasse vor. »Das Schiff kriegte ein Loch, aber da hab ich die Hände vorgehalten ...«, hieß es an einer Stelle. Daraufhin protestierte einer der Mitschüler und wandte ein, so was könne man doch nicht schreiben, das sei doch unglaubwürdig. Aber der Lehrer, der Sinn fürs Absurde hatte, ermunterte Astrid: »Los, gib's ihm! Verteidige dich!«, sagte er immer wieder.

Wie schon anfangs erwähnt, war es die Lektüre von Hamsuns *Hunger*, die Astrid Lindgrens eigene Lust am ungehemmten Fabulieren freisetzte: »Vielleicht wäre Pippi Langstrumpf nie eine so enorme Lügnerin geworden, wenn Hamsun nicht auf seiner Holzbank gesessen und einem einfältigen halb blinden alten Mann, der sich neben ihn gesetzt hatte, die unglaublichsten Lügengeschichten aufgebunden hätte.«

Pippi ist übrigens nicht die Einzige in Astrid Lindgrens Büchern, die wie wild flunkert. Alfredo in der Detektivgeschichte *Rasmus, Pontus und der Schwertschlucker* gibt eine ähnliche Suada von sich:

> »Ach, sie war ein großartigen Frau, meine kleine Mammi. Da lag ich auf meine Knie neben ihr in den Herbstabend, der Regen strömte über uns runter und der Wind pfeifte und meine kleine Mammi hat den Genick gebrochen. ›Tut es sehr weh, liebe Mama?‹, frage ich und weine. ›Nein, kleiner Alfredo‹, sagt sie, ›es tut nicht weh, nur, wenn ich lachen muss‹, sagt sie. Und das waren ihre letzten Worte.«

Abbe, Maditas heimlicher Schwarm, kann ebenfalls auf diese Weise von seiner Ururgroßmutter erzählen, die eine unglaublich reiche Kringelbäckerin war:

> »Und glaub mir, wenn die alten Weiber die Kringel kauten, dann knirschte und krachte es nur so zwischen ihren falschen Zähnen. Die Diamanten spritzten ihnen nur so aus dem Mund. Aber knickrig war die Uralte nicht. ›Behaltet sie ruhig‹, sagte sie, wenn die Weiber sie ihr zurückbrachten. ›Hab ich was in den Teig gesteckt, dann hab ich's eben reingesteckt. Und Diamanten gibt's hier wie Sand am Meer, hier wird nicht geknausert‹, sagte sie!«

Es sollte noch sehr lange dauern, bis Astrid Lindgren ihr erstes Buch schrieb, aber der Schwedischlehrer in der Oberschule muss ihre Begabung immerhin geahnt haben. Die Mitschüler erzählen, dass Astrids Aufsätze fast immer vorgelesen wurden, und ein Aufsatz, den sie als Dreizehnjährige schrieb, wurde in der Zeitung *Wimmerby Tidning* veröffentlicht. Er hieß »Das Leben auf unserem Hof« und war eine einfache kleine Vorstudie zu den Bullerbü-Büchern. Zwei kleine Mädchen, Inga und Maja (Astrids Schwester

Ingegerd und Maja, die Tochter der Melkerin, dienten als Modelle), spielten brave unschuldige Spiele inmitten von Blumen und sprießendem Grün.

»Ich glaube, nach dieser Geschichte fingen sie an, mich ein klein wenig spöttisch die Selma Lagerlöf von Vimmerby zu nennen. Und ich beschloss, dass ich eines jedenfalls nie werden wollte – nämlich Schriftstellerin.«

Der Aufsatz, den sie zur Abschlussprüfung schrieb, handelte »Vom Wirken der Klosterleute im Mittelalter«. Hier kommt die praktisch denkende Bauerstochter zu Wort:

> Eine Sache, für die die Nonnen viel Zeit aufbrachten, war die Handarbeit. Sie bestickten kunstvolle Altardecken, klöppelten Spitzen, nähten Kleider und vieles andere mehr. Sie waren unglaublich geschickt, und ich glaube, wenn die Nonnen hätten heiraten dürfen, was nicht der Fall war, dann hätten sie eine wundervolle Aussteuer bekommen.

Im Oktober 1919 geschahen sensationelle Dinge in Vimmerby. Große Zeitungsanzeigen kündigten einen berühmten Flieger an; Hauptmann Saunders hieß der Pilot und er lud zu Flugvorführungen und Rundflügen ein. Hundert Kronen sollte ein Flug kosten. Wer einen Kunstflug erleben wollte – »Looping the Loop«, »Spin« oder »Fallendes Laub« –, musste dafür einen Extrabetrag berappen. Die *Wimmerby Tidning* berichtete ausführlich über dieses einmalige Ereignis. Am 8. Oktober 1919 war folgender Bericht über die Flugvorführung zu lesen:

> Die vergangene Woche wird unserer guten Stadt Wimmerby mit Umgebung für einige Zeit in Erinnerung bleiben. Alle haben voller Spannung und Neugier darauf gewartet, die Flugkünste des englischen Luftfahrers Hauptmann Saunders sehen zu dürfen, die dieser über der Stadt und der Umgebung unternehmen würde, und ein paar wenigen war es vergönnt, in die Lüfte hinauf und weithin über die Gefilde in stürmischer Fahrt über das Erdenrund fliegen zu dürfen. Bereits am Mittwoch sollten die Flüge vom Stapel gehen, und die Menschen, die zu Tausenden gezählt werden konnten, wanderten, eilten, fuhren mit Fahrrädern oder Automobilen zum Flug-

gelände hinter Storholmen hinaus, und unversehens kam das Luftgefährt wie ein Riesenvogel aus dem Märchen zwischen den Wolken angeschaukelt. (...)

Punkt 2 Uhr stieg Hauptmann Saunders mit dem Passagier Nr. 1 in die Luft, mit dem Großhändler J. Sjöholm. Danach fanden nicht weniger als 17 Aufstiege statt, davon 6 mit Damen an Bord. Um 4 Uhr gab es eine Kunstflugvorführung, auch diesmal wieder mit dem Großhändler Sjöholm als Passagier.

An diesem denkwürdigen Tag war Astrid fast 12 Jahre alt, sie erinnert sich noch genau an den aufgeregten Tumult, der auf der Wiese, wo das Flugzeug gelandet war, entstand. Mit ein paar Schulfreundinnen versuchte sie durch die Absperrung zu kommen, um das Flugzeug und den bewunderten Hauptmann Saunders aus der Nähe sehen zu können. Der Eintritt kostete 5 Kronen. »Und wir hatten weiß Gott keine fünf Kronen, hingegen hatten wir entdeckt, dass die Eintrittskarten rot waren, genau wie die Flugblätter, die am Vormittag auf die Stadt herabgeworfen worden waren«, erzählt Astrid Lindgren. »Wir falteten die Flugblätter zu kleinen Eintrittskarten zusammen und marschierten rasch am Einlass vorbei, indem wir sie in die Luft hielten. Das war aufregend! Aber wir kamen hinein. Dann standen wir da und sahen der Flugvorführung zu. Ein Großhändler nahm daran teil und wollte ein Extralooping haben, das bekam ihm aber schlecht. Nachdem ihm ein gewisses Malheur passiert war, musste er schleunigst in die Warmbadeanstalt verfrachtet werden. Darüber hatten die Leute hinterher viel zu reden!«

Über diese Flugvorführung hat Astrid Lindgren in *Madita und Pims* ausführlich erzählt:

Aber eines Tages passiert doch etwas. Etwas Besonderes, etwas Unglaubliches! Papa kommt von seiner Zeitung nach Hause und erzählt davon. Ein Flieger wird mit seinem Flugzeug in die Stadt kommen. Kann man sich so was vorstellen! Er wird sich draußen vor der Stadt auf der Mühlenwiese postieren. Er hat eine Anzeige in Papas Zeitung gesetzt.

»Wird er mit einem Regenschirm runterspringen?«, fragt Madita, die selber einmal auf diese Weise versucht hat zu fliegen.

»Auf keinen Fall«, versichert Papa. Aber er wird herumfliegen und mit seiner Maschine in der Luft Purzelbäume schlagen. Auch Rundflüge für die Bevölkerung wird es geben und wer Lust hat, darf für hundert Kronen zehn Minuten lang über der Stadt kreisen. All das steht in der Anzeige.

Es gibt nicht viele in der Stadt, die hundert Kronen übrig haben, aber der Bürgermeister, gezwungen von seiner Frau, meldet sich an. Zu den gesellschaftlichen Ambitionen der Bürgermeisterin gehört nämlich, dass der Bürgermeister der Erste und Größte der kleinen Stadt zu sein hat.

Und hinauf in die Luft und hinweg über die Stadt fliegt der arme Bürgermeister und kommt so allmählich auch wieder zurück. Und ganz gewiss hat er Loopings über dem Rathaus gemacht, aber auch noch etwas anderes. Etwas, das sich für einen Bürgermeister nicht schickt. Sondern nur für ganz, ganz kleine Kinder.

Vielen Zuschauern, die an jenem Samstagnachmittag im Jahr 1919 auf der Wiese bei Vimmerby standen und sehnsüchtig in die Lüfte schauten, wo der Großhändler seine Runden drehte – einer der wenigen Privilegierten, die hundert Kronen aufbringen konnten –, musste seine anschließende schmähliche Fahrt in die Warmbadeanstalt als das gerechte Eingreifen höherer Mächte erschienen sein.

Als Astrid Lindgren diese Episode viele Jahre später wieder erzählt, will sie damit der Bürgermeisterin und deren gesellschaftlichen Vorurteilen eins auswischen. Sie lässt den Ehrgeiz und die Eitelkeit der Bürgermeisterin im wahrsten Sinn des Wortes in die Luft steigen und für das ganze Volk sichtbar werden. Umso größer ist der Eklat, als das Ganze platzt und das Gelächter die Stadt durchzieht. Eine raffiniertere Art, die Bürgermeisterin von Vimmerby auffliegen zu lassen, lässt sich schwerlich vorstellen.

# 20

Die Oberschule in Vimmerby, erbaut 1905, ist ein großer roter Backsteinbau mit hallenden Treppenhäusern, auf dessen Fassade die Worte »Gottesfurcht, Ordnung und Fleiß« eingemeißelt sind.

Die Ericsson-Kinder auf Näs wurden alle, mehr oder weniger widerstrebend oder durch Zufall, Schüler dieses Instituts. Samuel August und Hanna hatten eine positive Einstellung zur Schulbildung, zwangen ihre Kinder jedoch nie.

Gunnar wollte keine »Ratte« werden. »Ratten«, das waren die Jungen, die in die Oberschule gingen, »lanker«, Nieten, hießen die Volksschüler. Aber einem entfernten Verwandten, der Lehrer war, gelang es, Gunnar zu überreden: »Denk doch an den Fußballplatz der Oberschule, der ist doch viel besser als der von der Volksschule!«

Auch Astrid musste überredet werden, und zwar von Anne-Marie (Madita), die bereits die Oberschule besuchte. Sie bestach Astrid mit Papierpuppen. Als Hanna Astrid fragte, ob sie in die Oberschule gehen wolle, hatte Astrid sich demnach schon entschieden.

»Ja, klar will ich das, wenn Papa für mich bezahlen will«, erklärte sie.

Und das wollte Samuel August. Er gehörte zu den Wohlhabenden, die das volle Schulgeld zahlen mussten; ungefähr dreißig Kronen pro Schulhalbjahr.

War das Schulgeld erst mal bezahlt, musste man sich ins Zeug legen. Französisch war ein freiwilliges Fach, und als Astrid damit aufhören wollte, bestimmte Hanna ohne weitere Diskussionen, dass das nicht in Frage komme, selbst wenn Astrid als Einzige von der Gruppe übrig bliebe. Und so kam es auch, denn Hanna widersprach man nicht.

Astrid fiel das Lernen leicht, aber eine Streberin war sie nicht.

*In der Oberschule. Astrid ist das Mädchen, das ganz außen rechts die Hand hochstreckt.*

Mit fünfzehn gehörte sie zu einer Mädchenclique in der Klasse, die für ihre handfesten Streiche berüchtigt war. Die Mädchen machten sich über ihre Lehrer lustig und hatten die Lacher auf ihrer Seite. Die Stadtbewohner wurden auf klassisch unschuldige Weise gefoppt: Die Mädchen spielten »Harzgeige«, indem sie Fensterscheiben durch Reiben zum Quietschen brachten, und legten Päckchen auf die Straße, die sie dann schnell wieder zurückzogen, wenn ein Erwachsener sich danach bückte.

In der kleinen Stadt, wo jeder jeden kannte, führte das natürlich zu Klagen beim Rektor und zu Verweisen, die Einträge ins Klassenbuch zur Folge hatten.

Samuel August und Hanna waren zwar unzufrieden, blieben aber gelassen. In der Klasse jedoch kam es zu wilden Gefühlsausbrüchen, wie ehemalige Schulkameraden zu erzählen wissen. Ein Mädchen war wegen des Eintrags völlig verzweifelt und behauptete, sie könne sich nie mehr zu Hause blicken lassen, ein anderes

Mädchen dagegen weinte bitterlich und fühlte sich ausgeschlossen, weil sie keinen Eintrag bekommen hatte!

Wenn Astrid Lindgren von ihrer Kindheit erzählt, bekommt alles einen sinnlichen Glanz. Die Spiele, die Düfte, der Geschmack, die Stimmen, die Gefühle, die Märchen: Alles ist so nah, dass sie es jederzeit frisch und lebendig hervorholen kann.

Aber was geschah, als die Kindheit zu Ende ging?

»Ich weiß noch, wie schrecklich es war, festzustellen, dass man nicht mehr spielen konnte. Daran kann ich mich ganz deutlich erinnern. Immer, wenn die Enkelin des Pfarrers in den Ferien nach Näs kam, spielten wir mit ihr. Aber als sie eines schönen Tages im Sommer ankam und wir wie immer anfangen wollten zu spielen, stellten wir plötzlich fest, dass wir nicht mehr spielen konnten. Es ging einfach nicht. Wir kamen uns albern vor und waren gleichzeitig auch traurig, denn was sollten wir jetzt tun, nachdem wir nicht mehr spielen konnten? Damals waren wir wohl zwölf oder dreizehn, und damit war die Kindheit zu Ende.«

Wenn Astrid Lindgren von den folgenden Jahren, der Teenagerzeit, erzählt, schrumpfen die Erinnerungen fast zu einem Nichts zusammen.

»Die Teenagerzeit war einfach wie ein tonloser, lebloser Zustand. Ich war oft melancholisch. Wie die meisten Teenager fand ich mich hässlich und verliebt war ich auch nie. Alle anderen waren andauernd verliebt, Madita beispielsweise. Eine Zeit lang war sie schrecklich verliebt in einen schönen Kaminkehrer, der verheiratet war und viele Kinder hatte – derselbe Kaminkehrer, in den Alva sich im zweiten Madita-Buch verliebt!

Ich verspottete Madita oft, weil sie immerzu verliebt war. Es war mir unbegreiflich, dass man von so heftigen Gefühlen überwältigt werden konnte. Mir selbst passierte das nie. Aber natürlich sehnte ich mich nach dieser Art von Erlebnissen.«

Als Astrid Lindgren im Alter von vierzig Jahren anfängt, Kinderbücher zu schreiben, nämlich über Bullerbü und Pippi Lang-

*Astrid als Konfirmandin*

strumpf, spaltet sie ihre Gefühle auf und verteilt sie auf die beiden Bücher – im einen geht es um die spielerische Anpassung und im andern um die spielerische Rebellion.

Die Kindheit als Vorbereitung und Anpassung ans Erwachsenenleben – diese Auffassung prägt die Bullerbü-Bücher. Für Lisa aus Bullerbü ist es ganz natürlich, erwartungsvolle Vorstellungen von der Zukunft ins Spiel mit einzubeziehen. Sie geht ganz in ihrer weiblichen Rolle auf und denkt in den entsprechend angepassten Bahnen weiter:

> Britta, Inga und ich haben uns etwas Schönes ausgedacht. Wir denken, Lasse heiratet Britta, wenn er groß ist, und sie werden im Mittelhof wohnen. Bosse heiratet Inga und wohnt mit ihr im Nordhof, und Ole heiratet mich, und wir wohnen im Südhof. So können wir alle zusammen in Bullerbü wohnen bleiben.

Von dort ist es weit bis zu Pippi Langstrumpf – Pippi, die die Rebellion vertritt, eine spielerische Rebellion zwar, eine Rebellion in der Welt der Kindheit, voller Fantasie und Fantasterei. Wirklich revolutionär wäre Pippi natürlich erst geworden, wenn Astrid Lindgren sie mit Tommy und Annika in ein Mädchenbuch geschickt hätte, um dort die Autorität der etablierten Gesellschaft entschiedener herauszufordern, die herkömmlichen Werte zu verspotten und Veränderungen zu verlangen. Das geschieht jedoch nicht. Astrid Lindgren ist keine Umstürzlerin. Tommy und Annika werden heranwachsen und sich anpassen und Pippi in der Kindheit zurücklassen. Dort wird sie für immer bleiben, genau wie Pu der Bär und all die andern.

An einem Sommerabend auf Pippis Veranda kündigt es sich zum ersten Mal an, dass der Spaß bald ein Ende haben wird:

»Ja, die Zeit vergeht und man fängt an, alt zu werden«, sagte Pippi. »Im Herbst werde ich zehn Jahre alt und dann hat man wohl seine besten Tage hinter sich.«

Als Tommy und Annika plötzlich einsehen, dass sie Pippi nicht in die Erwachsenenwelt mitnehmen können, werden sie traurig. Tommy protestiert:

> »Ich will niemals groß werden«, sagte er entschieden.
>
> »Ich auch nicht«, sagte Annika.
>
> »Nein, darum muss man sich wirklich nicht reißen«, sagte Pippi. »Große Menschen haben niemals Spaß. Sie haben nur einen Haufen langweilige Arbeit und komische Kleider und Hühneraugen und Kumminalsteuern.«

»Kommunalsteuern heißt das«, sagte Annika.

»Ja, es bleibt jedenfalls der gleiche Unsinn«, sagte Pippi. »Und dann sind sie voll Aberglauben und Verrücktheiten. Sie glauben, es passiert ein großes Unglück, wenn sie beim Essen das Messer in den Mund stecken und all solch dummes Zeug.«

»Und spielen können sie auch nicht«, sagte Annika. »Usch, dass man unbedingt groß werden muss!«

Was Tommy und Annika noch nicht wissen, ist, dass jeder, der Pippi einmal als Spielgefährtin gehabt hat, sie insgeheim mitnehmen kann. Pippi akzeptiert das Chaos frohgemut als kreative Kraft, und diese Tatsache wird ihnen im späteren Leben gewiss behilflich sein, ebenso wie Pippis unbefangener Umgang mit allen Personen, die ihre persönliche Freiheit einschränken wollen. »Leben wir etwa nicht in einem freien Land? Seit wann darf man hier nicht so gehen, wie es einem passt?«

Astrid Lindgren hat immer wieder verneint, dass sie als Kind irgendwelche rebellischen Gefühle mit sich herumtrug. Aber als Teenager entwickelte sie allmählich eine gewisse Selbstständigkeit, die Hannas Autorität in Frage stellte. Auf ein offenes Kräftemessen ließ sie es nie ankommen, aber wenn es beispielsweise darum ging, abends pünktlich nach Hause zu kommen, ignorierte sie dieses Gebot, steckte die Vorhaltungen ein, wenn sie ertappt wurde, und kam weiterhin nach Hause, wann es ihr passte. Gunnar, der ein Jahr älter war, forderte Hanna offen heraus. Als Hanna ihm befahl, zu einer bestimmten Zeit nach Hause zu kommen, trotzte er ihr konsequent, indem er regelmäßig eine Stunde später kam. Nachdem das eine Zeit lang so gegangen war, gab Hanna nach und Gunnar durfte selbst bestimmen, wann er heimkommen wollte.

Natürlich bedeutete jeder Schritt hin zur Selbstständigkeit für Hanna eine Herausforderung. In Hanna war die lutherische Vorstellung, Kinder seien den Eltern absoluten Gehorsam schuldig, noch tief verwurzelt.

Astrid hatte nicht vor, abends wie eine fromme, brave Bauerntochter am heimischen Herd zu sitzen. Sie hatte viele Freunde in der Stadt. Sie tanzte gern – sowohl Volkstanz als auch zu Jazz – und wurde im Lauf der Zeit zu einem regelrechten Jazzfan. Sie war eine

*Anne-Marie – Madita – wird siebzehn. Astrid, der Jazzfan aus Vimmerby, mit Schiebermütze.*

der Ersten in Vimmerby, die sich die Haare kurz schneiden ließ. Damals war sie siebzehn Jahre alt und hatte zum ersten Mal das Gefühl, doch nicht ganz so unansehnlich und unattraktiv zu sein, wie sie glaubte. Sich die Haare kurz schneiden zu lassen, das war eine Sensation. Sie fiel auf.

»Die Leute kamen auf der Straße zu mir her und wollten, dass ich den Hut abnehme, damit sie feststellen konnten, wie das aussah. Und sie bewunderten meine Frisur. Ich erinnere mich an den Tag, als ich mir die Haare kurz schneiden ließ. Ich rief zu Hause an und erzählte meinem Vater, was ich getan hatte.

›Dann ist es wohl besser, wenn du nicht nach Hause kommst‹, sagte er mit düsterer Stimme. Als ich dann nach Hause kam und mich in der Küche auf einen Stuhl setzte, wurde es ganz still. Niemand sagte einen Ton, sie gingen nur schweigend um mich herum.«

Astrid Lindgren hat fünf Mädchenbücher geschrieben, aber keine ihrer Heldinnen – Britt-Mari in *Britt-Mari erleichtert ihr Herz*, Barbro in *Kerstin und ich*, Kati in den drei Kati-Büchern – ist ein realistisches Porträt der Autorin selbst als Teenager. Britt-Mari, Barbro und Kati sind lauter fröhliche, patente Idealteenager, die in einem leichten, witzigen Jargon die Lebensweisheiten der erwachsenen Autorin wiedergeben. Obwohl *Kerstin und ich* auf einem småländischen Bauernhof spielt und die Personen auf dem Hof den Leuten auf Näs auffallend ähnlich sind, hat die Hauptperson nicht viel von einem Jazzfan an sich und die Eltern erinnern auch kaum an Samuel August und Hanna. Die Familie in *Britt-Mari erleichtert ihr Herz* ist eine jener charmant unkonventionellen Familien, die in den amerikanischen Filmkomödien der vierziger Jahre häufig vorkamen. Aber vielleicht hätte Britt-Maris Selbstcharakterisierung doch auch auf den Teenager Astrid zugetroffen: »Eventuell ein solides kleines Datum so gegen Ende März, mit einem leichten Hang zum ersten April.«

»Als ich *Britt-Mari* schrieb, verlieh ich ihr all die guten Eigenschaften, die ich selbst als junges Mädchen gern gehabt hätte. Britt-Mari war stark, ich selbst war oft ängstlich und feige. Ich vergesse nie, wie eines der älteren Mädchen während einer Handarbeitsstunde über Madita lästerte, die zufällig abwesend war. Und dabei war Madita meine beste Freundin, aber ich schwieg. Da bemerkte ein anderes Mädchen: ›Wir sollten vielleicht lieber nichts sagen, wo ihre beste Freundin doch hier sitzt!‹ Oh, wie habe ich mich da geschämt, weil ich Madita nicht verteidigt hatte!«

Natürlich gab es Komplikationen, als Astrid in der Oberschule mit Stadtkindern zusammenkam, die nicht dazu erzogen waren, täglich zu Hause mit anzupacken und hart zu arbeiten, so wie die Kinder auf Näs. Die Schulkameraden haben berichtet, dass Astrid oft erst freibekam, wenn die Rüben verzogen waren oder die Hühner ihre Nesseln bekommen hatten. Dann standen die Freunde da und warteten und forderten sie auf, doch endlich zu kommen, aber Hanna war unerbittlich. Sogar am Tag der Konfirmation musste Astrid den ganzen Vormittag auf dem Feld Ähren auflesen. Aber das bereute Hanna hinterher.

1923, als Astrid sechzehn war, legte sie erfolgreich die Abschlussprüfung ab. Ihr bestes Fach war Schwedisch. Dass sie gut schreiben konnte, hatte sich in der Stadt herumgesprochen, und im Jahr darauf wurde ihr eine Stelle bei der Zeitung *Wimmerby Tidning* angeboten. Für 60 Kronen im Monat sollte sie Korrektur lesen und Kurzberichte und kleine Reportagen schreiben, vorwiegend über lokale Ereignisse: Geburtstage, Hochzeiten und Beerdigungen. Sie erinnert sich immer noch daran, wie sie den Auftrag erhielt, über die Einweihung der Bahnlinie zwischen Vimmerby und Österbymo zu schreiben. Chefredakteure und bekannte Journalisten von allen kleinen Zeitungen aus ganz Småland kamen angereist, der Direktor der Eisenbahngesellschaft hieß sie willkommen und lud die »Herren« im Bahnhofsgebäude zum Lunch ein. Die einzige Journalistin wurde ignoriert. Schüchtern und hungrig wartete sie mehrere Stunden im Freien, bis die Einweihung endlich stattfand.

Lena Törnqvist hat die Reportage der noch nicht siebzehnjährigen Praktikantin Astrid über diese Einweihung ausgegraben. Sie glaubt darin einen Ton jener Pippi zu ahnen, die noch nicht einmal geplant war:

»In Amerika rasen die Züge bekanntlich mit einer so entsetzlichen Geschwindigkeit dahin, dass Tage und Nächte wie weiße und schwarze Striche vorbeisausen.«

Im Sommer 1925 machte Astrid mit ein paar Freundinnen eine Fußwanderung in Richtung Norden, in die Provinz Östergötland. Unter der Überschrift »Als Vagabund unterwegs« kann man die Abenteuer der Mädchen eine Woche lang in der *Wimmerby Tidning* begleiten. Am 15. Juli treffen sie bei Strand ein, dem Landsitz von Ellen Key. In humoristischem Ton beschreibt Astrid den Garten und das Haus, in das die Mädchen nur einen kurzen Blick werfen durften. Im Übrigen galt das größte Interesse ein paar jungen deutschen Studenten.

Als Astrid Lindgren in den siebziger Jahren mit ihrem alten Bericht konfrontiert wurde, erinnerte sie sich an den Besuch auf Strand, der viel dramatischer ausgefallen war, als der Text in der *Wimmerby Tidning* ahnen ließ.

Die Mädchen hatten das Haus neugierig von außen beguckt, als Ellen Key plötzlich auf dem Balkon erschien, alt, streng und beeindruckend. Sie war noch nicht angezogen, ihr Haar hing ihr strähnig auf die Schultern und sie putzte sich gerade die Fingernägel.

»Was wollen die Mädchen?«, schrie sie schrill und gereizt.

Die Mädchen erklärten schüchtern, sie würden gern Strand besichtigen, aber Ellen Key machte keine Anstalten sie hereinzubitten. Auf einmal flog unten die Tür auf und Ellen Keys großer Hund kam herausgestürzt und biss einem der Mädchen ins Bein. Große Aufregung. Die Haushälterin ließ die kleine Schar in die Eingangshalle herein, um das gebissene Mädchen zu verpflastern, und Ellen Key kam selbst herunter, immer noch im Negligé. Den Unterrock hielt sie mit der einen Hand zusammen. Plötzlich drehte sie sich zu Astrid um und forderte sie barsch auf: »Knöpf mir den Unterrock zu!« Verblüfft und verlegen tat Astrid, was von ihr verlangt wurde.

Wer sich für literaturhistorische Kuriosa interessiert, kann feststellen, dass diese Episode auf Strand in einem von Astrid Lindgrens Büchern gewisse Spuren hinterlassen hat.

In der Eingangshalle von Strand sind zwei Zitate an die Wand gemalt. Das eine lautet: »Dieser Tag ein Leben.« Der Hund, der herausgestürzt kam und das Mädchen ins Bein biss, war ein großer Bernhardiner, und Ellen Keys Haushälterin hieß Malin.

»Dieser Tag ein Leben« heißt ein zentrales Kapitel in *Ferien auf Saltkrokan*. Tjorvens großer Hund ist ein Bernhardiner und Malin ist der Name einer der Hauptpersonen.

Mit dieser Art Literaturgeschichte ist die Autorin allerdings nicht einverstanden. Der Hund auf Saltkrokan ist nur zufällig ein Bernhardiner, und Malin hieß Malin nach Astrid Lindgrens Enkelin. Aber der Spruch an der Wand von Strand war in ihrem Bewusstsein geblieben, um fast vierzig Jahre später in dem Buch wieder aufzutauchen: »Dieser Tag ein Leben«.

An diesem Tag im Jahr 1925 stand die siebzehnjährige Astrid Ericsson ein paar Minuten im Eingang von Strand und fummelte verlegen, mit ehrerbietigen Händen, an Ellen Keys Taille herum. Das war die erste und einzige Begegnung dieser beiden Frauen.

Das Jahrhundert des Kindes hatte soeben angefangen.

# Zurück zur Kindheit

Die Kindheit ist die Voraussetzung für Astrid Lindgrens literarisches Werk. Es ist, als würde sie zeit ihres Lebens in ihrer Kindheit *weiterleben*. Dort bewegt sie sich leicht und unbehindert, dort klettert sie über sämtliche Zäune, erkennt alle Gefühle wieder, greift die Fantasien wieder auf, gestaltet die Träume – auch die verbotenen.

Wer ihr ins Land der Kindheit folgt, stößt nirgends auf Hindernisse. Die Türen werden weit geöffnet, es gibt nichts zu verbergen. Man findet Schlüssel, die ausprobiert werden dürfen, man entdeckt Spuren, die nur darauf warten, verfolgt zu werden.

Eigentlich müsste man sich damit begnügen. Eigentlich müsste Astrid Lindgrens Lebensbeschreibung dort aufhören, wo die Kindheit endet.

Was geschah, als Astrid Ericsson erwachsen wurde? Wer die Kindheit so lebendig in sich aufbewahrt, der riskiert, dass alles, was er später erlebt, blass und unwirklich erscheint. Der Zwang, die Rolle der Erwachsenen spielen zu müssen, rief bei ihr eine Melancholie hervor, die sich im Lauf der Jahre vertieft hat. Gefühle, die bei ihr »zünden«, sind immer in der Kindheit verankert: in den Naturerlebnissen und den Büchern, in der Liebe zu den Eltern und der Freundschaft, im Mitgefühl und in der plötzlich auflebenden Verspieltheit.

Autoren, die für Erwachsene schreiben, benützen beides als Ausgangspunkt ihres Schreibens, Kindheit und das erwachsene Leben. Das Private wird unter die Lupe genommen und bearbeitet, aus dem Privaten hebt man dann das Allgemeingültige hervor. Konflikte, Sorgen und Enttäuschungen, alles kann verwertet werden.

Das eigene Leben des Autors, seine Entwicklung und seine gesellschaftlichen Erfahrungen bilden gleichzeitig seinen Stoff.

Astrid Lindgren hat oft deutlich zum Ausdruck gebracht, dass sie nie für erwachsene Leser hat schreiben wollen. »Ich will für einen Kreis von Lesern schreiben, der Wunder bewirken kann«, sagt sie. »Nur Kinder können beim Lesen Wunder bewirken.«

In ihrem literarischen Werk hat Astrid Lindgren sich selbst demnach nie als Erwachsene beschrieben und sich nie für ihr erwachsenes Leben interessiert. Der Ausgangspunkt ist immer das Kind, das sie einst war, das Kind, das ständig in ihr lebendig ist. Die Freude an der Sprache und die oft anarchistische Verspieltheit dieses Kindes sind ihre Antriebskräfte. Die Märchen und Erzählungen verdanken ihre Entstehung den starken, unmittelbaren Gefühlen und der Sehnsucht nach Schönheit, die dieses Kind in sich trug.

Das bedeutet natürlich nicht, dass Astrid Lindgren vor ihren Erfahrungen als Erwachsene die Augen verschließt. Die Ängste, Sorgen und Aufregungen, die sie als Erwachsene erlebt hat, bilden den dunklen Hintergrund vieler dieser Märchen und Erzählungen.

Das bedeutet natürlich auch nicht, dass Astrid Lindgren beim Schreiben künstlerisch naiv und unbewusst vorgeht. Im Gegenteil. Sie benützt ihre geniale Sprachbegabung und setzt all ihre reifen künstlerischen Fähigkeiten dafür ein, die Erlebnisse und die Wirklichkeit des *Kindes* zu gestalten.

Die Porträts der Erwachsenen, die sich um die zentralen Kindergestalten herumbewegen, sind im Lauf von Astrid Lindgrens Schreiben immer nuancierter und komplexer geworden – von den recht blassen, allgemein wohlwollenden Eltern der Bullerbü-Kinder bis hin zu den kraftvollen, lauten und äußerst lebendigen Eltern Mattis und Lovis in der Räuberburg. Diese Entwicklung spiegelt auch die Entwicklung des ganzen Werkes wider: von der einfachen Erzählung hin zum lebensprallen Kinderroman, also zur immer größeren Komplexität.

Als öffentlich bekannte Person ist Astrid Lindgren oft aufdringlicher Neugier ausgesetzt gewesen. Sie erzählt gern beliebig viel über ihre Kindheit, aber fast gar nichts über ihr erwachsenes Leben. Sie schließt die Journalisten nicht aus, sondern öffnet ihnen die Tür und bezaubert sie mit ihrer Freundlichkeit und Anspruchslosigkeit und ihrem aufrichtigen Interesse an Menschen. Nach einem langen, guten Gespräch machen sich die Journalisten auf den Heimweg und plötzlich geht ihnen auf, dass sie ja nur dagesessen und ihre eigene Lebensgeschichte erzählt haben, ohne irgendetwas Neues über Astrid Lindgren erfahren zu haben.

Wenn man alle Interviews durchgeht, die sie seit ihrem Debüt in den vierziger Jahren gegeben hat, wird deutlich, wie stark sie sich stets gegen die Öffentlichkeit abgeschirmt hat.

Ein offener Mensch formuliert von Mal zu Mal anders, verplappert sich gelegentlich, nimmt etwas zurück, fügt etwas hinzu, färbt gewisse Fakten mit gefühlsbetonten Bemerkungen.

Das alles tut Astrid Lindgren nicht. Sie ist präzise. Sie hat ein fabelhaft gut entwickeltes Gedächtnis und ist gleichzeitig die ehrlichste Person, die man sich vorstellen kann. Wenn sie davon erzählt, wie es in ihrer Kindheit war, kann man sicher sein, dass es wahr ist – wahr und mit präzise wiedergegebenen Redewendungen. Doch das muss nicht heißen, dass das, was sie erzählt, »die ganze Wahrheit« ist. Wenn sie sich öffentlich äußert, hat sie ein für alle Mal beschlossen, über welche Teile sie nichts erzählen wird. Daher stehen, Jahr für Jahr, ungefähr dieselben Sachen in allen Zeitungsberichten – mit denselben Formulierungen.

Eine vollkommen »wahre« Biografie über eine noch lebende, kreative Person zu schreiben ist natürlich unmöglich. Wenn Astrid Lindgren über ihr erwachsenes Leben spricht, ist es ihr in ungewöhnlich hohem Maße wichtig, all jene zu schützen, denen sie auf ihrem Weg begegnet ist, und genauso wichtig ist es ihr, das eigene Innenleben zu schützen. Sie erzählt gern von der Freude, aber nicht von der Qual. In einem Theaterstück von Witold Gombrowicz gibt es einen König, von dem es heißt, es sei verboten und unmöglich, ihn anzufassen, er sei »unberührbar«. Auch Astrid Lindgren hat sich auf diese

> Weise »unberührbar« gemacht. Es scheint, als würde sie sich auch vor sich selbst schützen.
>
> Ein »wahres« Bild?
>
> Wie kreist man den eigentlichen Kern ein?

So schrieb ich 1977 in der ersten Auflage dieser Biografie. In den zwanzig Jahren, die seither vergangen sind, hat sich das öffentliche Bild von Astrid Lindgren verändert – vielleicht zum Teil dank ihrer eigenen Äußerungen. Sie hat in die aktuelle gesellschaftliche Diskussion eingegriffen und sich dadurch immer mehr an die öffentliche Aufmerksamkeit und das Scheinwerferlicht gewöhnt.

Das heißt natürlich keineswegs, dass sie sich plötzlich »ausgesprochen« und sich öffentlich entblößt hätte – warum hätte sie das auch tun sollen? –, aber sie hat es gewagt, auch etwas von dem bis dahin streng Privaten zu zeigen: von der Trauer, der Melancholie, der Einsamkeit.

# 1

Erst wenn wir weggerissen werden, wissen wir,
womit wir zusammengehören.

*Karl Vennberg: Fiskefärd*

1926, als Astrid Ericsson achtzehn Jahre alt war, wurde sie schwanger. In einer Kleinstadt, wo tausend Augen alles sahen und tausend Ohren mehr als bereit waren, Skandale aufzufangen, bedeutete dies eine Katastrophe. Und dieser prachtvolle Skandal traf nicht nur Astrid selbst, sondern genauso sehr die ganze hoch angesehene Familie auf Näs.

Für sie selbst war alles umso schlimmer, weil sie mit dem Vater des erwarteten Kindes definitiv nichts zu tun haben wollte.

Sie vertraute sich niemandem an, nicht einmal ihren Geschwistern oder ihren allerengsten Freundinnen.

»Heutzutage«, sagte Astrid Lindgren, als sie 1977 darüber sprach, »kann man innerhalb und außerhalb der Ehe Kinder bekommen, das macht überhaupt keinen Unterschied, aber als ich in den zwanziger Jahren ›in Schande geriet‹, erschütterte dies ganz Vimmerby viel schlimmer als Gustaf Vasas Rücknahme der Stadtrechte. Noch nie haben so viele so lange über so wenig getratscht, wenigstens nicht in Vimmerby. Der Gegenstand dieses Tratsches zu sein war ungefähr so, als würde man in einem Schlangennest liegen, daher beschloss ich, dieses Nest so schnell wie möglich zu verlassen. Es war nicht so – wie manche vielleicht glaubten –, dass ich gemäß guter alter Tradition aus dem Elternhaus rausgeworfen worden wäre. Keinesfalls, nein, ich warf mich selbst raus. Keine zehn Pferde hätten mich zurückhalten können.

Meine Eltern waren natürlich erschüttert, aber Vorhaltungen bekam ich keine zu hören. Sie fanden nur, dass, wenn ich schon unbedingt schwanger werden musste, dann doch wenigstens von einem anderen Kindesvater. Und ehrlich gesagt fand ich das auch«, sagte Astrid Lindgren. »›Wie konntest du nur?‹, fragte Hanna traurig und mit unverstellter Verwunderung. Aber wann haben junge, unerfahrene, blauäugige kleine Dinger solche Fragen schon je beantworten können? Wahrscheinlich war es so, wie es in dieser Novelle über die Rännare-Lena stand, die ich irgendwann mit zwölf gelesen hatte. Rännare-Lena war kein bisschen schön, war aber – wie der Autor versicherte – ›ein durchaus genießbares Wild auf dem Markt der Lüste‹, und ich weiß noch, was ich dachte, als ich das las: Wenn ich doch wenigstens das schaffen könnte! Und jetzt hatte es sich gezeigt, dass ich wenigstens das auch geschafft hatte.«

»Nichts nach außen dringen lassen« war einer von Hannas lebenslangen Grundsätzen. Was nur die Familie anging, hatte auch dort zu bleiben. Hanna und Samuel August schwiegen und sagten niemandem etwas. Das tat ihre Tochter auch nicht. Sie wusste, was sie wollte und was sie nicht wollte. Das Kind wollte sie haben, den Vater des Kindes aber nicht. Wie sie für ihr Kind sorgen würde, wenn es erst mal auf der Welt wäre, davon hatte sie keine Ahnung.

Astrid fuhr nach Stockholm, besorgte sich ein Zimmer in einer Pension und fing an, in der Sekretärinnenschule Bar-Lock Stenografie und Maschineschreiben zu lernen. Zusammen mit ein paar anderen Mädchen aus der Provinz, die in derselben Pension wohnten, machte sie sich daran, die fremde große Stadt und das Leben dort kennen zu lernen, nach außen hin genauso sorglos wie die anderen Mädchen.

Ihre Ängste vor der Zukunft zeigte sie niemandem.

Zufällig las sie eines Tages in der Zeitung etwas über die Anwältin Eva Andén, die sich stark für Frauen in Not einsetzte, vor allem für unverheiratete Mütter. Eva Andén gehörte zu dem Kreis radikaler berufstätiger Frauen, die später noch radikaler wurden und Anfang der dreißiger Jahre den Linken Schwedischen Frauenverband gründeten. Eva Andén war unter anderem mit Elin Wägner,

Ada Nilsson und Andrea Andreen befreundet. Sie gehörte als erste Frau dem Schwedischen Anwaltsverband an und war auch dadurch bekannt geworden, dass sie in der Zeit des Ersten Weltkriegs zusammen mit Hinke Berggren eine Gruppe erschöpfter Arbeiterfrauen heftig verteidigt hatte, die wegen angeblicher Abtreibungsversuche buchstäblich vor Gericht gezerrt worden waren.

Für die neunzehnjährige Astrid sollte die Begegnung mit Eva Andén eine große Bedeutung bekommen. Sie erinnert sich noch gut an das Engagement dieser Frau.

»Immer wieder fragte sie mich: ›Sind Sie denn wirklich ganz allein mit dieser Sache? Haben Sie überhaupt keinen Menschen, mit dem Sie darüber reden können?‹ – ›Nein‹, sagte ich und sah sie mit meinem allerblauesten Blick fest an. Sie konnte ja nicht wissen, wie es war: Nur nichts nach außen dringen lassen!«

Eva Andén sorgte dafür, dass Astrid nach Kopenhagen kam. Zu jener Zeit war es üblich, dass ledige Mütter dorthin fuhren und ihre Kinder im Rigshospitalet auf die Welt brachten, dem einzigen Krankenhaus in Skandinavien, wo Frauen entbinden konnten, ohne dass irgendwelche Angaben an das Einwohnermeldeamt oder sonstige Behörden weitergegeben wurden. Eva Andén fand auch eine freundliche Familie, wo Astrid wohnen konnte, bis es so weit war, und wo ihr Sohn hinterher einen ausgezeichneten Pflegeplatz fand.

Es gibt Kritiker, die Astrid Lindgren Rührseligkeit vorwerfen, wenn sie über Kinder in Not schreibt. Zwar gibt es in ihren Büchern immer wieder Stellen, wo ungehemmte Gefühle zum Ausdruck kommen, aber wer glaubt, diese hätten etwas Verlogenes oder Zweifelhaftes zu verbergen, hat nichts von Astrid Lindgrens tiefem, nie nachlassendem Engagement für Kinder in Not verstanden.

Dieses Engagement hat viele Wurzeln, rührt aber nicht zuletzt von den Erlebnissen in Kopenhagen her, als sie 1926 kurz vor Weihnachten ihr Kind auf die Welt brachte und es in einer fremden Familie zurücklassen musste. Auch die folgenden schweren Jahre, als die junge Astrid Ericsson darum kämpfte, selbst für ihr Kind sorgen zu können, haben zu dieser Haltung beigetragen.

Der Junge erhielt den Namen Lars. Seine Pflegemutter, Frau Stevens, die selbst einen Sohn im Schulalter und außer Lars noch ein weiteres Kind einer schwedischen Mutter zur Pflege hatte, sorgte gut für ihn.

So bald wie möglich fuhr Astrid nach Stockholm zurück, um ihre Ausbildung wieder aufzunehmen – »als ob nichts geschehen wäre«. An der Oberfläche war sie dasselbe lausbübische junge Mädchen wie zuvor, unter der Oberfläche hatte sie jedoch eine ganz neue Identität bekommen, die sie mit Glück und gleichzeitig mit großer Sorge erfüllte. Ihr ganzes Dasein richtete sich völlig auf das Kind ein, von dem sie getrennt leben musste.

»Lasse ging es gut in diesen Jahren. Mir dagegen ging es weniger gut«, erzählt sie. »Ich musste ja in Stockholm sein, meine Ausbildung beenden, eine Arbeit suchen, einen Ausweg finden, damit Lasse bei mir sein konnte. Es war eine Zeit voller Mühe und Entbehrung und ewiger Sehnsucht nach dem Kind, das so weit weg war.«

Im Frühjahr 1927 bewarb sie sich als frisch gebackene Stenotypistin bei einem Schreibbüro, das »eine wirklich perfekte Schreibkraft« suchte. Sie wurde von einer strengen älteren Dame empfangen, die sie unmittelbar mit einer Schreibmaschine allein ließ. Wie es dann weiterging, hat Astrid Lindgren selbst in einem Interview in *Dagens Nyheter* erzählt (14. Dez. 1953):

> Ich hatte soeben gelernt, nach der Touche-Methode zu schreiben, was bedeutet, dass man schreibt, ohne auf die Tasten zu schauen. Die Finger ruhen auf der mittleren Reihe der Tastatur und unternehmen von dort aus kleine Ausflüge nach oben und unten. Ohne dass ich es bemerkte, gelang es mir aber, meine Finger in der oberen Reihe zu platzieren, und dann begann ich aus Leibeskräften loszutippen. Ich dachte, wenn sie jetzt nicht hört, wie perfekt ich bin, ist sie selbst schuld.
>
> Nach einem Weilchen sah ich nach, was ich geschrieben hatte. Und da stand ungefähr Folgendes:
>
> ›Q55Wh48fg uqwi8j 3u ui94 koyw5‹ usw. im selben Stil.
>
> Ich erhob mich leise und ging, ohne mich zu verabschieden. Aber jetzt hinterher tut es mir fast Leid, dass ich das Gesicht der

Dame nicht sehen konnte, als sie zurückkam und das Werk der perfekten Maschinenschreiberin vorfand.

Dieselbe Episode wird schon in Astrid Lindgrens erstem Buch beschrieben, in *Britt-Mari erleichtert ihr Herz*, erschienen 1944. Dort bewirbt sich das Schulmädchen Britt-Mari als Aushilfskraft und darf daraufhin zeigen, was sie kann – mit demselben absurden Ergebnis.

Der nächste Versuch auf dem Arbeitsmarkt galt einer Anstellung als Privatsekretärin. Astrid bewarb sich auf eine Anzeige hin und wurde aufgefordert, sich in einem Büro bei Kungsbroplan einzufinden.

»Aber ich nahm eine Freundin mit, die draußen im Treppenhaus stehen und warten musste, denn Hanna hatte mich ja vor weißen Sklavenhändlern gewarnt, von denen es in Stockholm nur so wimmelte. Die stachen einen manchmal einfach mit einer Stecknadel, davon wurde man betäubt, und dann entführten sie einen zu einem Schicksal, das schlimmer war als der Tod. So was wollte ich nicht riskieren, daher hatte ich meine Freundin angewiesen: ›Wenn ich in einer halben Stunde noch nicht draußen bin, holst du die Polizei!‹ Aber ich kam in ein nettes Büro, wo weit und breit keine weißen Sklavenhändler zu sehen waren. Der Chef, der die Privatsekretärin suchte, hieß Torsten Lindfors. (Der Vater des Filmstars Viveca Lindfors, aber damals war sie kein Filmstar, sondern bloß ein kleines Mädchen, für das ich übrigens mein erstes Märchen schrieb. Das Märchen von Viveca, sehr albern!) Torsten Lindfors murmelte etwas über mein Alter, er habe sich geschworen, nie wieder eine Neunzehnjährige einzustellen, sagte er. (Die Neunzehnjährige, die soeben aufgehört und seine Skepsis allen Neunzehnjährigen gegenüber geweckt hatte, wurde später unter dem Namen Zarah Leander bekannt; wie es sich zeigen sollte, besaß sie andere Talente als diejenigen, auf die es in einem Büro ankam.) Aber ich versicherte, ich sei eine ungewöhnlich reife und vernünftige Neunzehnjährige, und das nahm er mir ab! Ich bekam die Stelle in der Radioabteilung der Schwedischen Buchhandelszentrale, wo Torsten Lindfors Abteilungsleiter war.«

*Astrid Ericsson, Kontoristin in Stockholm in den zwanziger Jahren.*

In dem Interview in *Dagens Nyheter* schildert Astrid Lindgren, wie es manchmal in diesem Büro zuging – munter und ausgelassen. Wer die Bücher über die Kontoristin Kati gelesen hat, erkennt den Ton wieder:

> Die Firma verkaufte Bücher und Radioapparate. Damals war das Radio noch sehr jung und die Apparate steckten voller Fehler. Die Beschwerdebriefe häuften sich.

Ein Bauer aus Värmland hatte sich einen Apparat gekauft und das ganze Dorf dazu eingeladen, das neue Wunderwerk anzuhören. Kein Ton kam heraus.

»Ist das etwa eine gute Empfehlung für Sie oder mich?«, fragte er mit berechtigtem Groll.

Unser armer Buchhalter nahm sich diese ganze Schimpferei sehr zu Herzen. Eines Tages, als das Zimmer des Chefs leer stand, schlich ich hinein und rief unseren Buchhalter an, der im Zimmer nebenan saß:

»Also, ich hab einen von Ihren so genannten Radioapparaten gekauft«, sagte ich …

Und dann begann ich zu zetern. Unser Buchhalter verteidigte sich lahm. »Davon weiß ich nichts«, sagte er. »Ich muss die Angelegenheit erst klären.«

»Dürfte ich bitte mit einer anderen Person sprechen?«, sagte ich wütend. »Mit einer Person, die nicht so hinterm Mond ist.« Bis auf den heutigen Tag halte ich es für einen Beweis meiner Tüchtigkeit, dass der Buchhalter ins Zimmer des Chefs gestürzt kam, um mich zu holen. Blitzschnell warf ich den Hörer auf. Der Buchhalter flehte mich an, mitzukommen und mit dieser entsetzlichen Person zu sprechen, und das tat ich auch. Er stand daneben und hörte mit leuchtenden Augen zu.

Er lachte und klatschte sich auf die Schenkel und sagte hinterher, er habe noch nie jemanden gehört, der alten Schreckschrauben so gut die Meinung sagen könne wie ich.

Im Büro wusste niemand, wie hart die Realität für Astrid Ericsson aus Vimmerby eigentlich war. Die Gedanken an Lasse ließen sie nie los, und sooft sie Geld für die Fahrkarte nach Kopenhagen auftreiben konnte, fuhr sie dorthin.

»Ich verdiente 150 Kronen im Monat. Davon wurde man nicht fett. Und besonders oft nach Kopenhagen fahren konnte man auch nicht davon, was ja mein sehnlichster Wunsch war. Aber manchmal schaffte ich es doch, mir durch Sparen und Borgen und Verpfänden genügend Geld für eine Fahrkarte zusammenzukratzen. An einem Samstag im Frühjahr 1928 wollte ich mich voller Jubel auf den Weg machen. Aber damals hatte man samstags noch nicht frei und Torsten Lindfors war vorübergehend verreist, daher konnte ich nicht fragen, ob ich freinehmen durfte. Also musste ich einfach blaumachen. Mitten in der Arbeitszeit verließ ich das Büro. Aber dummerweise begegnete ich auf der Kungsgatan den beiden höchsten Chefs der Firma, und da war mir klar, dass ich jetzt verspielt hatte. Ich fuhr trotzdem nach Kopenhagen und war so intensiv mit meinem Sohn zusammen, dass er hinterher fast eine ganze Woche lang durchschlief. Ich selbst war am Montag wieder in Stockholm und wurde wie erwartet vor die Tür gesetzt.«

Aber Torsten Lindfors hatte Astrid Ericssons Fähigkeiten bemerkt und vermittelte ihr eine neue Stelle als Assistentin in der Redaktion des Tourenbuches des KAK (des Königlichen Automobilclubs). Das war eine selbstständige und kreative Arbeit, für die sie ausgezeichnet geeignet war, und als das Tourenbuch im Frühjahr 1928 fertig war, gab ihr Torsten Lindfors den Tipp, sich beim KAK um eine neue Stelle zu bewerben. Der Bürovorsteher dort hieß Sture Lindgren.

# 2

Elin Wägner beschreibt in zwei unterhaltsamen, geistreichen Romanen, *Die Norrtullsliga* und *Ein Wohnblock namens Unruhe*, das entbehrungsreiche Leben der Stockholmer Kontoristinnen in der Zeit zwischen 1910 und 1920. Sie erzählt von Plackerei gegen geringes Entgelt, von kleinen engen Untermieterzimmern, von Spaß und munterem Treiben, von Zusammenhalt und Ansätzen zu gewerkschaftlichem Kampf, von Träumen und zerstörten Illusionen.

Die Kontoristinnen aus der Provinz mussten genau wie ihre Stockholmer Kolleginnen mit ihrem kargen Lohn auskommen und Miete, Essen und Kleidung davon bestreiten, oft lebten sie unter dem Existenzminimum. Das bedeutete unter anderem, dass sie sich selten richtig satt essen konnten. Die wohl situierten Bürgerstöchter, die kostenlos zu Hause lebten, sorgten dafür, dass die Löhne niedrig gehalten wurden. Die ersten tastenden Versuche eines gewerkschaftlichen Zusammenschlusses und Einsatzes für angemessene Löhne scheiterten an ebendiesen Bürgerstöchtern. Die meisten von ihnen hatten kein Interesse daran, an einem Streik teilzunehmen. Häufig arbeiteten sie nur zum Zeitvertreib, während sie darauf warteten, geheiratet zu werden, außerdem hatten sie oft private Beziehungen zu den Chefs und Vorstandsmitgliedern.

Zwischen 1910 und 1930 gab es wenig Arbeit und viele arbeitslose junge Frauen in Stockholm. Wer in dieser Situation die Verhältnisse ändern und Solidarität unter den Kontoristinnen fördern wollte, wurde ohne Pardon gefeuert. Es sollte noch viele Jahrzehnte dauern, bevor die Kontoristinnen Forderungen stellen und den Finten der Arbeitgeber mit einem gewerkschaftlichen Zusammenschluss begegnen konnten.

Wenn man die Briefe liest, die Astrid Lindgren Ende der zwanziger Jahre an ihre Eltern schreibt, ist es, als würde man erneut Bekanntschaft mit einer der munteren Heldinnen aus *Die Norrtullsliga* oder *Ein Wohnblock namens Unruhe* von Elin Wägner schließen.

Astrid teilte ihr Zimmer mit Gun, die ebenfalls Kontoristin war. Sie befanden sich in ständigem Kampf mit ungnädigen Pensionswirtinnen. In einem Brief vom 3. November 1928 klagt Astrid darüber, dass die Wirtin, die einen neuen Pensionsgast bekommen hatte, im Zimmer gewesen sei und Guns Couch geraubt habe:

> (...) Die Couch ist immer noch verschwunden, an ihrer Stelle steht jetzt ein schmales Metallbett, sodass unser Zimmer wie ein Militärlazarett aussieht. Außerdem hat sie unsere beiden Couchüberwürfe geklaut und uns stattdessen zwei weiße, wenn auch nur mäßig saubere, Bettüberwürfe gegeben. Am 1. September kam sie und teilte mit, wir müssten wieder zum alten Preis übergehen, also 125 Kronen zahlen für das Zimmer und ein kleines Frühstück, bestehend aus Brot, Butter und Milch. Wir weigerten uns, indem wir versicherten, uns das nicht leisten zu können. Daher bekommen wir jetzt kein Frühstück mehr, sondern besorgen uns selbst ein wenig Brot und Butter. Für das Zimmer müssen wir 100 Kronen bezahlen (...), inzwischen ist es kein bisschen gemütlich mehr. Außerdem ist Gun jetzt arbeitslos, darum brauchen wir ein billigeres Zimmer.

Nach einiger Zeit fanden die beiden Mädchen ein unmöbliertes Zimmer mit Küchenbenutzung in der Atlasgatan. In den Briefen nach Hause schildert Astrid, wie herrlich es ist, eine Küche zu haben, in der man wirtschaften kann. Das Zimmer beschreibt sie im Stockholmer Jargon der zwanziger Jahre.

> Unser Zimmer ist jetzt wirklich sehr schön. Der Wiltonteppich auf dem Fußboden, eine fantastische Couch mit goldfarbenem Plüschüberwurf, ein irrsinnig flottes Frisiertischchen, ein süßer Toilettenschrank mit herzigem Spiegel, ein goldiges Nähtischchen und flotte Stühle. Ja, so muss das hier in Stockholm heißen, sagen die großen Mädchen. Ist das nicht einfach entzückend?

Die Esspakete aus Näs waren Lichtblicke in dem kargen Dasein:

Apropos Paket, ich verbringe die Tage in gespannter Erwartung der versprochenen Sendung. Als Märta Almér zwei Tage in der Stadt gewesen war, bekam sie durch Onkel Gustafsson ein Paket mit Leintüchern und Diversem, aber ohne etwas zum Essen, und da sagte Märta: »Wenn die wüssten, wie es um uns bestellt ist, dann könnten sie einem doch wenigstens ein bisschen Gebäck mitschicken!« Das sagte sie nach zwei Tagen in Stockholm, und von Tag zu Tag wird es nur schlimmer. Ohne ein Paket von daheim kann man schließlich nicht mehr überleben. Man denkt an nichts anderes, und wenn man es endlich bekommt, wird man fast kindisch vor Begeisterung. (...) (25. Okt. 1928)

Als das ersehnte Paket endlich ankommt, schickt Astrid am 3. November 1928 sofort einen Dankesbrief:

Tausend Dank für den Korb, dessen Inhalt inzwischen bald zu Ende geht! Jeden Abend, wenn wir nach Hause kommen, schneiden wir uns je eine dicke Scheibe Wurst und ein Stück Käse ab und setzen uns auf unsere jeweilige Bettkante und beißen mal von dem einen und dann wieder von dem anderen ein Stück ab. Das ist herrlich, geht aber bald zu Ende! (...)

Dass regelmäßig Körbe eintrafen, bestätigen die Briefe. Am 18. Februar 1929:

Tausend Dank für den Korb und den Brief! Ach, was für ein Brot! Umgeben von weißen Brötchen und klebrigen Brotlaiben muss ich einfach sein Loblied singen! Eine anständige Scheibe Brot abschneiden, dann die erstklassige Butter aus der Vimmerbymolkerei draufstreichen und schließlich eine Scheibe von Mamas Käse darauf, das ist ein wirklich exklusiver Genuss. (...)

Die alte Ida, Astrids Großmutter, schickte selbst gebackene Kringel und ein wenig Geld mit, worauf Astrid sich bedankt:

Für die eine Krone zu meinem Namenstag möchte ich mich tausendmal bedanken, liebe, gute Großmutter. Hier in Stockholm gibt es Augenblicke, wo einem eine Krone als Gipfel des Reichtums vorkommt, und diese eine Krone zu meinem Namenstag kam in so

> einem Augenblick an. Ich überlegte lange, ob ich damit Straßenbahn fahren oder ob ich 50 Öre dazutun und zum Friseur gehen sollte, aber es endete damit, dass ich meinen Reichtum mit Kaffee und Plundergebäck verprasste. Tausend Dank, liebe Großmutter! Ich war aufrichtig gerührt, als ich die Münze unten im Korb fand. (...)

Die Eltern, die Geschwister und das Leben auf Näs – all das erstrahlte mit jedem Tag in einem immer stärkeren Glanz. Der gefühlsmäßige Boden für Astrids zukünftiges literarisches Werk wurde so vorbereitet, der Blick auf die Eltern und die eigene Kindheit erhielt seine endgültige Form. Astrid wurde sich bewusst, was für ein einmaliges Kapital aus Kraft und Freude sie von zu Hause mitbekommen hatte. In ihrer unmittelbaren Nähe, im selben Zimmer, lebte ihre Freundin, die all dies entbehrte.

Am 3. November 1928 schreibt Astrid nach Hause:

> Inzwischen sehne ich mich nur noch nach Weihnachten. Gestern waren Gun und ich bei Guns zukünftiger Schwägerin. Wir unterhielten uns darüber, wie wir jeweils zu Hause Weihnachten zu feiern pflegten. Schließlich waren wir alle ganz gerührt, bis Gun von einem Weihnachten erzählte, das sie im Jahr nach dem Tod ihres Vaters bei einer Schwester ihrer Mutter gefeiert hatte. Damals bekam sie eine alte gebrauchte Pelzmütze als Weihnachtsgeschenk, sonst nichts. Die Schwägerin erzählte, dass sie in ihrem ganzen Leben noch nie ein Geschenk von ihrem Vater bekommen hatte. Und ich saß die ganze Zeit da und dachte, morgen muss ich nach Hause schreiben und meinen Eltern sagen, wie froh und dankbar ich für alles bin, was ich bekommen habe. Mama, hast du die Verschen noch, die du an jenem Weihnachten geschrieben hast, als ihr uns die Zeitschrift *Alles für alle* geschenkt habt? Die würde ich gern lesen. (...)

*Eine* Episode aus dieser Zeit wird Astrid Lindgren nie vergessen – einen Besuch in einem Kinderheim in Småland.

In der Zeit, als ihr eigenes Kind auf die Welt kam, lernte sie eine Kontoristin kennen, die sich in der gleichen schwierigen Lage befand. Nachdem sie ihre Kinder an verschiedenen Orten auf die Welt gebracht hatten, trafen sie sich in Stockholm wieder und wurden Freundinnen.

Für Astrid war die Geburt des Kindes ein einschneidendes Erlebnis, das ihr weiteres Leben bestimmen würde. Von da an strebte sie nur noch danach, selbst für ihr Kind sorgen zu können, ohne dass der Kindesvater einbezogen wurde.

Die Freundin dagegen hatte eine sorglosere Einstellung. Astrid wollte, dass die Freundin den Kontakt zu dem Kind aufrechterhielt und es in dem Kinderheim in Småland besuchte, wo es untergebracht worden war. Die Freundin redete sich jedoch immer damit heraus, dass sie sich die Reise dorthin nicht leisten könne, und ihr Verlobter, der Vater des Kindes, konnte es sich genauso wenig leisten. Da machte Astrid sich selbst auf den Weg, um die Tochter der Freundin aufzusuchen, die inzwischen fast drei Jahre alt war.

Wenn Astrid Lindgren jetzt so viele Jahre später von dem Besuch im Kinderheim erzählt, klingt in ihrer Stimme immer noch Empörung mit – dieselbe Empörung, die ihren Schilderungen von Kindern in liebloser Umgebung die kennzeichnende Gefühlsintensität verleiht.

Sie beschreibt, wie ihr bei ihrer Ankunft Verfall und Trostlosigkeit entgegenschlugen. Ein unerträglicher Geruch, eine Mischung aus Urin und stickiger Luft, hing in den Räumen.

»Die Kinder benahmen sich so sonderbar. Sie stürzten sich auf mich. Ich hatte ein paar Bonbons für Britta, so hieß die Kleine, mitgebracht. Da nahm die Leiterin die Bonbons und verteilte sie an alle Kinder, so weit sie eben reichten. Für alle reichten sie allerdings nicht. Ein paar Kinder gingen leer aus. Ein Junge war so enttäuscht, dass er sich auf den Boden warf. Dann stand er schreiend auf und schmiss sich wieder rücklings hin, aus purer Verzweiflung!

Ich nahm Britta auf den Schoß. Sie saß die ganze Zeit nur da und wimmerte vor sich hin, ohne etwas zu sagen. Wenn sie wenigstens hätte mitteilen können, wovor sie Angst hatte und warum sie traurig war! Es war ganz so, als wollte sie sagen: Eigentlich fürchte ich mich sehr davor, hier zu sein, aber noch mehr fürchte ich mich davor zu sagen, warum ich mich fürchte.«

Für Astrid war es ein Trost zu wissen, dass ihr eigener Sohn bei Frau Stevens gut aufgehoben war. Bei jedem Besuch konnte sie erleichtert feststellen, dass er fröhlich und gesund war und tüchtig Dänisch plapperte. Er nannte Frau Stevens »Mutter« und Astrid »Mama«. Und er hatte »Geschwister«, die ihn gern hatten.

Im Dezember 1929 erfuhr Astrid, dass Frau Stevens herzkrank war und sich nicht mehr um Lasse kümmern konnte. Vorübergehend wurde er bei verschiedenen Freunden und Verwandten der Familie Stevens in Kopenhagen untergebracht. Voller Unruhe fuhr Astrid los. Als Erstes musste sie dafür sorgen, dass es dem Jungen an seinem momentanen Pflegeplatz gut ging, dann jedoch musste sie überlegen, ob es nicht doch eine Möglichkeit für sie gab, selbst für ihn zu sorgen.

Die schwere Zeit, als ihr Sohn aus seiner gewohnten Umgebung gerissen und hin und her geschoben wurde, bevor es ihr gelang, ihm ein sicheres Zuhause zu schaffen – diesen Schmerz kann sie immer noch im tiefsten Innern spüren.

»Mir braucht niemand zu erzählen, dass Kinder problemlos hierhin und dorthin verfrachtet werden können, weil sie sich ja so leicht anpassen«, sagt Astrid Lindgren. »Nichts erbittert mich so, wie wenn irgendwelche Herren Beamte daherkommen und so was behaupten.«

Sie weiß, wovon sie spricht.

»Anfangs hatte ich Lasse bei mir in meinem Pensionszimmer. Meine Wirtin schaute tagsüber nach ihm, während ich im Büro war. Als er nach Stockholm kam, hatte er Keuchhusten und er hustete sich durch seine ersten Monate hindurch. Die Nächte waren besonders schlimm für ihn. Und für mich. Von allen Nächten meines Lebens waren das wohl die schlimmsten. Ich schlief nicht. Ich lag wach und hörte Lasse husten. Und hörte, wie er manchmal vor sich hin murmelte: ›Jetzt schlafen Mutter und Esse und Carl!‹ Diese Worte haben sich mir eingebrannt, die werde ich nie vergessen.«

Hanna hielt es für keine gute Lösung, Lasse in einem Pensionszimmer in Stockholm unterzubringen. Sie wollte ihn nach Näs holen. »Hier gehört er doch her«, sagte sie.

Und dorthin kam er auch. Im Mai nahm Astrid Urlaub und fuhr mit ihm nach Näs. Sie wurden am Bahnhof Vimmerby mit Pferd und Wagen abgeholt und fuhren offen durch die Stadt, um eventuellen Klatschbasen eine Freude zu machen.

»Ja, ich bin der Ansicht, dass es eine Art Pioniertat war, als ich meinen unschuldigen Sohn in eine Kleinstadt brachte, wo man es nicht gewohnt war, dass ledige Mütter ihre Kinder als genauso große Wunder präsentierten wie alle anderen Kinder auch.

Einmal, kurz nach unserer Ankunft auf Näs, war ich mit Lasse in Vimmerby in einem Kurzwarenladen und da sagte er Mama zu mir, und als ich dann etwas bestellen wollte und sagte, mein Name sei Fräulein Ericsson, fing die Verkäuferin an zu stottern: ›Fräu… Fräu… Fräulein… sagten Sie Fräulein?‹ ›Ja‹, sagte ich und segelte stolz erhobenen Hauptes mit Lasse hinaus.«

Es muss eine wohltuende Revanche gewesen sein, als Astrid Lindgren viele Jahre später Pippi Langstrumpf und ihre unverblümten Sprüche in diese kleinbürgerlich moralisierende Idylle losließ!

Der Frühlingsmonat 1930 auf Näs wurde für Lasse und seine Mutter zu einer schönen, erholsamen und glücklichen Zeit. Endlich waren sie beide nach Hause gekommen.

Auf Näs durfte Lasse sich ganz frei bewegen. Anfangs glaubte er noch nicht so recht daran und hielt sich lieber am Rock seiner Mutter fest. Aber ziemlich bald merkte er, dass er an einen Ort gekommen war, der anders war als alles, was er bisher kennen gelernt hatte. Dies war ein Ort, wo er nach Belieben herumstromern konnte und wo es einen Großvater und eine Großmutter gab und außerdem einen Onkel und zwei junge Tanten, die ihn allesamt anbeteten. Dann gab es da noch Ställe für Kühe, Pferde, Schafe, Hühner und Schweine – lauter seltsame Tiere. Die große Sau nannte er anfangs »Bärlein«.

»Ich führte ihn überall herum«, erzählt Astrid Lindgren, »und zeigte ihm, wie schön es ist, auf Bäume zu klettern. Wir machten so ausgedehnte Streifzüge durch den Wald und die Felder, dass wir uns manchmal erschöpft ins Gras legten und einschliefen.«

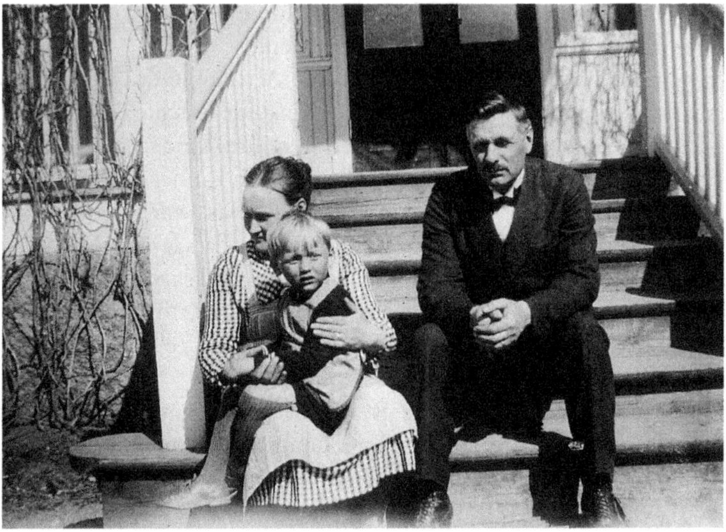

*Lasse bei den Großeltern auf Näs*

Der Monat Mai ging zu Ende, Astrid fuhr zurück nach Stockholm und Lasse blieb in der Freiheit von Näs. Astrid konnte beruhigt sein. Die Geschwister Stina, Gunnar und Ingegerd passten gut auf ihn auf, und außerdem waren da ja die Großeltern Samuel August und Hanna, die inzwischen mehr Zeit für ihr Enkelkind hatten, als sie je für ihre eigenen Kinder gehabt hatten.

Als Astrid nach Mittsommer wiederkam, hatte Lasse sich in einen richtigen Småländer verwandelt.

»Er rannte auf mich zu, warf sich in meine Arme und berichtete im reinsten Småländisch, dass ›die Küh‹ durchgangen seien!«

Ein gutes Jahr blieb Lasse auf Näs. Astrid setzte ihre Arbeit bei KAK fort, wo sie von Tag zu Tag mehr geschätzt wurde, insbesondere vom Bürovorsteher Sture Lindgren. Im Frühjahr 1931 wurde aus Astrid Ericsson Astrid Lindgren. Die Familie Lindgren zog in eine Zweizimmerwohnung in der Vulcanusgatan, Astrid wurde Hausfrau und gleichzeitig freie Mitarbeiterin am Tourenbuch des

KAK, später auch am Autoatlas des KAK. Aber vor allem widmete sie sich der Aufgabe, endlich voll und ganz Lasses Mutter sein zu können. Lasse Lindgren hat davon erzählt, wie sie im freien Gelände hinter Karlberg auf Felsen und Bäumen herumkletterten.

»Sie war keine dieser Mütter, die still auf einer Parkbank sitzen und ihren spielenden Kindern zuschauen. Sie wollte selbst spielen, und ich habe den Verdacht, dass es ihr mindestens so viel Spaß machte wie mir!

Einmal wollten wir einen Berg hinunterrutschen. Unsere Unterlage war ein Stück Karton. Aber der Rock meiner Mutter geriet unter den Karton und wurde zerfetzt. Als wir nach Hause gingen, musste ich dicht hinter ihr gehen und das Schlimmste verbergen.

Als ich älter wurde, war ich stolz darauf, eine Mutter zu haben, über die meine Klassenkameraden vor Staunen den Mund aufsperrten.

Einmal, als ich nicht dabei war, sprang sie von der fahrenden Straßenbahn ab und wurde vom Schaffner ausgeschimpft. Einer meiner Freunde war Zeuge des Vorfalls und berichtete es hinterher voller Bewunderung.«

Astrid selbst erinnert sich an diese Episode und an manche andere, zum Beispiel daran, wie sie vom fahrenden Bus absprang und dabei ihren einen Schuh verlor.

Im Buch über die Kontoristin Kati in New York ist diese Szene ausführlich beschrieben. Genau wie Astrid einst verliert auch Kati ihren Schuh, und genau wie Astrids Schuh wird auch Katis Schuh von einem Autofahrer aufgehoben und ihr ritterlich wieder überreicht.

# 3

Die ersten Jahre der jungen Frau Lindgren in ihrer Wohnung in der Vulcanusgatan waren ausgefüllt von friedlichem Familienleben – einem Familienleben, das Mann und Kinder, Arbeit und Freunde einschloss. Der Extraverdienst aus ihrer Arbeit am Autoatlas des KAK und später aus ihrer Mitwirkung als Sekretärin für die Rallye des KAK wurde dringend benötigt – nicht zuletzt, weil sie so bald wie möglich noch mehr Kinder haben wollte.

Im Frühjahr 1934 kam die Tochter Karin zur Welt. Auf Näs in Småland wurde im selben Frühjahr ebenfalls ein Mädchen geboren, die Tochter von Astrids Bruder Gunnar und seiner Frau Gullan. Zwischen Astrid und ihrer Schwägerin entstand eine enge Freundschaft, die auf den gemeinsamen Erfahrungen der Schwangerschaft und Säuglingspflege basierte.

Astrid ging ganz in ihrer ersehnten Mutterrolle auf. Die mütterlichen Gefühle, die sie bei Lasses Geburt hatte unterdrücken müssen, durfte sie jetzt endlich ungehemmt ausleben. Ihre Briefe an die Schwägerin auf Näs handeln fast ausschließlich von den beiden kleinen Kusinen. Liebevoll, aber unsentimental werden sie bis ins kleinste Detail verglichen. Ihre Essgewohnheiten und ihr Gewicht werden kommentiert, ebenso ihre Art zu schreien und zu lallen. Am 1. Mai 1935:

> Karin kann mit ihrem Mund vier verschiedene Sachen machen, abgesehen vom Essen und Beißen. Sie kann schmatzen und sie kann mit der Spucke im Hals gurgeln und sie kann mit der Zunge spritzen, dass die Spucke nur so durch die Gegend fliegt, und sie kann an ihrer Lippe zupfen und dazu brummen. Das alles führt sie gern auf Wunsch vor, allerdings hat sie nicht immer Lust dazu. Sie hat fünf Zähne und steht ziemlich fest auf den Beinen. Wenn sie tagsüber schläft, legt sie sich auf den Bauch, und wenn ihr das langweilig

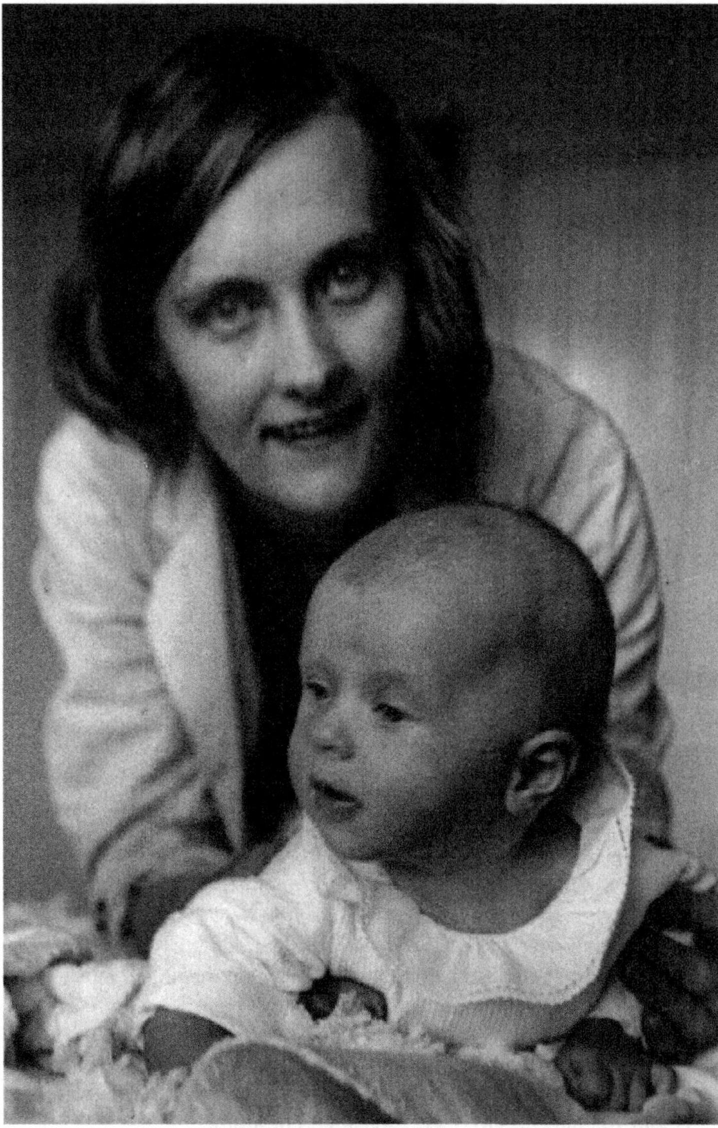

*Astrid mit der neugeborenen Tochter Karin*

wird, fängt sie an zu schreien, dann muss ich kommen und sie wieder richtig hinlegen. (...)

Das mütterliche Glück, das diese Briefe verströmen, wird wieder lebendig, als Astrid Lindgren viele Jahre später das Mädchenbuch *Kati in Paris* schreibt. Noch nuancierter schildert sie dort die Nähe zu ihrem neugeborenen Kind:

> Mein Sohn liegt in meinem Arm. Er hat so winzig kleine Hände. Mit der einen hat er meinen Zeigefinger umschlossen, und ich wage mich nicht zu bewegen. Dann könnte er vielleicht loslassen, und das wäre unerträglich. Diese kleine Hand mit den fünf kleinen Fingern und den fünf kleinen Fingernägeln ist ein wahres Wunder des Himmels. Ich wusste natürlich, dass Kinder Hände haben, aber mir ist wohl nie richtig klar gewesen, dass mein Kind auch so etwas haben würde. Ich liege nämlich hier und schaue die Hand meines Sohnes an, dieses kleine Rosenblatt, und komme aus dem Staunen nicht mehr heraus.

In den Tagebüchern, die Astrid Lindgren Ende der dreißiger Jahre zu schreiben begann, bekommt man vereinzelte Einblicke in das Alltagsleben der Familie Lindgren – eine bedrohte Idylle im Schatten des Krieges.

Am Samstag, den 25. Mai 1941, ist Muttertag:

> Ich habe rosa Rosen bekommen und ein Paar schöne Seidenstrümpfe, ein Buch – *Mrs Miniver* – und eine Schachtel Pralinen.
>
> Am Nachmittag ging ich mit den Kindern nach Karlberg. Karin fuhr auf ihrem Fahrrad und Lars hielt sie fest.
>
> Nach ein paar Stunden in der Wärme wurden wir leicht gereizt, die Kinder begannen zu streiten und ich ärgerte mich über Lars, der zu Karin patzig war.
>
> Dann aßen wir quietschvergnügt unsere Bratkartoffeln, ich machte den Abwasch und Karin verkaufte uns Bonbons aus Knetgummi. Dann ging Karin ins Bett und ich las ihr aus *Eine kleine Prinzessin* vor. Lars las ein Buch von Albert Engström.
>
> So friedlich kann man 1941 in Stockholm leben, aber ringsum auf der Welt sieht es zu traurig aus. Inzwischen sind auf Kreta Unruhen

ausgebrochen. Es heißt, die Deutschen würden bereits den westlichen Teil der Insel beherrschen. (...)

Die Tochter Karin hatte einen ausgesprochenen Hang zum Absurden. Als sie sieben, acht Jahre alt war, verteilte sie kleine Zettel mit seltsamen Nachrichten an ihre Umgebung. Eines Tages überreichte sie der Zugehfrau einen Brief, in dem stand: »Linnéa, vergiss nie dein Glück, es ist fürchterlich!« Ein andermal schrieb sie folgende halsbrecherischen Sätze nieder:

»›Wie heißen Sie, Fräulein Persson?‹, fragte der Mann seine Frau.
›Sehr gut, wenn ich fragen darf‹, antwortete sie.
Er war mit der Antwort zufrieden.«

Und eines Tages im Winter 1941, als sie mit Lungenentzündung im Bett lag, erfand Karin den Namen Pippi Langstrumpf.

»Erzähl mir von Pippi Langstrumpf!«, bat sie ihre Mutter, worauf Astrid Lindgren sich auf die Bettkante setzte und ihr eine ver-

*Unterwegs mit den Kindern Lasse und Karin*

drehte Geschichte nach der anderen erzählte. »Der Name war so verrückt, dass die Geschichten dementsprechend ausfielen.«

Astrid Lindgrens Schwestern erzählen gern, dass Astrids Mütterlichkeit und ihr Interesse an Kindern bereits früh, als sie selbst kaum mehr als ein Kind war, stark ausgeprägt waren. »Sie kümmerte sich um jedes Kind, das sie erwischen konnte.«

Aber die Not der Kinder und die Übergriffe und die Verständnislosigkeit der Erwachsenen wurden ihr erst wirklich bewusst, als sie selbst erwachsen war – im Zusammenhang mit Lasses Geburt und Dingen, die sich später ereigneten, als die Kinder größer wurden.

»Damals, als Lasse klein war und ich anfing, mit ihm im Vasapark spazieren zu gehen, gingen mir die Augen dafür auf, wie sehr Erwachsene Kinder drangsalierten und auf ihnen herumtrampelten. Ich entdeckte, dass man ihnen selten zuhörte, man ›erzog‹ sie, indem man sie schalt und sie sogar schlug. Stellvertretend für die Kinder fühlte ich mich rebellisch, und dieses Gefühl wurde verstärkt, als meine Kinder in die Schule kamen und ich mit den dort herrschenden Ansprüchen und Autoritäten in Berührung kam.«

Als Lasse dreizehn war, half seine Mutter ihm, einen Vortrag über die Revolte der Jugend zu schreiben, den er in der Schule halten sollte. Diesen Vortrag schickte Astrid Lindgren später an die Zeitung *Dagens Nyheter*, wo er am 7. Dezember 1939 als Leserbrief unter der Rubrik »Die aktuelle Debatte« veröffentlicht wurde:

> Es ist nicht leicht, ein Kind zu sein, las ich kürzlich in einer Zeitung, und ich war perplex, denn es passiert ja nicht jeden Tag, dass man etwas in der Zeitung liest, das wirklich wahr ist. Da spricht ein Revolutionär.
>
> Es ist nicht leicht, ein Kind zu sein, nein! Es ist schwer, sehr schwer. Was bedeutet es eigentlich, Kind sein? Es bedeutet, dass man zu Bett gehen, aufstehen, sich anziehen, essen, Zähne putzen und die Nase putzen muss, wann es den Großen passt und nicht einem selbst. Es bedeutet, dass man Knäckebrot essen muss, wenn man lieber eine Scheibe frisches Brot hätte, und dass man ohne mit

der Wimper zu zucken in den Milchladen hinunterstürzen muss, um eine Gasmarke zu besorgen, wenn man sich gerade mit einem Buch von Edgar T. Lawrence hingesetzt hat. Es bedeutet ferner, dass man ohne zu klagen die persönlichsten Bemerkungen von Seiten eines jeden Erwachsenen anhören muss, die das eigene Aussehen, den Gesundheitszustand, die Kleidung, die man trägt, und Zukunftsaussichten betreffen.

Ich habe mich oft gefragt, was passieren würde, wenn man die Großen in derselben Art behandeln würde.

Erwachsene haben einen unangenehmen Hang zum Vergleicheziehen. Sie sprechen gern über ihre eigene Kindheit. Soweit ich es beurteilen kann, hat es in der Geschichte der ganzen Menschheit noch nie eine solche Ansammlung von begabten, wohlerzogenen Kindern gegeben wie damals, als Mama und Papa jung waren. Zu jener Zeit waren die Kinder wirklich brav. Sie brachten nie Verwarnungen nach Hause, sondern hatten in sämtlichen Fächern Spitzenzeugnisse, sie putzten immer selbst ihre Schuhe und machten jeden Tag ihr Bett, sie wuschen jeden Morgen Ohren und Hals mit kaltem Wasser und sie liebten gute, nahrhafte Kost, vorzugsweise gekochten Fisch und Gemüse. Die kleinen Geschwister zu hüten war ihre höchste Lust, und der bloße Gedanke, als Entgelt Geld fürs Kino anzunehmen, war ihnen ausgesprochen zuwider.

Kurz gesagt – ihre Kindheit war eine einzige lange Erbauungsgeschichte. Diese Kinder muss der Dichter im Sinn gehabt haben, als er Folgendes schrieb: »Wir ahnen Fürsten, wo wir Kinder sehen, aber erwachsene Könige nirgends stehen.«

Falls ich je eigene Kinder bekommen sollte, werden die jedenfalls keine Erbauungsgeschichten zu hören kriegen. Wenn sie auf zitternden Beinen mit ihrer ersten Verwarnung nach Hause kommen, werde ich sagen: »Fürchtet euch nicht! Den Rekord in Verwarnungen hält immer noch euer Vater!«

A. L./L. IV

(Das L. IV in der Unterschrift hat die Redaktion hinzugefügt, um den Anschein zu erwecken, dass der Autor ein Schüler sei. Im Original nennt Astrid Lindgren außerdem Huckleberry Finn anstelle des von der Redaktion eingefügten, eher unbekannten Edgar T. Lawrence.)

Ende der dreißiger Jahre begannen kinderpsychologische und pädagogische Fragen, die bislang nur im Spezialbereich der Fachzeitschriften, der Berufspsychologen und Pädagogen behandelt worden waren, auch die breite Öffentlichkeit zu beschäftigen.

Es ist interessant zu sehen, wie bewusst Astrid Lindgren hier schon Stellung bezieht. Aber als sie im Frühjahr 1944 die Geschichte von Pippi Langstrumpf aufschrieb, geschah das, wie sie selbst sagt, keineswegs, um irgendwelche kinderpsychologischen Wahrheiten zu gestalten. Die Tochter Karin und ihre Freunde fanden Pippi schon seit einigen Jahren sehr faszinierend; es gab also durchaus Grund zu der Annahme, dass auch andere Kinder ihren Spaß daran haben würden.

Zu jener Zeit muss der Wunsch zu schreiben und zu erzählen sich mit aller Macht in Astrid Lindgren bemerkbar gemacht haben. In den dreißiger Jahren hatte sie ab und zu kleine Märchen geschrieben, die in verschiedenen Kinderzeitschriften und Weihnachtsbeilagen veröffentlicht worden waren.

Im Mai 1943 schreibt sie in ihr Tagebuch, dass sie »einigen Kleinkram« zusammengeschrieben und zuerst an die *Stockholmstidningen* geschickt hatte, die eine Glosse kaufte und drei zurückschickte, dann an *Dagens Nyheter*, die beide eingereichten Glossen zurückschickte. Auf die eine hatte Staffan Tjerneld eine Begründung geschrieben, die so anfing: »Das Mädchen kann schreiben, daran besteht kein Zweifel«, aber – kommentierte Astrid Lindgren im Tagebuch – »es war dann doch etwas zu verrückt und zu wenig realistisch, ha ha!«

»Der Grund, warum ich ernsthaft zu schreiben anfing, war ein Zufall«, pflegt Astrid Lindgren zu erzählen. »Eines Tages im März 1944 schneite es in Stockholm, und als ich am Abend auf dem Gehweg am Vasapark entlangging, lag Neuschnee über einer glatten Eisunterlage. Ich fiel hin und verstauchte mir so sehr den Fuß, dass ich einige Zeit das Bett hüten musste. Um mir die Zeit zu vertreiben, begann ich die Pippi-Geschichten zu stenografieren (...). Im Mai 1944 wurde Karin zehn und da kam mir die Idee, die Geschichten über Pippi ins Reine zu schreiben und ihr das Manuskript zum Geburtstag zu schenken.«

Im Mai 1944 erzählt Astrid Lindgren im Tagebuch von Karins Geburtstag: »Sie hat *Das Lesebuch der Volksschule* bekommen, alle drei Bände, ein Pelle-Schwanzlos-Buch sowie das Manuskript von Pippi Langstrumpf in einem hübschen schwarzen Sammelordner.«

Eine Kopie des Manuskripts hatte Astrid Lindgren bereits an den Albert Bonniers Verlag geschickt.

»Nicht, dass ich auch nur eine Sekunde lang geglaubt hätte, dass sie das Buch veröffentlichen würden, aber trotzdem! Pippi hatte mich selbst ziemlich aufgewühlt, und ich weiß noch, dass ich meinen Brief an den Verlag mit der Formulierung beendete: ›In der Hoffnung, dass Sie nicht das Jugendamt verständigen‹, denn schließlich habe ich ja selbst zwei Kinder, und wer weiß, was aus denen wird – mit einer Mutter, die solche Bücher schreibt!«

# 4

Astrid Lindgren war eine gute Stenografin, die eine reiche Auswahl an Aufträgen hatte, wenn sie gelegentlich arbeiten wollte. An Wochenenden und Abenden sprang sie oft als Konferenzstenografin ein. Eines Tages erhielt sie den Tipp, dass Harry Söderman, Dozent für Kriminologie an der Stockholmer Hochschule, eine Stenografin suchte.

»Als ich hinkam, saß er in seinem Zimmer, die Tür zum Flur war angelehnt. ›Ist das die Stenografin?‹, schrie er laut mit barscher Stimme. ›Ja, das ist sie!‹, schrie ich in derselben Lautstärke zurück. Und damit war unsere Beziehung hergestellt.«

Harry Söderman arbeitete an einem Kompendium der Kriminaltechnik. Während er der Stenografin den Text diktierte, nahm die Stenografin den Inhalt für spätere Verwendung in sich auf. Als der Meisterdetektiv Kalle Blomquist zehn Jahre später seinen Freunden Eva-Lotta und Anders einen Vortrag über Kriminaltechnik hält – über Indizien und Wahrscheinlichkeitsberechnungen –, spricht er oft mit Harry Södermans Worten.

Das war Ende der dreißiger Jahre. Harry Söderman erhielt früher als die meisten Schweden Informationen über das, was sich in Deutschland abspielte, über Hitler, die allmähliche Eskalation der nationalsozialistischen Gewalt und die Verfolgung der Juden. Beunruhigte jüdische Familien in Stockholm versuchten durch Harry Söderman mit Verwandten, von denen sie nichts mehr gehört hatten, Verbindung aufzunehmen. Die Ängste und Sorgen dieser Menschen weckten Astrids Bewusstsein für die aktuelle Lage und bewirkten, dass sie die außenpolitischen Nachrichten in den Zeitungen und im Rundfunk aufmerksam verfolgte.

Am Tag des Kriegsausbruchs, am 1. September 1939, begann sie mit ihrem ersten »Kriegstagebuch«:

> Heute hat der Krieg angefangen. Niemand wollte es glauben. Gestern Nachmittag saßen Elsa Gullander und ich im Vasapark und die Kinder rannten um uns herum und spielten und wir schimpften schön gemütlich über Hitler und versicherten uns gegenseitig, dass es bestimmt keinen Krieg geben würde, und dann heute! Heute haben die Deutschen mehrere polnische Städte bombardiert und dringen von allen Seiten in Polen ein. Ich habe es bis zuletzt vermieden, irgendetwas zu hamstern, aber heute habe ich Kakao, Tee, Schmierseife und einiges mehr besorgt.

Astrid hatte bisher nie regelmäßig Tagebuch geschrieben, und als sie jetzt damit anfing, war ihr Hauptanliegen nicht das eigene Privatleben.

»Ich begann diese Tagebücher zu schreiben, um mein Gedächtnis zu unterstützen und um ein Gesamtbild der Weltereignisse zu bekommen und zu sehen, wie sie auf uns wirkten.«

In den Kriegstagebüchern sammelt sie die unterschiedlichsten Zeitungsausschnitte: aktuelle Berichte, Leitartikel und Reportagen. Sie beginnt auf eigene Faust Geschichte zu studieren. (»Tagsüber lese ich Gegenwartsgeschichte, eine unglaublich bedrückende Lektüre.«) Auf allen Fronten verfolgt sie die Entwicklung, kommentiert die außenpolitische Lage und schildert das von der Krise geprägte Leben in Stockholm und wie die Familie Lindgren von den Geschehnissen beeinträchtigt oder *nicht* beeinträchtigt wird.

Den größten Platz in den Kriegstagebüchern nehmen die außenpolitischen Zusammenfassungen ein, aber das, was die Tagebücher jetzt nach so langer Zeit fesselnd und interessant macht, ist das Bild, das sie von Astrid Lindgren und ihrem eigenen Familienleben vor dem Hintergrund eines Weltkriegs bieten.

In den Tagen nach dem Kriegsausbruch beschreibt sie detailliert ihre Hamstereinkäufe:

4. September

Meinen kleinen Hamstervorrat habe ich heute in einer Küchenecke, von der aus es in den Dachboden hinaufgeht, eingerichtet. Er besteht aus: 2 kg Zucker, 1 kg Zuckerwürfel, 3 kg Reis, 1 kg Kartoffelmehl, 1 1/2 kg Kaffee in verschiedenen Dosen, 2 kg Schmierseife, 2 kg Persil, 3 Stück Seife, 5 Packungen Kakao, 4 Packungen Tee und einigen Gewürzen.

Ich habe mir und den Kindern Schuhe gekauft, bevor die Preise gestiegen sind; 2 Paar für Karin für 12:50 das Paar, ein Paar für Lars für 19:50 und ein Paar für mich für 22:50.

Am 3. Oktober berichtet sie, dass Polen kapituliert hat, und vom Tauziehen, das Russland und Deutschland jetzt dort veranstalten. »Hier zu Hause«, fährt sie fort, »müssen wir uns mit kleineren Ärgernissen herumplagen. Zum Beispiel lässt sich nirgends weißes Nähgarn auftreiben. Schmierseife gibt es nur noch in 250-Gramm-Portionen.«

Finnland wird in den Krieg hineingezogen und es ist die Rede davon, Kinder aus der Stockholmer Gegend zu evakuieren:

> Lars hat eine Ausrüstungsliste für eine eventuelle Evakuierung mitgebracht und Frau Starkey und ich haben heute im Kaufhaus PUB Rucksäcke und Unterwäsche für unsere Jungen eingekauft.

Am 18. Oktober 1939 berichtet das Tagebuch davon, dass die vier Staatsoberhäupter und Außenminister der skandinavischen Länder das Stockholmer Schloss besucht haben:

> Hunderttausende von Menschen in der Stadt. (...) Gegen zehn Uhr traten alle drei gekrönten Häupter auf einen Balkon oberhalb von Lejonbacken und nahmen den Jubel der Bevölkerung entgegen.
>
> »Kallio, Kallio!«, schrie die Menge, worauf der liebe kleine Kerl sich auch zeigen musste.

Im November 1939 stand Finnland im Zentrum des Interesses.

»Am liebsten möchte man gar nicht mehr leben!«, schreibt Astrid am 30. November. »Heute haben die Russen Helsinki und eine Reihe anderer Orte in Finnland bombardiert. Eine Menge Geld und Kleider sind gesammelt worden. Ich war vorgestern oben auf dem Dachboden und kratzte alles zusammen, was ich nur konnte, u. a. Stures ›Kutschermantel‹ und Mutters makabre Strickjacke, obwohl die Finnen wohl schon genügend leiden müssen – auch ohne Mutters Strickjacke.«

1940 verfolgt Astrid Lindgren sechs Monate lang Tag für Tag die außenpolitische Entwicklung. Das Tagebuch wird mit Zeitungsausschnitten gefüllt: Nachrichten, Leitartikel und Notizen. Am 9. April besetzen die Deutschen Dänemark, der Krieg rückt näher. Sture Lindgren wird plötzlich eingezogen und Astrid liefert eine herzergreifende Schilderung des Landsturmmanns 69 2–1918 Lindgren.

> Ein winziges Käppi oben auf dem Scheitel und ein unglaublich hässlicher und schlecht sitzender Uniformmantel. Darunter kurze Jacke und viel zu enge Hose, die über dem Bauch spannt. Seit dem Lunch gestern, bevor der Einberufungsbefehl kam, hatte er nichts mehr gegessen. Er brachte es nicht über sich, aus fetten Kochtöpfen zu essen. Die Nacht hat er angezogen in seinen zivilen Mantel gewickelt auf dem Fußboden verbracht, mit ein bisschen Stroh als Unterlage. Er hat gefroren wie ein Hund.

Im Spätsommer 1940 wird Astrid Lindgren eines Tages von Harry Söderman angerufen, der ihr eine streng geheime Stelle in der Abteilung für Briefzensur des Nachrichtendienstes anbietet. Sie nimmt das Angebot an, die Arbeitszeit ist flexibel, oft abends, und sie kann tagsüber die meiste Zeit zu Hause bei den Kindern verbringen.

Die Briefe anderer Leute zu lesen ist keine legitime Beschäftigung, folglich wurde dieser sehr geheime Auftrag von den Mitarbeitern »der Drecksjob« genannt. Im »Drecksjob« waren die unterschiedlichsten intellektuellen Einzelgänger versammelt. Die Kameradschaft, die an diesem Arbeitsplatz herrschte, bedeutete Astrid sehr viel.

Die Arbeit bei der Zensurbehörde war so geheim, dass sie sie nicht einmal im Tagebuch zu erwähnen wagte. Aber durch die einmaligen Informationen, die in diesen Briefen enthalten waren, wurde ihr ohnehin starkes Interesse am Weltgeschehen noch intensiviert – und wenn sie sich ganz besonders über das, was sie zu lesen bekam, erregte, konnte sie es mitunter doch nicht lassen, es im Tagebuch zu kommentieren.

»Solange man nur in den Zeitungen über den Krieg liest, glaubt man nicht so recht daran«, schreibt sie im Oktober 1940, »aber wenn in den Briefen steht, dass ›Jacques' beide Kinder bei der Besetzung von Luxemburg getötet worden sind‹, wird das alles plötzlich erschreckende Wirklichkeit.«

Der Abscheu vor dem Nationalsozialismus, vor der Gewalt und vor Hitler als Person zieht sich durch alle Tagebücher wie eine heftige Welle. Bereits am zweiten Tag des Krieges, am 2. September 1939, schreibt sie: »Sollte dies ein neuer Weltkrieg werden, muss das Urteil der Geschichte über Adolf Hitler fürchterlich ausfallen.« Und in der Folgezeit berichtet sie mit einem so intensiven Abscheu von den Gewalttaten der Nazis, dass es mitunter fast an Faszination grenzt.

Im Mai 1940 vergleicht sie Hitler mit dem apokalyptischen Tier – »ein kleiner unbekannter deutscher Handwerker – meiner Meinung nach, die auch viele andere teilen, ist er der Vernichter seines Volkes und Wegbereiter des kulturellen Untergangs«.

In *Die Brüder Löwenherz* lässt Astrid Lindgren das Böse in zwei fürchterlichen Ungeheuern Gestalt annehmen. Hier, in den Tagebüchern, entstehen diese Bilder schon in den vierziger Jahren.

»Deutschland ist wie ein tückisches Ungeheuer, das in regelmäßigen Abständen aus seiner Höhle herausstürzt, um über neue Opfer herzufallen«, schreibt sie im Mai 1940.

In vielen Briefen aus dem Baltikum, die sie zu lesen bekam, wird die Angst vor dem »Bolschewismus« und vor Stalin deutlich, und diese Angst nistete sich auch bei Astrid Lindgren ein – dieselbe fast primitive Angst, die später in den fünfziger Jahren den Nährboden für die Stimmung während des »Kalten Krieges« bildete.

Als Deutschland im Sommer 1941 Russland den Krieg erklärt, schreibt sie:

»Der Nationalsozialismus und der Bolschewismus – das ist ungefähr wie der Kampf zweier Dinosaurier gegeneinander.«

Durch ihre Arbeit wird Astrid Lindgren täglich daran erinnert, wie unglaublich privilegiert und verwöhnt die Schweden im Vergleich mit den leidenden Menschen im übrigen Europa sind. Gleichzeitig sieht sie, wie zerbrechlich und bedroht die schwedische Idylle ist. Die Briefe, die sie liest, sind wie Seismografen, die jede Bedrohung, die entlang der schwedischen Küsten auftaucht, registrieren. Am 8. Juni zum Beispiel schreibt sie:

> Heute schwirren lauter beunruhigende Gerüchte aus Gotland durchs Büro. Deutsche Truppentransportschiffe sind an Gotlands Westküste vorbeigefahren und haben offenbar große Nervosität verursacht. Viele der Soldaten haben an ihre Lieben geschrieben und sich förmlich verabschiedet.

Manchmal empört sie sich sehr über die Schweden, die den Nationalsozialismus verteidigen und nicht protestieren, als die Regierung zum Beispiel deutsche Transittransporte gestattet. Sie führt immer wieder Beispiele für Deutschenfreundlichkeit und Antisemitismus an. Am 1. Oktober 1941:

> Neulich war in einer Buchhandlung in der Beridarebansgatan auf einem Schild zu lesen: ›Kein Zutritt für Juden und Halbjuden.‹ Vor dem Laden gab es einen Volksauflauf mit großem Krawall. Anschließend haben die Behörden dem Besitzer offenbar auferlegt, das Schild so anzubringen, dass man es von der Straße aus nicht sehen kann.

Gelegentlich sinniert sie darüber, wie sich die Einstellung zum Krieg bei den Menschen in ihrer Umgebung nach und nach verändert. Am 5. September 1942:

> Früher redete man über nichts anderes als den Krieg, inzwischen betrachtet man ihn als ein notwendiges Übel, an das man so wenig Worte und Gedanken wie möglich verschwendet. Worüber man tatsächlich *spricht,* das sind ganz andere Dinge: wie wenig Fleisch man für die Lebensmittelmarken bekommt, wie viele Eier man ohne Coupons ergattert hat, ob das Haus im Winter kalt sein wird, wie viele Schnittbohnen man eingemacht hat und Ähnliches. Die Nahrung bedeutet alles, und dabei haben wir ja immer noch reichlich zu essen, auch wenn Fleisch und Fisch Mangelware geworden sind, wenigstens in Stockholm. (. . .) Ich dachte an die russischen und französischen Kriegsgefangenen in den deutschen Häfen; laut den Briefen schwedischer Seeleute sind sie entsetzlich ausgehungert und suchen in Mülleimern nach Kartoffelschalen. Also vergessen wir den Krieg trotz allem nicht. Er ist fortwährend wie eine Verzweiflung im Hintergrund gegenwärtig, die durch die Schilderungen in den Zeitungen verstärkt wird. In Griechenland sterben immer noch 1000 Menschen täglich an Hunger. (. . .)

Während Astrid Lindgren sich über die Ereignisse erregt, ist ihr zugleich bewusst, was der Krieg für sie persönlich bedeutet: eine anregende Arbeit mit interessanten Kollegen. »Dem Krieg habe ich es zu verdanken, dass ich 385 Kronen im Monat verdiene.«

Der Familie Lindgren geht es gut. Sture Lindgren ist zum Direktor von Motormännens Riksförbund, der größten schwedischen Autofahrerorganisation, avanciert, und die Familie hat eine neue Wohnung gefunden. Aus den zwei Zimmern mit Flur und Küche in der Vulcanusgatan zieht Familie Lindgren im Oktober 1941 in eine größere Wohnung mit Aussicht auf den Vasapark, dieselbe Wohnung, die auch 1999 noch Astrid Lindgrens Zuhause ist.

> Ich kann nicht umhin, mich über unsere schöne Wohnung zu freuen, obwohl mir die ganze Zeit bewusst ist, dass es uns unverdientermaßen viel zu gut geht, jetzt, wo so viele nicht einmal ein Dach überm Kopf haben. (...)

Die Sommer verbringt die Familie in Furusund in einem alten roten Haus zusammen mit den Schwiegereltern Lindgren. Im August 1943 berichtet Astrid, dass Karin endlich ihre Angst überwunden hat und jetzt auch im tiefen Wasser schwimmt. »Sie hat auch gelernt, vom Stegsockel zu springen.« Die Sonne scheint und der Sommer ist herrlicher denn je, aber die Tagebuchschreiberin wird die Gedanken an das, was in Schweden und draußen in der Welt geschieht, nicht los:

> Endlich, endlich hat der Transitverkehr ein Ende, der in ganz Schweden so verabscheut wurde. (...) In Deutschland gehen die schrecklichen Bombenangriffe weiter, die Schilderungen aus Hamburg treiben einem die Tränen in die Augen, unfasslich, dass es trotz allem noch Kinder gibt, es ist herzzerreißend, unerträglich. (...)
>
> Als ich Remarques *Im Westen nichts Neues* las, habe ich vor Verzweiflung geweint (das war 1929 in der Atlasgatan), und ich erinnere mich, dass ich dachte, wenn es noch einmal einen Krieg geben und Schweden sich einmischen würde, ich auf Knien zur Regierung kriechen und sie beschwören würde, die Hölle nicht losbrechen zu lassen.
>
> Lars würde ich selbst erschießen, dachte ich, lieber das, als ihn in den Krieg ziehen zu lassen. Die armen Mütter auf diesem wahnwitzigen Erdball, wie sehr werden sie leiden. Als ich an die Besatzung von »Ulven« dachte, versuchte ich mir vorzustellen, dass Lars in dem gesunkenen U-Boot war (das war, als man noch glaubte, dass

> sie lebend auf dem Meeresgrund saßen) – und schon allein die Vorstellung genügte, um in mir eine Qual zu erzeugen, die unerträglich war. Wie muss es dann erst für diejenigen sein, für die es keine Einbildung ist, sondern grausame Wirklichkeit? (...)
>
> Großmutter ist so munter und optimistisch in diesen Tagen. Sie glaubt wohl, die Menschheit ist wieder glücklich, wenn nur der Kaffee wieder freigegeben wird und die Rationierungen hier und im Ausland aufgehoben werden. Aber die unaussprechlich entsetzlichen Wunden, die der Krieg geschlagen hat, werden nicht mit ein bisschen Kaffee geheilt. Der Frieden kann den Müttern nicht ihre Söhne wiedergeben, Kindern nicht ihre Eltern, den kleinen Kindern in Hamburg und Warschau nicht das Leben. Der Hass hat kein Ende an dem Tag, wenn der Frieden kommt; diejenigen, deren Angehörige in den Konzentrationslagern zu Tode gequält worden sind, vergessen nichts, nur weil Frieden ist. (...)

Ab 1943 werden Deutschlands Stellungen an mehreren Fronten geschwächt. Am 5. September steht im Tagebuch zu lesen, dass die italienische Bevölkerung die Alliierten mit weißen Leintüchern empfängt, als Zeichen der Unterwerfung. »Die Kinder rennen um mich herum, daher kann ich nicht weiterschreiben. Aber in diesen Tagen ist es wirklich spannend.«

Aus den Aufzeichnungen geht hervor, dass Astrid Lindgren auch die Kinder Lars und Karin in ihr Interesse für das Weltgeschehen mit einbezieht:

> Gestern Abend, am 8. September, saß ich bei Karin auf der Bettkante und las *Die Kinder des Kapitän Grant*, als Lars hereinkam und verkündete, dass Italien bedingungslos kapituliert hat. Das war zwar zu erwarten gewesen, aber dennoch war es ein ganz besonderes Gefühl, mit diesem Datum einen Markstein in diesem Krieg zu erleben, und zur Erinnerung daran schenkte ich beiden Kindern 25 Öre.

Die Deutschen befinden sich auf dem Rückzug, aber die Erfolge der Alliierten sind dennoch nicht nur erfreulich:

»Jetzt sind wir im Advent«, schreibt Astrid Lindgren 1943, »und so langsam fängt man an, sich auf Weihnachten zu freuen. Man macht es sich am Kaminfeuer gemütlich und genießt es, ein Zuhause zu haben, wo man sein darf, wenigstens geht es mir so. Aber ich möchte wissen, wie die Berliner sich beim Gedanken an das bevorstehende Weihnachtsfest fühlen. Diese Woche hat die totale Bombardierung von Berlin angefangen. Ein Stadtviertel nach dem anderen wird verwüstet. (…) Es gefällt mir nicht, dass die Engländer so etwas tun müssen, um den Krieg zu gewinnen.«

Astrid Lindgren schrieb ganze zweiundzwanzig Kriegstagebücher, bevor der Krieg endlich zu Ende war. Ab da führte sie nicht mehr regelmäßig Tagebuch, sondern ging zu sporadischen, von langen Pausen unterbrochenen Kommentaren über. Aber jedes Jahr zu Weihnachten und zum Jahreswechsel hat sie weiterhin alles, was das Jahr sowohl für die Menschheit im Großen als auch für die Familie im Kleinen mit sich gebracht hat, detailliert zusammengefasst und aufgeschrieben.

*Bei der Familie Lindgren in den vierziger Jahren*

# 5

An einem Tag im September 1944, im letzten Kriegsherbst, saßen drei Personen in einem Zimmer im ziemlich frisch gestarteten kleinen Verlag Rabén & Sjögren und diskutierten über Wettbewerbsmanuskripte. In diesem Wettbewerb ging es um Mädchenbücher, und die drei Mitglieder der Jury waren Marika Stiernstedt, Elsa Olenius und Hans Rabén.

Marika Stiernstedt hatte einst *Ulla Bella* geschrieben, ein Mädchenbuch, das zu einem Klassiker geworden war; mit ihrem Prestige garantierte sie für die literarische Qualität des Wettbewerbs. Elsa Olenius war eine bekannte, aktive und begeisterte Kinderbuchbibliothekarin. Sie war diejenige, die vorgeschlagen hatte, den Wettbewerb für Mädchenbücher auszuschreiben, ein traurig vernachlässigtes Genre, wie sie selbst täglich erlebte. Klischees und Verlogenheit waren Begriffe, die im Wettbewerbsaufruf erwähnt wurden.

Hans Rabén schließlich war der mutige Verleger. Zusammen mit Carl-Olof Sjögren hatte er sich vor zwei Jahren, ohne größeres Kapital, in die waghalsige Verlagsbranche hineinbegeben, und das auch noch mitten in Krisenzeiten. 1944 sah die finanzielle Lage des Verlages ziemlich bedrohlich aus. »(…) eigentlich hätten wir gar nicht das Recht gehabt, so viele neue Sachen in Angriff zu nehmen, da wir tatsächlich nicht wussten, ob wir die Druckkosten und die Honorare würden bezahlen können«, schreibt Hans Rabén in seiner Verlagsgeschichte. »Wir befanden uns in der gleichen Situation wie ein Spieler, der in der Hoffnung auf den großen Gewinn, der ihm helfen wird, alles auf einen Schlag zu bereinigen, immer weiter setzt.«

»Wir befanden uns in der Endausscheidung und hatten ungefähr zehn Manuskripte herausgepickt«, erzählt Elsa Olenius dreißig

Jahre später. »Über den ersten Preis waren wir uns einig. Der sollte an den Jugendroman *Ingrid* gehen, der aus der Feder von Stina Lindeberg stammte, wie wir später feststellten. Da schlug ich vor, dass wir einem Manuskript mit dem Titel *Britt-Mari erleichtert ihr Herz* den zweiten Preis geben sollten. Ich war fest davon überzeugt, dass es von Bang (die sehr bekannte, geistreiche Journalistin Barbro Alfving, Anm. d. Übers.) stammen musste. ›Vermutlich Bang‹, schrieb ich auf einen Zettel. Es war den anderen weit überlegen. In dem Augenblick, als wir den Umschlag mit dem Namen öffnen wollten, sagte Hans Rabén: ›Hoffentlich ist das jetzt ein richtiger Autor und kein unbekannter Name! Hoffentlich ist es Bang!‹

Er setzte den Brieföffner an«, erzählt Elsa Olenius weiter. »Im Zimmer war es mucksmäuschenstill. Und dann zog er den Zettel mit dem Namen heraus, seufzte leicht und stellte fest: ›Es ist eine gewöhnliche Hausfrau, lest selbst!‹

Und ich las: ›Frau Astrid Lindgren, Dalagatan 46, 1. St., Stockholm Va.‹

›Schade‹, sagte Hans Rabén.«

Elsa Olenius arbeitete als Bibliothekarin in einer Kinderbibliothek in der Hornsgatan, und eine Woche nachdem der Wettbewerb entschieden war, suchte Astrid Lindgren sie in der Bibliothek auf.

»Plötzlich stand sie da, eine zierliche Dame zwischen 35 und 40, in einem braunen Kostüm und mit einer kleinen Baskenmütze auf dem Kopf. Ich hatte am Telefon über gewisse Änderungen mit ihr gesprochen, die sie meiner Meinung nach noch am Manuskript vornehmen sollte. Inzwischen hatte sie geändert. Gleichzeitig erzählte sie, dass sie daheim in der Schublade noch ein weiteres Manuskript liegen habe, das von Bonniers schon abgelehnt worden sei. Das war *Pippi Langstrumpf*.

Gleich bei unserer ersten Begegnung entstand ein ganz starker Kontakt zwischen Astrid und mir. Ich sah, dass sie wegen irgendetwas unglücklich war. Als ich sie danach fragte, erzählte sie mir plötzlich ganz offen, was los war. Ich weiß noch, dass ich am Abend, als ich nach Hause kam, meinem Mann von ihr erzählte.«

Astrid debütierte in einer Zeit als Schriftstellerin, als Krankheit,

Unruhe und Sorgen um die Familie ihr Dasein prägten. Der Herbst 1944 war schwer gewesen.

Ihr Schreiben begann spontan, aus einer großen Lust heraus.

Wenn sie später von Sorgen und Nöten geplagt wurde, funktionierte das Schreiben oft wie eine Art Flucht aus der Wirklichkeit – und mit der Zeit, als sie mehr und mehr in ihre eigene Kindheit hineintauchte, wie eine Therapie. Mit Pippi Langstrumpfs Kraft und Gelächter oder mit den Spielen und dem Zusammenhalt in Bullerbü vertrieb sie ihre eigene Melancholie. »Beim Schreiben war ich unerreichbar für alle Sorgen.« Es war, wie wenn jemand sich selbst erfolgreich an den Haaren aus dem Sumpf zieht. Der Erfolg ihres ersten Buches stimulierte sie noch mehr, dem Schreiben verdankte sie einen schöpferischen Abstand zu akuten, drängenden privaten Problemen.

Sie hatte die Freude am Schreiben entdeckt, und diese Freude trug sie durch das ganze Frühjahr 1945.

»Im Übrigen schreibe ich an *Kerstin und ich* – das ist das Schönste, was ich im Moment habe«, schreibt sie im März 1945 und fährt fort: »Nach dem Frühjahrsputz ist es hier frisch und sauber, und manchmal bin ich froh und manchmal traurig. Meistens froh, wenn ich schreibe.«

Auch in der Folgezeit braucht Astrid nicht selten Schutz vor ihrer eigenen Melancholie. In den ersten Büchern verwendet sie nur Dinge, die in der Geborgenheit der Kindheit verankert sind – Lachen, Spaß und Spiel. Von der Kindheit ging Kraft aus. Aber erst als sie es wagte, tiefer in ihr eigenes Selbst einzudringen und ihren dunkleren Gefühlen zu begegnen, erhielt ihr literarisches Werk seine einmalige Eigenart, nämlich jene unerhört starke gefühlsmäßige Intensität, jene Schwankungen zwischen Verzückung und Trauer, Angst und Übermut.

Erst 1959 in dem Märchenband *Klingt meine Linde* öffnete sie sich vorbehaltlos den Gefühlen, die sie so viele Jahre verdrängt hatte. Hinter der Trauer in »Sonnenau« verbirgt sich eine starke Erregung – der Kuckuck ruft wie besessen in der Frühlingsdämmerung.

In einem der Märchen wird von Stina Maria erzählt, der Jüngsten auf dem Kapelahof, die ihre verschwundenen Schafe sucht und ins Reich der Unterirdischen gelockt wird, in die tiefen Dämmerungswälder.

»Wo steckst du denn so lange?«, sagte Großvater, als sie zurückkam. »Spute dich, noch ist die Grütze warm.« Doch dann schwieg er still. Denn jetzt sah er die Schafe, alle die hübschen weißen Schafe mit ihren kleinen, rundlichen Lämmern, die im Mondschein grasten. Ja, er sah sie klar und deutlich vor sich und hörte die allerhellsten Glöckchen von der Wiese herüberläuten.

»Gott steh mir altem Mann bei«, rief Großvater. »Es läutet mir in den Ohren und meine Augen sehen die Schafe, die der Wolf gerissen hat.«

»Es sind nicht die Schafe, die der Wolf gerissen hat«, sagte Stina Maria.

Da las er in ihren Augen, woher sie gekommen war, denn wer bei den Unterirdischen geweilt hat, dem steht es ins Gesicht geschrieben das Leben lang. Nur ein kleines Weilchen ist man dort, nur so lange, bis die Grütze gar gekocht und der Mond über den Dachfirst des Schafstalls gestiegen ist, und doch steht es einem im Gesicht geschrieben das Leben lang.

Astrid Lindgrens eigenem Gesicht kann man ablesen, wo sie gewesen ist. Mitten im Spiel kann sie innehalten und sich daran erinnern, dass sie erwachsen ist und die Geheimnisse einer Erwachsenen mit sich herumträgt.

Die starke Pippi Langstrumpf umgibt eine fast tragische Aura, als sie einsam und still vor ihrer Kerze sitzt und in die Winternacht hinausblickt, nachdem Tommy und Annika gegangen sind.

Die gleiche Stimmung umgibt den Landstreicher in »Gute Nacht, Herr Landstreicher«. Er betritt die Bauernküche und führt den Kindern seine lustigen Kunststückchen vor. Sie platzen fast vor Lachen, als er zaubert und singt. Dann sieht er plötzlich müde aus. Er verstummt und geht allein in die Nacht hinaus.

> Die Kinder folgten ihm bis zur Verandatreppe. Es war sehr dunkel draußen. Die Zweige der Apfelbäume spreizten sich schwarz und traurig vor dem Himmel. Der Weg dehnte sich wie ein dunkles unendliches Band und verschwand irgendwo, wo nichts mehr zu sehen war.
>
> »Gute Nacht, Herr Landstreicher«, sagte Sven und machte einen tiefen Diener.
>
> »Gute Nacht, Herr Landstreicher«, sagten Anna und Inga-Stina.
>
> Aber der Landstreicher antwortete nicht. Er ging nur. Er drehte sich nicht mehr um.

Natürlich entsteht manchmal etwas, das als sentimental bezeichnet werden kann, wenn Astrid Lindgren ihre eigene erwachsene Melancholie auf ihre Märchen überträgt. Aber immer, wenn sie diese Gefühle mit der Person eines Kindes in der Erzählung verbindet, löst sich die Sentimentalität auf. Auf die Kindheit bezogen ist ihr Gedächtnis einzigartig. Und sie erinnert sich nicht nur an besondere Einzelheiten der Umgebung, nicht nur an Redewendungen und Düfte, an Spiele und magische Beschwörungen – nein, das Wichtigste ist, dass sie sich an die Bedürfnisse, die Träume und Gefühle der Kinder erinnert. Die Gefühle der Kinder sind intensiv und gesund und entstehen aus dem Augenblick heraus, ihr Verhältnis zu Intellekt und Willen ist einfach und klar. Tränen, Jubel und Lachen liegen so nah beieinander wie Wut und plötzliches Mitgefühl.

Zum Beispiel *Mio, mein Mio*. Natürlich ist der Ausgangspunkt sentimental: ein unglücklicher und einsamer elternloser Junge auf

einer Bank im Park Tegnérlunden. Aber die Fortsetzung ist alles andere als sentimental, dort ist es Bo Vilhelm Olssons eigene Perspektive, die gilt. Und damit wird *Mio, mein Mio* zu etwas ganz anderem, die Geschichte verlässt die Ebene des halb metaphysischen, schicksalsschwangeren Märchens, wo »das Gute« gegen »das Böse« kämpft, so wie viele Erwachsene es auffassen. *Mio, mein Mio* wird zu einem Buch über die tiefe Sehnsucht eines Kindes nach einem Vater und danach, so, wie es ist, geliebt und akzeptiert zu werden, die Geschichte wird zu einer Erzählung über ein Kind, das endlich Liebe und Freundschaft erfährt und ganz allmählich im Lauf der Erzählung wagt, seine Angst zu zeigen und dadurch zu überwinden.

Oder *Die Brüder Löwenherz* mit ihrem sentimentalen Auftakt: ein kranker, armer kleiner Junge, der auf den Tod wartet. Aber hinter dem Gefühlvollen und der großen, etwas unscharfen mythischen Dramatik, wo böse und gute Urgewalten einander bekämpfen, verbirgt *Die Brüder Löwenherz* eine ganz andere Art von Geschichte, eine psychologisch realistische Erzählung von Geschwisterliebe, von der zärtlichen Zuneigung des Großen für den Kleinen, des Stärkeren für den Schwächeren, eine Erzählung, von der jedes Kind unmittelbar berührt wird. Auch die Angst vor dem Tod, die jedes Kind in sich trägt, die es aber nur selten zu berühren wagt, wird hier hervorgehoben und bearbeitet.

Ganz intuitiv hat Astrid Lindgren begriffen, was die Kinderpsychologie schon weiß: dass viele Kinder sich in der Zeit vor der Pubertät unsterblich wähnen und glauben, in einer anderen Existenz weiterleben zu können.

In diesen beiden Märchen – *Mio, mein Mio* und *Die Brüder Löwenherz* – findet eine interessante Veränderung der Perspektive statt. Die erwachsene Autorin *weiß*, dass Bo Vilhelm Olsson in *Mio, mein Mio* einen Wunschtraum träumt und dass er am Ende des Buches immer noch auf der Bank im Tegnérpark sitzt, aber das Kind in ihr protestiert, und der Protest ist kursiv geschrieben, es ist, als wollte Astrid Lindgren sich selbst überzeugen:

> Es sitzt kein Bosse auf irgendeiner Bank im Tegnérpark. Denn er ist im Land der Ferne. *Im Land der Ferne ist er, sage ich.*

Genauso *weiß* die erwachsene Astrid Lindgren natürlich, was es mit dem Tod auf sich hat.

»Ich glaube weder an Nangijala noch Nangilima oder an den Himmel noch an sonst etwas«, sagt sie, wenn man sie fragt. »Und eigentlich ist es in dem Buch ja so, dass Krümel erst auf der letzten Seite stirbt, und zwar auf seiner Küchenbank.

Das, was in Nangijala passiert, braucht er, um überhaupt weiterleben zu können, nachdem Jonathan in der Feuersbrunst von ihm weggestorben ist. Und als er am Schluss endlich springt, tut er das auch nur in der Fantasie.

Ja, so ist es, die erwachsene Person in mir weiß, dass es so ist, aber das Kind in mir akzeptiert das nicht, und daher sage ich dir, verrate das hier ja keinem einzigen Kind, dann schlage ich dich!«

# 6

Das Buch – die Bücher – über Pippi Langstrumpf sollte der größte schwedische Kinderbucherfolg aller Zeiten werden. Es ist in über fünfzig Sprachen übersetzt worden und die gesamte Weltauflage hat schon längst die Zehnmillionengrenze überschritten.

»Es war das Buch, auf das man gewartet hatte«, schreibt Eva von Zweigbergk in ihrer großen *Geschichte des Kinderbuchs*, »das Buch über eine Fantasiegestalt, die den Wunschtraum des Kindes repräsentiert, und zwar den Wunschtraum, alles, was ihm einfällt, sofort realisieren zu können. Hier ist es möglich, Verboten zu trotzen, die eigenen Kräfte und Fähigkeiten zu spüren und immerzu lustige Sachen zu machen.«

»Als Astrid Lindgren vor dreißig

*Astrid zeichnete selbst das erste Bild von Pippi Langstrumpf auf dem Umschlag des Originalmanuskripts.*

Jahren mit *Pippi Langstrumpf* ihren Durchbruch hatte, nahm die Diskussion über Kindererziehung eine psychologische Ausrichtung an«, schreibt Ulla Lundqvist in *Ein Buch über Astrid Lindgren.* »Mehrere bahnbrechende Kinderpsychologen betonten das Recht des Kindes auf Selbstwert und Respekt; Begriffe wie ›Trotz brechen‹ und ›den Willen züchtigen‹ waren nicht mehr selbstverständlich. Inzwischen wurde Freiheit statt Zwang, Einfühlung statt Strafe empfohlen. Man hatte ganz einfach entdeckt, dass es möglich war, auf der Seite des Kindes zu stehen.«

In ihrer Doktorarbeit *Das Kind des Jahrhunderts. Das Phänomen Pippi Langstrumpf und seine Voraussetzungen* hat Ulla Lundqvist das pädagogische und kinderpsychologische Klima beschrieben und analysiert, das in Schweden zu der Zeit herrschte, als *Pippi Langstrumpf* erschien. Ulla Lundqvist war selbst eines dieser übertrieben wohlerzogenen Kinder, die Pippi Langstrumpf damals als Sicherheitsventil benutzten:

> Ich habe Pippi als eine Art Befreiung erlebt – es war ein wunderbares Gefühl zu wissen, dass eine erwachsene Person sich das alles ausgedacht hatte und dass es irgendwo wenigstens eine Erwachsene gab, die wusste, wie es war, klein zu sein, und die Partei der Kinder ergriff. Dies machte mir und vielen anderen mit mir Mut, uns gegen die Erwachsenen zu behaupten und ihnen keine Antwort schuldig zu bleiben. Die richtig unterjochten Kindergenerationen sind wahrscheinlich ein Phänomen der Vorpippizeit.

In ihrer Dissertation beschreibt Ulla Lundqvist auch den Weg, den Pippi Langstrumpf über das erste Manuskript bis hinaus zur Kritik und zum Publikum zurückgelegt hat.

Das Manuskript schenkte Astrid Lindgren ihrer Tochter Karin im Mai 1944 zum zehnten Geburtstag. Die Kopie hatte sie bereits im April an den Bonniers Verlag geschickt, mit einem Begleitbrief, der deutlich macht, wie sehr die Autorin sich der Provokation bewusst ist, die in ihrer Geschichte steckt:

> Ich gestatte mir, beiliegend ein Kinderbuchmanuskript zu übersenden, dessen Rücksendung ich voller Zuversicht demnächst erwarte.
>
> Pippi Langstrumpf ist, wie Sie feststellen werden, falls Sie sich die Mühe machen, das Manuskript zu lesen, ein kleiner Übermensch in kindlicher Gestalt, angesiedelt in einem ganz normalen Umfeld. Dank ihrer übernatürlichen Körperkräfte und sonstiger Umstände ist sie völlig unabhängig von den Erwachsenen und lebt ihr Leben ganz so, wie es ihr beliebt. Bei ihren Auseinandersetzungen mit erwachsenen Personen behält sie stets das letzte Wort. Bei Bertrand Russell (*Erziehung zum Leben*, S. 85) lese ich, in der Kindheit herrsche vor allem das Verlangen vor, erwachsen zu werden, oder vielmehr der Wille zur Macht. Das normale Kind hänge in der Fantasie Vorstellungen nach, die den Willen zur Macht beinhalten. Ich weiß nicht, ob Bertrand Russell Recht hat. Der geradezu krankhaften Beliebtheit nach zu urteilen, die Pippi Langstrumpf im Lauf von zwei Jahren bei meinen eigenen Kindern und ihren gleichaltrigen Freunden genossen hat, bin ich jedoch geneigt, es zu glauben. (...)

Der Brief schließt damit, dass sie der Hoffnung Ausdruck gibt, der Verlag werde davon absehen, das Jugendamt zu benachrichtigen.

> Sicherheitshalber sollte ich vielleicht darauf hinweisen, dass meine eigenen unglaublich wohlerzogenen, engelsgleichen Kinder keinerlei Schaden durch Pippis Verhalten genommen haben. Sie haben sofort verstanden, dass Pippi ein Einzelfall ist, der normalen Kindern kein Vorbild sein kann.

Ulla Lundqvist erwähnt in ihrer Arbeit, wie zeittypisch die Hinweise auf Bertrand Russell sind. In den dreißiger Jahren sind nicht weniger als acht Bücher dieses Autors auf Schwedisch erschienen. Überhaupt waren die dreißiger Jahre ein Jahrzehnt voller neuer Signale für die Kindererziehung. Die Impulse, die von Freud und der Psychoanalyse ausgingen, weckten das Interesse an der Bedeutung der Kindheit, die für die gesamte Persönlichkeitsentwicklung eine so große Rolle spielt. Russells Beschreibung des kindlichen Machtverlangens findet ihren Ursprung jedoch bei Alfred Adler, der, zum Teil gegen Freud polemisierend, behauptet, eher als die verdrängte Sexualität seien es Minderwertigkeitsgefühle und Kompensationswünsche, die Neurosen erzeugten.

Der Albert Bonniers Verlag ließ viele Monate lang nichts von sich hören. Am 9. August schreibt Astrid Lindgren einen Brief, um sich in Erinnerung zu bringen:

> Hiermit möchte ich mich höflichst danach erkundigen, wie lange es eigentlich dauert, bis ein Buch von Ihrem Verlag abgelehnt wird. Am 27. April d.J. habe ich Ihnen ein Kinderbuchmanuskript mit dem Titel *Pippi Langstrumpf* geschickt. Für eine Nachricht, inwieweit das Manuskript Ihnen zu Händen gekommen ist, wäre ich sehr dankbar.

Endlich, spät im September, kam der Brief mit dem Ablehnungsbescheid. Aus dem Brief ging hervor, dass die Ansichten über das Buch innerhalb des Verlages geteilt gewesen seien. Aber obwohl man die Originalität und den Unterhaltungswert des Buches zu schätzen wisse, wage man es nicht, es zu veröffentlichen.

Als ich später mit dem Verleger Gerhard Bonnier über die Ablehnung sprach, gestand er mit einem schiefen Lächeln, dass er zum großen Teil für den Widerstand gegen Pippi Langstrumpf verantwortlich gewesen sei.

»Ich hatte selbst kleine Kinder und stellte mir voller Entsetzen vor, was passieren würde, wenn sie sich dieses Mädchen zum Vorbild nähmen. Zucker auf dem Fußboden und ein heilloses Durcheinander im Kinderzimmer. Nein, das wagte ich nicht zu verantworten.«

Während Astrid Lindgren auf Nachricht von Bonniers wartete, schrieb sie weiter. Das Resultat war das Mädchenbuch *Britt-Mari erleichtert ihr Herz*, wofür sie 1944 im Wettbewerb des Verlags Rabén & Sjögren den zweiten Preis erhielt.

Der Erfolg spornte sie dazu an, mehr zu schreiben. Sie nahm sich ihr Pippi-Manuskript vor und arbeitete es vollständig um.

Ulla Lundqvist hat das ursprüngliche Manuskript, das sie Ur-Pippi nennt, in allen Einzelheiten mit der Version verglichen, die schließlich veröffentlicht wurde, und festgestellt, dass Astrid Lindgren einerseits Episoden und Redewendungen gestrichen hat, die über den Kopf der Kinder hinweg die Erwachsenen amüsiert hätten, andererseits aber Pippis respektlosen Umgang mit den Erwachsenen etwas abgemildert hat. In der endgültigen Fassung werden Pippis Großzügigkeit und Anspruchslosigkeit stärker betont. Das Buch habe »an Konkretion, an Einheitlichkeit und Wärme« gewonnen, schreibt Ulla Lundqvist.

Die angeführten Beispiele sind zahlreich – von der Szene mit den Kaffeekränzchentanten bis zu den Szenen mit Pippi in der Schule. In der ersten Fassung ist Pippi provozierend aufmüpfig, sie turnt an der Deckenlampe herum und lässt sich vor der erschrockenen Lehrerin herabplumpsen, um ihr mitzuteilen, dass sie wahrscheinlich nicht in die Schule zurückkommen wird.

> »... ehrlich gesagt habe ich wahrscheinlich keine Zeit mehr für solche Kindereien.«
>
> »Kann ich mich darauf verlassen?«, flüsterte die Lehrerin erschöpft.

In der bearbeiteten Fassung erhält die Schlussszene eine ganz andere Tonart, bemerkt Ulla Lundqvist und zitiert:

> »Hab ich mich schlecht benommen?«, fragte Pippi ganz erstaunt. »Ja aber... das wusste ich nicht«, sagte sie und sah ganz betrübt aus.
>
> Keiner konnte so betrübt aussehen wie Pippi, wenn sie traurig war. Sie stand eine Weile stumm da, dann sagte sie mit zitternder Stimme:
>
> »Du musst verstehen, Fräulein, wenn man eine Mama hat, die ein Engel ist, und einen Papa, der Negerkönig ist, und wenn man selbst ein ganzes Leben lang auf dem Meer gesegelt ist, weiß man nicht, wie man sich in der Schule zwischen all den Äpfeln und Igeln benehmen soll.«
>
> Da sagte die Lehrerin, dass sie das verstehe und dass sie nicht mehr böse auf Pippi sei.

In dem fertigen Buch begegnen wir einer ganz anderen, viel weicheren Pippi, bemerkt Ulla Lundqvist:

> Der leicht wehmütige Zug von Einsamkeit, der in der abschließenden Szene des dritten Bandes wiederkehrt, ist in der Ur-Pippi-Fas-

> sung nirgends zu erkennen. Das Mitgefühl, das Pippi jetzt hervorruft, ist neu und hat eine doppelte Funktion: die Erwachsenen gnädig zu stimmen und die Kleinen zu rühren. Neu ist auch, dass Pippi einen Vater hat, der ein Negerkönig ist, und eine Mutter, die ein Engel ist. Beide kommen im ersten Manuskript nicht vor, werden aber schon auf den ersten Seiten der endgültigen Version eingeführt, um dann ab und zu wieder aufzutauchen, so wie im oben erwähnten Gespräch mit der Lehrerin, wo sie eine bewegende Erklärung für Pippis mangelnden Benimm liefern.

Ulla Lundqvist betont, dass Pippi in der bearbeiteten Version auch eher an das »unschuldige Naturkind« erinnert als zuvor.

Vivi Edström, die dies in ihrem Buch *Astrid Lindgren. Im Land der Märchen und Abenteuer* kommentiert, meint jedoch, bei Pippi könne man nie ganz sicher sein. Pippi, die so gern in verschiedene Rollen schlüpft, *spielt* hier vielleicht nur, dass sie brav und unterwürfig sei.

Der Leser ist geneigt, Vivi Edström zuzustimmen. Astrid Lindgren selbst würde niemals jemanden ernst nehmen, der »mit zitternder Stimme« spricht.

Der Vergleich der Sprache des Ur-Pippi-Manuskripts mit der Sprache im fertigen Buch führt bei Ulla Lundqvist und Vivi Edström zu interessanten Beobachtungen. Aber während Ulla Lundqvist die Bearbeitung ausschließlich positiv bewertet – »Sie macht sich im Rhythmus (...), im rascheren Tempo und einer lebendigeren Form der Darstellung bemerkbar (...), der Stil ist klarer geworden und die Sprache hat sich dem Niveau der Kinder noch mehr angenähert« –, drückt Vivi Edström ein gewisses Bedauern aus, dass die sprachliche Energie und anarchistische Widerborstigkeit der Ur-Pippi nun verschwunden sind.

Sie erinnert an den literarischen Kontext, in den Astrid Lindgren einzuordnen ist, an den Absurdismus der vierziger Jahre, der Erhabenes und Banales, Nonsens und hochtrabende Parodie, kühne geistvolle Sketche und naive Umdichtungen von Liedern und Moritaten wild miteinander vermischte.

Diesen Absurdismus fand man bei belletristischen Autoren wie auch bei Kinderbuchautoren. In der Kinderliteratur debütierte Lennart Hellsing mit *Die Katze bläst ins Silberhorn* zur selben Zeit wie Astrid Lindgren.

Es ist bedauerlich, meint Vivi Edström, dass der brave Zeitgeist Astrid Lindgren veranlasste, »einen Teil des Pulvers aufzugeben, das die erste Pippi-Version zu sprengen drohte«.

Dennoch waren sowohl eine sprachliche als auch eine inhaltliche Bearbeitung vermutlich notwendig, und Ulla Lundqvist hat bestimmt Recht mit ihrer Feststellung, dass die neue bravere Pippi-Version bei den kindlichen Lesern noch besser ankam. Und genau diese Zielgruppe hatte Astrid Lindgren ja immer im Auge, ohne auch nur einen Augenblick zu den erwachsenen Sprachvirtuosen hinüberzuschielen. Wie sich später herausstellen sollte, besaß auch diese Pippi noch genügend Zündstoff, um Explosionen zu erzeugen. Interessanterweise erhielt das Buch, als es endlich erschien, einen anbiedernden Rückentext, der die Kritik all jener von vornherein zu entschärfen versucht, die in Pippi trotz allem ein gefährliches Vorbild sehen. Pippi Langstrumpf tut, »was andere Kinder nicht tun dürfen, aber sie tut es auf eine so komische und unschuldige Art und Weise, dass Kinder und Erwachsene von Pippi begeistert sein werden.«

Die Angst vor den subversiven Kräften, die das Vorbild Pippi bei den Kindern auslösen könnte, vermittelt eine Vorahnung von dem revolutionären Chaos, das die Erwachsenen erwartete, die nie auf die Idee gekommen waren, Kindererziehung mit Freiheit zu kombinieren.

1945 schrieb der Rabén & Sjögren Verlag einen neuen Wettbewerb aus – diesmal ging es um Bücher für Kinder im Alter von 6–10 Jahren. Astrid Lindgren konnte außer mit ihrem bearbeiteten Pippi-Manuskript noch mit einem weiteren Buch dazu beitragen: die Erzählung von den Kindern in Bullerbü.

Im August 1945 sollte das Ergebnis veröffentlicht werden. Die Jury bestand aus Elsa Olenius, Hans Rabén, Gösta Knutsson und Gärda Chambert. Der Autor Olle Strandberg, der zu jener Zeit im Verlag angestellt war, las die Manuskripte ebenfalls und befürwortete *Pippi Langstrumpf* lebhaft für den ersten Preis. Elsa Olenius teilte seine Begeisterung, und das Urteil dieser beiden gab den Ausschlag: Astrid Lindgren trug den Sieg davon. *Die Kinder aus Bullerbü* blieben ohne Preis, wurden aber zur Veröffentlichung eingekauft.

Die ersten Urteile der Presse über *Pippi Langstrumpf* waren überwiegend positiv. »Die Kritik war des Lobes voll, das Publikum jubelte, und eine Auflage folgte auf die andere«, schreibt Ulla Lundqvist.

Erst im Jahr darauf, als der zweite Pippi-Band erschien, kamen die negativen Reaktionen, die eine ziemlich gehässige Debatte auslösten, vor allem in der Lehrerpresse und auf den Leserbriefseiten der Tageszeitungen. In dieser Debatte ging es bald nicht mehr nur um Pippi Langstrumpf, sondern vor allem um autoritäre Erziehung kontra so genannte freie Erziehung. Zu denjenigen, die am heftigsten auf die neue freie Pädagogik reagierten, gehörten die Volksschullehrer. Viele von ihnen verteidigten eifrig das Recht auf die Prügelstrafe in der Schule. (Erst mit der Volksschulverordnung des Jahres 1958 wurde das Verbot der Prügelstrafe eingeführt. Das allgemeine Verbot der Prügelstrafe kam viel später, im Jahr 1979.)

Dass die Diskussion um Pippi Langstrumpf so intensiv ausfiel, lag nicht zuletzt daran, dass sie lautstark von einer angesehenen kulturellen Persönlichkeit in Gang gesetzt wurde: In einem groß herausgebrachten Artikel im Feuilleton der Abendzeitung *Aftonbladet* griff Professor John Landqvist sowohl die Preisjury als auch das preisgekrönte Buch scharf an. »Schlecht und preisgekrönt« war die Überschrift, und in der Folge bekam Astrid Lindgren zu hören, dass sie selbst untalentiert und unkultiviert sei und Pippi krankhaft und unnormal:

> Kein normales Kind isst eine ganze Sahnetorte während eines Kaffeekränzchens auf, es läuft auch nicht barfuß auf ausgestreutem Zucker herum (...). Aber beides erinnert an die Fantasien einer Geisteskranken oder an krankhafte Zwangsvorstellungen.

Pippi Langstrumpf und ihre abstoßenden Abenteuer erschienen dem Professor insgesamt als »etwas Unangenehmes, das an der Seele kratzt«.

Hauptthema der meisten kritischen Zuschriften war, dass Pippi ein schlechtes Vorbild sei. Außerdem sei die Sprache des Buches schlampig und vulgär und das Buch als Ganzes demoralisierend.

Natürlich meldeten sich auch viele radikale Eltern, Berufspädagogen und Psychologen zu Wort, die das Buch befürworteten. In einem Aufsatz in *Bonniers Litterära Magasin* kommentiert Ingrid Arvidsson die moralische Empörung:

> Die moralische Entrüstung der etablierten gesellschaftlichen Kräfte angesichts eines Kunstwerks sind kein unfehlbares Zeichen dafür, dass das Kunstwerk gut ist – auch wenn es manchmal diesen Anschein erweckt –, aber im Hinblick auf einige Bücher, die in den vierziger Jahren erschienen sind, darunter auch die Bücher über Pippi Langstrumpf, muss festgestellt werden, dass erst diese moralische Entrüstung gezeigt hat, wie notwendig es war, dass solche Bücher geschrieben wurden. Wenn Kinder in einer Gesellschaft aufwachsen müssen, wo die Erwachsenen angesichts so unschuldiger Spiele mit moralischer Entrüstung reagieren, dann brauchen Kinder Bücher wie *Pippi Langstrumpf,* um das Leben überhaupt ertragen zu können.

Astrid Lindgren mischte sich nur ein einziges Mal in die öffentliche Diskussion ein. Ulla Lundqvist hat ein paar Zuschriften aus der Zeitschrift *Husmodern* (Die Hausfrau) aus dem Frühjahr 1948 ausgegraben. Die Zeitschrift veröffentlichte Beiträge zum Thema Kindererziehung, und in einem der Artikel griff Ewa Sällberg die verwerfliche Pippi Langstrumpf heftig an:

> Das ständige Gerede über die Rechte der Kinder ist ziemlich enervierend. Bei all der Propaganda, die für diese ihre Rechte gemacht wird, ist es wirklich kein Wunder, wenn die Kinder selbstbewusst und widerspenstig werden. Das Buch, das sie zurzeit am meisten lieben – ein Bestseller also –, handelt von einer jungen Dame, Pippi Langstrumpf, die einfach alles macht, was ihr einfällt. Sie ist nicht einmal freiheitlich erzogen, sie ist überhaupt nicht erzogen.

In ihrer Antwort an Ewa Sällberg formuliert Astrid Lindgren ihre Auffassung von Kindern und Kindererziehung, jene Auffassung, die seither alle ihre Bücher geprägt hat.

Alles neu auf Erden ist,
wie ihr wisst,
für ein armes kleines Wurm,
das ganz frisch im Lebenssturm.

Daher ist es auch nicht so einfach, ein armes kleines Wurm zu sein. Die Welt ist so voller unbekannter, erschreckender Dinge, und das Einzige, worauf das arme kleine Wurm sich verlassen kann, sind die Erwachsenen, die schon so lange gelebt haben und so viel wissen. Es müsste ihre Sache sein, um das kleine Wurm herum eine Welt aus Geborgenheit, Wärme und Liebe zu erschaffen. Aber tun sie das? Allzu selten, scheint mir. Wahrscheinlich haben sie keine Zeit! Sie sind zu sehr damit beschäftigt, das kleine Wurm zu erziehen. Sie erziehen es hartnäckig von morgens bis abends, es ist ihnen verzweifelt wichtig, dass es schon von Anfang an wie ein Erwachsener auftreten soll. Denn dieses »Kind sein«, das ist offenbar eine sehr hässliche Charaktereigenschaft, die mit allen Mitteln bekämpft werden muss.

In einem Artikel in *Husmodern* Nr. 11 äußert sich Ewa Sällberg voller Verachtung über die BÜCHER, damit meint sie Bücher über Kinderpsychologie. Wenn man diesen Artikel liest, entsteht die Vorstellung, dass die meisten bedauernswerten Eltern hierzulande voller Angst und Reue über den BÜCHERN sitzen, mit dem Ergebnis, dass sie anschließend im Kampf mit den Kindern ›an Händen und Füßen gefesselt sind‹, worauf die Kinder sofort die Macht ergreifen, sich weigern, mit der rechten Hand zu grüßen, und sich in jeder Beziehung unpassend benehmen. Ewa Sällberg rät den Eltern daher, sich mehr auf ihren Instinkt zu verlassen und weniger auf die BÜCHER. Ich glaube, dieser Rat ist ziemlich unnötig. Leider dürfte es eine kleine Minderheit aller Eltern sein, die tatsächlich glaubt, irgendeine Art von Anleitung zu benötigen. Die meisten tun das, was Erzieher zu allen Zeiten getan haben – sie verlassen sich auf ihren Instinkt. Ich muss gestehen, dass ich bisher sehr selten diese unglücklichen, unterjochten Eltern angetroffen habe, die Ewa Sällberg schildert, diese von der ›freien Erziehung‹ gepeinigten Sklaven. Vielmehr sehe ich ringsum lauter Eltern, die dem viel gepriesenen Instinkt folgen. Das aktuellste Beispiel sah ich vor kurzem auf der Kungsgatan. Eine Mutter kam mit ihrem kleinen Jungen anspaziert, mit einem kleinen Wurm, das ›selbst ganz neu auf Erden war‹ und all das Erstaunliche, das es umgab, untersuchen wollte. Der Kleine machte vor einem Schaufenster Halt und wollte dort ein Weilchen stehen bleiben. Es muss der Instinkt gewesen sein, der dieser Mutter die folgenden Worte eingab: ›Wenn du nicht jetzt sofort kommst, lass ich dich hier stehen und kehre nie wieder. Und dann kommt die Polizei und holt dich!‹ Ich glaube kaum, dass sie das gesagt hätte, wenn sie die BÜCHER gelesen hätte. Dann hätte sie gewusst, was die erste Voraussetzung ist, wenn man ein harmonisches (= wohlerzogenes) Kind haben will – man muss dafür sorgen, dass das Kind sich geborgen fühlt. (Was für ein Glück, dass Kinder ziemlich schnell dahinter kommen, was für einen Unsinn die Erwachsenen daherreden und wie wenig ihre Drohungen wert sind, sonst würden die Ängste in den Kinderseelen kein Ende nehmen.) (...)

Wenn es den Kindern heutzutage an Manieren fehlt, dann ist nicht die ›freie Erziehung‹ daran schuld! Eine freie Erziehung schließt nicht aus, dass man Festigkeit zeigt. Sie schließt auch nicht aus, dass die Kinder ihren Eltern Zuneigung und Achtung entgegenbringen, und – das Wichtigste von allem – sie bedeutet, dass die Eltern auch vor ihren Kindern Achtung haben. Achtung vor den Kindern, das sollten die Erwachsenen in größerem Maße zeigen. (...) Behandelt eure Kinder mit ungefähr der gleichen Rücksicht, die ihr wohl oder übel euren erwachsenen Mitmenschen zeigt. Schenkt den Kindern Liebe, mehr Liebe und noch mehr Liebe, dann kommen die Manieren von allein.

Aus heutiger Perspektive betrachtet erscheint Pippi Langstrumpf als ein typisches Produkt ihrer Zeit und der so genannten Freiheitspädagogik. Ein Beispiel für die praktische Anwendung dieser Pädagogik gab der Engländer A. S. Neill, als er in den dreißiger und vierziger Jahren mit Summerhill eine Schule schuf, die ganz frei von Zwang sein sollte. Neill war mehrere Male in Schweden und seine Gedanken inspirierten Pädagogen wie Psychologen. Als Gustav Jonsson 1942 das Kinderdorf Ska in der Umgebung von Stockholm gründete, hatten Neills Ideen wesentlich dazu beigetragen, vor allem die Gedanken, die in seinen bekanntesten Büchern enthalten waren, zum Beispiel in *The Problem Child* und *Free Education* (in den dreißiger Jahren ins Schwedische übersetzt). Fleißig wurde der Ausdruck »Problemkind« benützt. Allmählich verlagerte sich die Bedeutung des Wortes von Neills Ursprungsgedanken – ein Kind, das in ein soziales Umfeld voller Probleme hineingeboren wird – zu einer vulgären und populistischen Beschreibung von Kindern, die so schwierig sind, dass sie den Erwachsenen immer wieder Probleme bereiten. Ähnlich erhielt der Ausdruck »freie Erziehung«, der in der Neill'schen Fassung eine Erziehung frei von Zwang bedeutet, die fälschliche Bedeutung »Freiheit von Erziehung«, was heißt, überhaupt keine Erziehung.

In Leserbriefdiskussionen, in manchen parodierenden Revuenummern und auch in seriösen pädagogischen Beiträgen schob man alle Erziehungsprobleme auf »die moderne freie Erziehung«.

In Neills Augen bestand die Aufgabe des Lehrers darin, die spontanen Interessen und Neigungen des Kindes zu unterstützen und zu akzeptieren. Das Ziel der »Freiheitspädagogen« waren »glückliche« Kinder, die selbst für ihre Entwicklung verantwortlich sein sollten. Als der Gesellschaftskritiker Ivan Illich in den sechziger Jahren die konventionelle Schule angreift, geht er auch von der »Freiheitspädagogik« aus und von einem starken Glauben daran, dass den Menschen eine spontane Lust innewohnt, nach Wissen zu suchen.

In den siebziger Jahren waren viele der führenden Pädagogen marxistisch orientiert und polemisierten gegen die »Freiheitspädagogik«. Sie zogen es vor, von einer *befreienden* Pädagogik zu sprechen, die Freiheit *zu* etwas (zum Beispiel Wissen) vermitteln sollte anstatt Freiheit *von* etwas (zum Beispiel Autorität und Zwang). Die »befreienden« Pädagogen (der Brasilianer Freire und der Franzose Freinet zum Beispiel) sahen das Kind eher als ein soziales Wesen denn als ein freies Individuum. Diese Pädagogen wollten dem Kind im *Dialog* die nötigen Werkzeuge geben, das heißt Bewusstsein und Wissen, damit es seine Situation in den Griff bekommen und Veränderungen fordern konnte.

Eine Pädagogik der »befreienden« Schule musste Pippi Langstrumpfs Revolte gegen die Autoritäten natürlich als eine typisch liberal-individualistische, halbherzige Maßnahme beurteilen.

Die marxistische Analyse und Kritik hatten eine klärende Funktion, als es um das Außenwerk der Erzählungen und Märchen von Astrid Lindgren ging. Man konnte auf den äußeren Rahmen hinweisen, aufs Milieu, auf Einzelheiten und Situationen, die die Wertvorstellungen der etablierten Gesellschaft zum Ausdruck bringen. Astrid Lindgren ist selbst von diesen Wertvorstellungen geprägt. Aber das eigentliche Gefühl, der Nerv der Erzählungen, die *Essenz* in Büchern wie *Pippi Langstrumpf*, *Mio, mein Mio*, *Die Brüder Löwenherz* und *Michel aus Lönneberga* wurde dabei total übersehen.

Natürlich ist *Pippi Langstrumpf* keine bewusst analytische Gestaltung einer pädagogischen oder politischen Idee, wie so viele andere Kinderbuchgestalten im Lauf der Zeit es gewesen sind. Pippi stellt nicht den Wunschtraum einer Erwachsenen dar, wie ein Kind auszusehen hat. Nein, Pippi ist aus den Wunschträumen der Kinder entstanden, und weil diese Kinder in einer kapitalistischen Gesellschaft leben, jongliert Pippi mit einem Koffer voller Goldmünzen (wirft dabei allerdings mit diesen Goldmünzen um sich, als würde sie diese Fetische des Kapitalismus trotz allem nicht ernst nehmen). Pippi Langstrumpf bricht zwar keine etablierten Gesellschaftssysteme auf, aber sie vermittelt starke Gefühlsimpulse, die wiederum von den lesenden Kindern aufgefangen und außerhalb des Buches weiterentwickelt werden können. Pippi steht auf der Seite derer, die eine tiefer greifende Veränderung anstreben.

Genauso verhält es sich mit Michel. In einem der besonders kritischen Essays über Astrid Lindgren, 1971 in der Zeitschrift *Ord och Bild* (Wort und Bild) erschienen, ging es vor allem um Michel. Dass Michel als kleiner zukünftiger Agrarkapitalist beschrieben wird, hat eine gewisse Pointe, aber bestimmt war es nur in den siebziger Jahren möglich, sowohl diesen Aufsatz als auch die Michel-Bücher mit derartig humorlosem Ernst zu lesen, einem Ernst, der dem gesamten marxistischen und akademischen Vokabular zu Eigen ist.

Natürlich ist Michel – auch er – ein Produkt seines konservativen, auf Gewinn bedachten bäuerlichen Milieus, aber auch bei ihm wird die Anpassung an das etablierte Gesellschaftsmuster von revolutionären Instinkten durchbrochen. Als Michel die Armenhäusler in die Speisekammer hereinlässt, in das Allerheiligste der bäuerlichen Gesellschaft, begeht er eine revolutionäre Tat. Er betreibt keine angemessene Wohltätigkeit, die etwas vom Überfluss abgibt. Er öffnet die Tür sperrangelweit und lässt die ganze ausgehungerte Armenschar herein, die sich hemmungslos über das Essen hermacht – das große Aufräumen von Katthult. Als sie satt sind, ist die Vorratskammer leer. So handelt kein zukünftiger Agrarkapitalist.

Die öffentliche Diskussion über Pippi Langstrumpf bewirkte, dass das Buch bei Kindern und Erwachsenen noch bekannter wurde und zudem noch in unterschiedlichen sozialen Milieus. Im *Skånska Dagbladet* konnte man eines Tages folgende Notiz lesen:

> Neulich wurde ein 26-jähriger Transportarbeiter nachts sinnlos betrunken auf einer Straße in Malmö aufgefunden. Neben sich hatte er *Pippi Langstrumpf* liegen. Allem Anschein nach hatte er sich zum Schlafen auf den Rand des Bürgersteigs hingelegt. In seinen Taschen wurden 23 Sahnebonbons gefunden, das war sein ganzer Besitz bis auf *Pippi Langstrumpf*.

An Astrid Lindgren selbst scheint diese Diskussion spurlos vorbeigegangen zu sein. In ihren Tagebüchern erwähnt sie nichts davon. Sie hat vollauf damit zu tun, in erstaunlichem Tempo weitere Bücher zu schreiben. Auf das erste Bullerbü-Buch folgte das Mädchenbuch *Kerstin und ich*, kurz darauf ein Kriminalstück für Kinder, *Hauptsache, man ist gesund*. Dann schreibt Astrid Lindgren das zweite Buch über Pippi, *Pippi Langstrumpf geht an Bord*, und ein neues preisgekröntes Buch, das erste in der Blomquist-Serie über den Meisterdetektiv Blomquist. Das ergibt insgesamt sechs Bücher in drei Jahren – und genauso viele Erfolge: Mit einem Riesenschritt war Astrid Lindgren aus der Anonymität hervorgetreten.

# 7

Der soziale und wirtschaftliche Status der Personen, die mit Kindern und für Kinder arbeiten, wird stets im gesellschaftlichen Status der Kinder selbst widergespiegelt. In den vierziger Jahren waren Kinder- und Jugendbuchautoren eine sehr benachteiligte Gruppe. In einem Artikel, der im Juli 1945 in *Expressen* erschien, vermittelt Ivar Ahlstedt eine Ahnung davon. Düster stellt er fest, dass keine Honorare an Kinderbuchautoren ausbezahlt werden, und fährt fort:

> ... viele Schriftsteller zögern, für die Jugend zu schreiben. Ein Jugendbuch besitzt nicht dasselbe Ansehen wie ein normales Buch und bedeutet zum Beispiel keinen Bonus für den Beitritt zum Schriftstellerverband. Ganz gleich, wie schlecht ein Buch für Erwachsene auch sein mag, es ist auf jeden Fall angesehener als das Jugendbuch. Infolgedessen sind die Jugendbuchautoren auch nicht bei den professionellen Schriftstellern zu finden, sondern bei Lehrern und Lehrerinnen, Rechtsanwälten und Ingenieuren, die in ihrer Freizeit schreiben, teils, weil es ihnen Freude bereitet, und teils wegen der Extraeinnahmen.

Als Hans Rabén im September 1944 über den zweiten Preis an die unbekannte »Hausfrau« Astrid Lindgren seufzte, ist das vor diesem Hintergrund zu verstehen: Man hatte gehofft, durch einen Wettbewerb professionelle Autoren dazu verlocken zu können, für Kinder zu schreiben, um auf diese Weise das Ansehen des Kinderbuches zu verbessern.

Die neue Pädagogik vertrat eine Auffassung von den Kindern und der Welt der Kinder, die dazu führte, dass auch in der Kinderliteratur neue Ansprüche an Fantasie und psychologische Wahrheit gestellt wurden. Die Presse begann die Erneuerung des Kinder- und Jugendbuches anzumahnen. Astrid Lindgrens Debüt fand demnach in einem gut vorbereiteten literarischen Klima statt, sodass sie rasch auf eine Weise etabliert und beachtet wurde, die bis dahin nur Erwachsenenautoren zuteil geworden war. Anfang 1946 konnte sie sich mit Anna Lisa Lundkvist, die ein viel beachtetes Mädchenbuch geschrieben hatte, das jährliche Debütantenstipendium von *Svenska Dagbladet* teilen, eine Ehre, die bisher noch keinem Kinderbuchautor widerfahren war.

»Zum ersten Mal hat ein schwedisches Jugendbuch eine offizielle Auszeichnung erhalten«, stand in *Dagens Nyheter* zu lesen. »Minister Weijse überreichte den Preis und versprach, dass ein gewisser Anteil der Stipendien für Belletristik zukünftig möglicherweise an Kinder- und Jugendbuchautoren gehen könnte.«

Die Zeit zwischen 1945 und 1950 bedeutete eine vitale Erneuerung für die schwedische Kinder- und Jugendbuchliteratur. Astrid Lindgren war nicht die Einzige, die originelle Bücher schuf, Bücher, die den wirklichen Bedürfnissen der Kinder entsprachen. In Lennart Hellsings absurden Sprüchen und genialen Nonsens-Versen kam die neue Pädagogik zum Ausdruck. Tove Janssons einzigartige Muminwelt nahm Form an. Åke Holmberg schrieb seine freundlich parodistischen Geschichten über Ture Sventon. Edith Unnerstad, Hans Peterson, Harry Kullman, Kai Söderhjelm, Britt G. Hallqvist und Gösta Knutsson waren weitere Kinderbuchautoren, die Interesse und Aufmerksamkeit weckten.

Die plötzliche Berühmtheit erschütterte die Autorin in der Dalagatan nicht nennenswert. In den Tagebüchern hat sie nichts als kurze Kommentare dafür übrig, wenn sie überhaupt etwas erwähnt. Im März 1946 notiert sie, dass sie von *Svenska Dagbladet* 500 Kronen als Preissumme erhalten hat, und klebt eine illustrierte Anzeige daneben: »Dieses Kleid habe ich mir heute gekauft. Es hat 102 Kronen gekostet.« Und am zweiten Weihnachtsfeiertag 1946 fasst sie zusammen:

»Ich bin ein ganz, ganz klein wenig ziemlich ›berühmt‹. Aber darüber mag ich nicht schreiben.«

Das Buch über Pippi Langstrumpf rettet den krisengeschüttelten

*Die Verlagslektorin Astrid Lindgren*
*im Verlag Rabén & Sjögren*

Verlag Rabén & Sjögren: »Wenn Pippi nicht gewesen wäre, hätte der Verlag nicht überlebt«, stellt der Verleger Hans Rabén in den siebziger Jahren in einem Zeitungsinterview fest. (Bevor das Buch erschien, versuchte der Verlag übrigens, das gesamte Wettbewerbsmaterial unbesehen an den Bonniers Verlag zu verkaufen – der jedoch lehnte ab. Dies war also das zweite Mal, dass Bonniers, ohne es zu wissen, *Pippi Langstrumpf* ablehnte.)

Im Herbst 1946 bot der Verlag Rabén & Sjögren Astrid Lindgren eine Halbtagsstelle an. Die Idee kam von Elsa Olenius: »Stellt sie ein, sie kann ja sogar Stenografie und Schreibmaschine und solche Sachen!«

Astrid Lindgren nahm das Angebot an und begann so ihre Tätigkeit als Kinderbuchlektorin. Diese Aufgabe sollte sie fast 25 Jahre lang beanspruchen und verlangte, dass die Tage in schriftstellernde Vormittage und Lektoratsnachmittage eingeteilt wurden.

Selbstverständlich wäre Astrid Lindgrens Einsatz als Verlagslektorin das Thema für eine eigene Studie. Wie hat sie »ihre« Autoren beeinflusst? Wie wurde ihr eigenes Werk davon beeinflusst?

Wenn sie selbst ihre Doppelfunktion jetzt hinterher kommentiert, betont sie, dass es eigentlich eine recht zweifelhafte Sache sei, Autor und Verlagslektor in einem zu sein. »In Amerika«, sagt sie, »ist es ein ungeschriebenes Gesetz, dass ein Verlagslektor nicht seine eigenen Bücher veröffentlicht oder, von der anderen Seite aus betrachtet, dass ein Autor nicht in dem Verlag arbeitet, der seine Bücher herausgibt.« Die Risiken sind groß, der Verdacht, dass man sein Eigenes auf Kosten von anderen bevorzugt, kann die Beziehung zu anderen Autoren trüben.

Natürlich kam es im Lauf der vielen Jahre, in denen Astrid Lindgren bei Rabén & Sjögren für die Kinderbücher verantwortlich war, gelegentlich zu Misstönen wegen solcher Verdächtigungen.

In einem Brief an Hans Peterson im September 1958 geht Astrid Lindgren zum Beispiel auf gewisse Anspielungen ein, dass die Zeitschrift *Vi* ihretwegen ein Buch von Peterson als Fortsetzungsserie abgelehnt hätte.

> Ja, ich finde es auch bedauerlich, dass *Vi Matthias hat seinen großen Tag* abgelehnt hat, und ich hoffe, du glaubst nicht, dass ich die Zeitschrift mit meinen eigenen Fortsetzungsgeschichten überschütte, bloß um andere zu verhindern. Dass sie um jeden Preis die Krachmacherstraße haben wollten, liegt offensichtlich daran, dass Elly Jannes Tochter Ella-Kari nun mal so verflixt an diesem Buch hängt, ich selbst habe bei Gott keinen Finger dafür krumm gemacht, es dort unterzubringen, und das wirst du wohl auch nicht annehmen.

Leider ist die Korrespondenz zwischen Astrid Lindgren und den Autoren mittlerweile in alle Winde zerstreut. Bei Rabén & Sjögren existiert noch kein geordnetes Briefarchiv, und Astrid Lindgren selbst hat nur selten Kopien von ihren Briefen gemacht. Aber Autoren wie Harry Kullman, Inger und Lasse Sandberg, Karl Rune

Nordkvist, Hans Peterson und Barbro Lindgren haben erzählt und können auch genügend Briefe vorzeigen, die darüber berichten, wie die Zusammenarbeit funktionierte und auf welche Weise Astrid Lindgren mit ihrem Urteil und Änderungsvorschlägen als Lektorin eingriff.

*Ein* Urteil ist allen Autoren gemeinsam, wenn sie von ihr sprechen: Sie war unermüdlich, wenn es darum ging, jemanden, der festgefahren war oder das Gleichgewicht verloren hatte, zu ermuntern und zu stützen.

Sie war zartfühlend, aber streng, und oft hartnäckig und ausdauernd. Hans Peterson erwähnt in einem schriftlichen Kommentar ihre märchenhafte Fähigkeit, den Autor auf die eigene Spur zurückzuführen, die er verlassen hatte, und ihm zu einem guten Ergebnis zu verhelfen (sowohl künstlerisch als auch verkaufsmäßig, was für den Verlag natürlich genauso wichtig war).

Auch Karl Rune Nordkvist erzählt von der »engagierten Art und Weise, in der sie mit ihren Autoren umging«.

In den Briefen bekommt man ein deutliches Bild davon, wie sie, wenn sie in Hochform ist, ihre eigene unvergleichliche Intuition benutzt, um zu vermitteln, wie Kinder Literatur erleben. Beim Beurteilen versetzt sie sich in die Lage des Kindes, sie liest wie ein Kind und empfindet wie ein Kind.

Ein paar Zitate aus den Briefen an Hans Peterson belegen dies.

Am 29. Januar 1955 geht es um eines der Matthias-Bücher:

> Da gibt es so vieles, das ich hinreißend komisch finde, von den Formulierungen her, meine ich, und das erfüllt mich mit Bewunderung für Hans Petersons geistreichen Humor, aber gleichzeitig sage ich mir, dass dieser Witz für uns Erwachsene geschrieben ist und nicht für Kinder. Wer hier spricht, ist ein ungewöhnlich frühreifer Siebenjähriger. Er spricht nicht so, wie ein Kind wirklich sprechen würde, jedenfalls nicht wie ein Kind, das angeblich kaum einen Comic lesen kann. Das Fantasiespiel ist zu deutlich, es wirkt so, als wäre Matthias sich mitten in seinen wildesten Abenteuern deutlich dessen bewusst, dass es sich um etwas Ausgedachtes handelt. Ein erwachsener Leser hat natürlich nichts dagegen, dass Matthias sich des Spiels bewusst ist, aber ein kindlicher Leser, der sich mit Matthias

identifizieren möchte, will spüren, dass das Spiel ernst gemeint ist, zumindest solange es stattfindet, sonst will sich keine Spannung einfinden. (...) Und dann überlege ich, ob es nicht besser wäre, wenn das Buch in der dritten Person und nicht in der Ich-Form geschrieben wäre. Hans Peterson kann sich nach Herzenslust komisch oder witzig oder parodistisch ausdrücken, aber der sieben Jahre alte Matthias darf das nicht, denn das klingt dann nicht echt und man kriegt das Gefühl, der Autor amüsiere sich auf Kosten eines kleinen Jungen zusammen mit den übrigen Erwachsenen. (...)

Am 7. Mai 1959 geht es um ein neues Matthias-Buch. Zuerst zitiert Astrid Lindgren voller Anerkennung Hans Petersons Einleitung des vorigen Matthias-Bandes:

(...) Das ist ein perfekter Anfang, durch einen guten Dialog werden wir sofort in die Handlung geschleudert, und mit Matthias, der auf der Küchenbank liegt, fühlen wir, wie gemütlich es in der Küche ist. Erst als wir so weit gekommen sind, sprichst du mit uns über die große Stadt Göteborg, den Schlosswald, Liseberg und solche Dinge. Aber was machst du in *Matthias in Gefahr*? Da fängst du mit einer elend langen Einleitung über Göteborg und Hisingen und Volvo und die Sommerwetterstraße an. Wenn ein Kind ein neues Buch in die Hand bekommt, vielleicht ein Kind, das bisher noch kein Wort über Matthias gelesen hat, dann schlägt es zunächst die erste Seite auf und liest ein kurzes Stück um festzustellen, ob ihm das Buch gefällt. Und da kann man keine Einleitung brauchen, die von einem kleinen Leser, der vielleicht acht oder zehn Jahre alt ist, eine so große Anstrengung verlangt, der macht dann nämlich auf der Stelle kehrt. Lass *Matthias in Gefahr* mit dem Dialog weiter unten auf der Seite anfangen:

»Mama, was glaubst du wohl, wie lange dieser Nebel anhält?«, fragte Matthias.

»Keine Ahnung«, antwortete Mama. »Nebel im August, so was habe ich wirklich noch nie erlebt« usw., bis dem Leser klar geworden ist, dass Matthias mit Onkel Frans in einem weißen Fischerboot nach Hönö fahren soll.

*Danach* kannst du Göteborg, den Nebel und die Sommerwetterstraße vorstellen – aber vielleicht nicht ganz so ausführlich wie in deinem Manuskript, da das Buch sich an verhältnismäßig junge Leser wendet.

Und dann der Schluss.

Mein lieber guter Hasse, lass bitte nicht die *Kinder* die Schmuggler jagen und erwischen. Die ganze Matthias-Serie besteht aus wunderschönen warmen, liebevollen, *realistischen* Kinderschilderungen. Und ausgerechnet davon entfernst du dich mit der Verbrecherjagd am Schluss. O nein, Matthias darf nicht der Anführer einer Kinderbande werden, die hinter Schmugglern herrennt, das wäre eine ebenso große Sünde wider den Heiligen Geist, wie wenn ich die Bullerbü-Kinder à la Kalle Blomquist Juwelendiebe erwischen ließe. (...) Realismus, Wärme und alltägliche Geborgenheit – das alles ist Matthias und das muss er auch sein. Alles, was nach normalem »Kinder fangen Schurken«-Buch schmeckt, solltest du meiden wie die Pest. (...)

Noch etwas – können die Kinder in dieser Kiste tatsächlich *atmen*? So viele Stunden lang? Damit das möglich ist, braucht es aber einen ganz gehörigen Spalt. Wie du weißt, kommt es immer wieder vor, dass Kinder in Kisten und Koffer hineinkriechen und ersticken, weil sie den Deckel nicht aufbringen. Vielleicht leide ich bloß an Klaustrophobie, aber *wäre* es nicht möglich, Matthias ein Messerchen in die Tasche zu stecken, mit dem er ein tüchtiges Loch in die Kiste bohren könnte? Nur damit ich beruhigt bin und weiß, dass er so viel Luft kriegt, wie er braucht?

Ich glaube, das mit Matthias und Putte im Abflussrohr werden die Kinder ganz toll spannend finden! Und wie schön, dass sie schließlich von allen Kindern in der Sommerwetterstraße akzeptiert werden! (...)

Das gleiche Einfühlungsvermögen zeigt Astrid Lindgren auch in einem Brief an die junge Barbro Lindgren, die dem Verlag ihr erstes Manuskript geschickt hatte und am 20. Februar 1964 eine Antwort erhielt. Astrid Lindgrens Kritik ist mit Ermunterung verbunden, und ihr Brief gibt gleichzeitig indirekt einen Einblick in die Art und Weise, wie sie selbst intuitiv eine Erzählung aufbaut:

Mats ist ein netter kleiner Junge, der einem sympathisch wird, genau wie die Autorin, die so viel über Kinder weiß. Aber sie weiß nicht ganz so viel darüber, wie man in einem Manuskript die Spannung aufbaut und durchhält, und das hat denselben Grund, der so viele andere Manuskripte zu Fall gebracht hat – die Autorin macht es sich ein bisschen zu einfach und schlittert von einer Episode zur anderen, ohne die einzelnen genügend auszuschöpfen.

(...) An Ihrer Stelle würde ich Mats in *diesem* Buch niemals zu den Großeltern losschicken, sondern ihn mit Lillpelle und Limpan daheim im Vanadisvägen herumstiefeln lassen. Er braucht keine besonders aufregenden Sachen zu erleben, aber das, was er erlebt, sollte ordentlich aufgebaut werden. Sie drücken sich vor den Schwierigkeiten, indem Sie Mats schnell in ein anderes Milieu verpflanzen, und Sie füllen die Seiten mit Dialogen, die mitunter ganz reizend und sehr lustig sind. Aber manchmal scheinen sie nur geschrieben zu sein, um die Seiten zu füllen und damit Sie zum nächsten Kapitel übergehen können. Nun, dies waren nur ein paar Gesichtspunkte meinerseits. Wissen Sie, dass wir einen Wettbewerb laufen haben? (...) Ich hoffe, ich habe Ihnen jetzt nicht allen Mut geraubt, denn das war nicht meine Absicht. Vielleicht werde ich Ihr Manuskript wieder zu Gesicht bekommen. Das hoffe ich.

Barbro Lindgren befolgte die Ratschläge und debütierte bald danach mit dem ersten Buch über Mats, der inzwischen in Mattias umgetauft worden war: *Mattias' Sommer* (1965).

Natürlich bestand die Gefahr, dass unsichere Autoren sich allzu sehr von der berühmten schriftstellernden Verlagslektorin lenken ließen. Weniger unsichere Autoren dagegen nahmen die Punkte der Kritik an, die sie für richtig hielten, und kümmerten sich nicht um das, was ihnen falsch und unwesentlich erschien. Wenn Astrid Lindgren für ihre Einwände kein Gehör fand, verhielt sie sich großzügig und respektierte die andere Meinung.

Karl Rune Nordkvist hatte im Frühjahr 1962 ein Manuskript für ein Jugendbuch eingereicht, in dem er seelisch Kranke beschrieb. In einem Brief vom 10. April 1962 reagierte Astrid Lindgren negativ darauf.

(...) Zwar glaube ich keinen Moment, dass es den Kindern schadet, über die Wahnsinnigen auf Grane zu lesen, aber ich glaube nicht, dass sie es in dem von dir erhofften Geist und Sinn tun werden. Aber lass uns hoffen, dass ich mich irre. (...)

Das Buch erschien so, wie es der Autor ursprünglich geschrieben hatte, und Astrid Lindgren schickte ihm nach einiger Zeit eine sehr positive Rezension mit dem Kommentar:

> (...) Ich nehme an, dass du Zeitungen liest, aber sicherheitshalber schicke ich dir einen Ausschnitt aus *Sv. Dagbl.* mit der Rezension von *Das Haus im Baum.* Da siehst du, wie gut du bist ... und ich störrische Person wollte, dass du den wahnsinnigen Alten änderst! Das soll mir eine Lehre gewesen sein! Gegen diese Art von Lehre habe ich gar nichts, die darf sich von mir aus noch oft wiederholen. (...)

Es verblüfft ein wenig, dass die Verlagslektorin Astrid Lindgren sich manchmal so vorsichtig und in gewisser Hinsicht hemmend verhielt, genau wie die meisten anderen Verlagslektoren. In einem Brief an Hans Peterson vom 7. Mai 1959 schreibt sie:

> (...) Du, es gibt immer noch Eltern, die verflixt schüchtern sind und, ob du es glaubst oder nicht, sich nicht trauen, ihren eigenen Kindern zu eröffnen, dass ein neues Kind in Mamas Bauch liegt, davon gibt es mehr, als man glaubt. Darum finde ich, dass man solche Sachen in einem normalen Kinderbuch genauso gut weglassen und die Aufklärung Büchern vom Typ *Mama, wie geht das eigentlich?* überlassen kann. Natürlich ist das albern ... aber auf diesem Gebiet sind die Leute ja nicht ganz bei Trost, und man kann nie wissen, in welchem Zusammenhang so etwas deinem Magnus-Buch zum Schaden gereichen könnte. (...)

Angesichts solcher Einwände kann man sich fragen, ob zum Beispiel *Pippi Langstrumpf* jemals in der jetzigen Fassung erschienen wäre, wenn Astrid Lindgren das Buch als Verlagslektorin geprüft hätte. Würden ihre eigenen Bücher überhaupt so aussehen, wie sie es heute tun, wenn Astrid Lindgrens Über-Ich, die Verlagslektorin, ihr Schriftsteller-Ich zensiert hätte? Nun war dies ja nicht der Fall. Wenn Astrid Lindgren selbst schreibt, richtet sie sich nach einem geheimen Radar, sie wird von einer eigenen sicheren Intuition geleitet. Das Über-Ich wird von diesem Prozess ausgeschlossen. Eines der Geheimnisse von Astrid Lindgrens Werk ist ja, dass sie nicht ängstlich danach schielt, was »richtig« und passend ist. Sie schafft ihre eigene Ästhetik, genau wie die Kinder fürchtet sie sich nicht vor Übertreibungen. Kaum hat jemand schulmeisterlich ihre Übertreibungen und Schnitzer aufgezeigt, da hat sie ihre Leser schon ganz woanders hingewirbelt und plötzlich wirkt alles selbstverständlich.

Pippi Langstrumpf balanciert mit ihren zwei verschiedenen Schuhen immerzu auf der Grenze zum Vulgären und Anstößigen. Wir können froh sein, dass sie es damals in den vierziger Jahren schließlich an den Verlagslektoren vorbeigeschafft hat.

# 8

Es fällt nicht leicht, die Geschlechterrollen in Astrid Lindgrens Büchern richtig in den Griff zu bekommen. Sie ist ein Kind ihrer Zeit und ihres Milieus, und natürlich spiegeln ihre Bücher die gängigen Wertvorstellungen des bäuerlichen und des bürgerlichen Milieus, in dem sie später lebte. Lisa aus Bullerbü passt sich an die Erwartungen der Erwachsenen an – das bedeutet, dass sie sich im Spiel auf häusliche Tätigkeiten und Mutterschaft einstellt, als eine Art Training für die Zukunft. Aber ihre weibliche Rolle enthält keine Passivität, denn für eine Bäuerin musste Aktivität ja das eigentliche Ideal sein. In der Scheune springt Lisa aus genauso großer Höhe herab wie die Jungen, sie ist waghalsig und voller Ideen, genau wie Astrid Ericsson aus Näs es selbst war.

Die *erwachsene* Welt in Astrid Lindgrens Büchern wird, bis zum Erscheinen von *Ronja Räubertochter* im Jahr 1981, im großen Ganzen traditionell, idyllisch und unproblematisch beschrieben, auch im Hinblick auf die Geschlechterrollen. Aber die Personen, die sich im Zentrum des Geschehens befinden – Madita und Mia, Pippi, Rasmus, Mio und die anderen –, halten sich an keine Konventionen. Madita und Mia klettern und raufen, aber Madita spielt auch mit Puppen und zeigt sanftere Eigenschaften. Mio heißt zu Anfang des Buches Bo Vilhelm Olsson, ein normaler Stockholmer Junge, der gelernt hat, dass Jungen ruppig und mutig sein müssen und nie ihre Gefühle zeigen dürfen. Als er sich in Mio verwandelt, wagt er allmählich zu zeigen, wie sehr er sich fürchtet, er wagt zu weinen, wagt auszudrücken, wie froh es ihn macht, wenn sein Vater, der König, ihn in die Arme nimmt, er wagt es, seinen Freund zu umarmen. Hier wird sehr schön beschrieben, wie ein Junge sich von dem Zwang und den gefühlsmäßigen Hemmungen befreit, die in der männlichen Rolle stecken.

Über Pippi ist viel gesagt worden, unter anderem, dass sie eigentlich kein Mädchen sei, sondern ein verkleideter Junge. Sie weint nie, ist unerschrocken, frech und stark und will Seeräuber werden, wenn sie groß ist. Das mag bestechend klingen, aber dabei vergisst man, dass Pippi andere wichtige Eigenschaften hat. Ihre Kraft ist mit der Mütterlichkeit und Fürsorge verbunden, die sie Tommy und Annika gegenüber zeigt. Nicht zu vergessen – die Entstehungsgeschichte des Buches! Hier ist es die starke Mutter Astrid, die ihrer Tochter Karin von der starken Pippi erzählt – die Türen zwischen der Alltagswelt und Pippis Welt stehen offen. In ihrem Tagebuch schreibt Astrid Lindgren am 13. Mai 1947:

> Beim Abendessen wurde Karin offenbar von der Vergänglichkeit des Lebens überwältigt. Als ich am Abend in ihr Zimmer kam, um gute Nacht zu sagen, weinte sie und sagte: »Ich will nie groß werden!« Dann unterhielten wir uns ein Weilchen und um sie zu trösten, zitierte ich Geijer: »Das Innerste des Daseins ist Seligkeit.« Sie sagte: »Wenn ich mit dir rede, bin ich nicht traurig. Du musst mir versprechen, so lange zu leben, bis ich erwachsen bin.«

Im Sommer 1947 schrieb Astrid Lindgren den dritten Band über Pippi Langstrumpf, auf dessen letzten Seiten sie schildert, wie Tommy und Annika plötzlich unruhig und wehmütig werden, weil sie

daran denken müssen, dass die Spiele mit Pippi bald ein Ende haben werden:

> Plötzlich flog ein düsterer Schatten über Tommys Gesicht.
> »Ich will niemals groß werden«, sagte er entschieden.
> »Ich auch nicht«, sagte Annika.

Die starke Hanna auf Näs lebt in der zähen und starken Astrid Lindgren in der Dalagatan weiter, und es ist, als würden Astrid Lindgrens ureigenste Eigenschaften in der Pippi-Gestalt vergrößert sichtbar werden. Diese Eigenschaften schlummerten natürlich auch in Lisa aus Bullerbü. Pippi existiert in einem kleinbürgerlichen Milieu, wo die Geschlechterrollen festgelegt sind, so wie bei Tommy und Annika. Aber Pippi selbst hat sich nie in eine hemmende weibliche Rolle einsperren lassen. In Pippi steckt die ganze ererbte Skepsis der Bauerntochter Astrid vor der Bürgersfrau mit all ihren Schwächen in ihrem beschäftigungslosen Dasein. Diese Skepsis taucht verschiedentlich in Astrid Lindgrens Büchern auf, am deutlichsten in dem Porträt von Maditas Mutter.

»Die Holde Herrin auf Birkenlund« – wie ihr Mann, mit dem Einverständnis der Autorin, sie leicht ironisch nennt – hat ein Dienstmädchen und eine Putzfrau, ist mitunter nervös, tut sich selbst Leid und leidet unter Kopfschmerzen.

Dieselbe Skepsis steckt hinter Pippis ironischen kleinen Bemerkungen an die ängstliche Annika, die sich nicht einmal traut, Seeräuber zu werden.

> »Ach, du kannst auf alle Fälle mitkommen«, sagte Pippi. »Und das Klavier abstauben.«

Für Astrid Lindgren selbst ist es offenbar immer selbstverständlich gewesen, dass die Kraft der Frau der des Mannes ebenbürtig ist oder sie sogar übertrifft. Eine aktive Feministin ist sie nie gewesen, aber wenn sie auf Vorurteile stieß, hat sie immer ihre Meinung gesagt.

Von der Diözese Linköping kam Anfang der sechziger Jahre eine Anfrage, ob sie einen Artikel für das Jahrbuch der Diözese schreiben wolle. Sie sagte zu, aber bevor der Artikel fertig war, gab es im Domkapitel des Landes eine Abstimmung über das Recht der Frau auf das Pfarramt. Der Widerstand in der Diözese Linköping war kompakt. Als Astrid Lindgren dies erfuhr, schrieb sie sofort einen Brief an die Redaktion des Jahrbuches:

> Ich hatte vorgehabt, im Jahrbuch der Diözese Linköping darüber zu berichten, wie ich auf einem alten Friedhof in Amerika meiner småländischen Heimat wiederbegegnet war. Aber als ich mich gerade zum Schreiben hingesetzt hatte, las ich Folgendes in *Dagens Nyheter*: In der Diözese Linköping erhob sich keine einzige Stimme zugunsten der Frauen. Das Weib schweige in der Gemeinde, diese Ansicht des Apostels Paulus teilt die Geistlichkeit der Diözese Linköping. Wenn es vor 2000 Jahren Zeitungen gegeben hätte, dann hätte Paulus bestimmt hinzugefügt: Das Weib schweige auch im Gemeindeblatt. Ich habe beschlossen, dies zu tun. Ich habe beschlossen von einer Mitwirkung am Jahrbuch der Diözese Linköping abzusehen. Ich bin überzeugt, dass Paulus in seinem Himmel dies gutheißt. Die Tatsache, dass es zu seiner Zeit noch kein Jahrbuch der Diözese Linköping gab und überhaupt ganz andere gesellschaftliche Verhältnisse herrschten, sollte uns nicht daran hindern, in seinem Geiste weiterzuleben.

In den Mädchenbüchern, die Astrid Lindgren in den vierziger und den frühen fünfziger Jahren schrieb, ist sie in vielem als ein Kind ihrer Zeit erkennbar, aber die ganze konventionelle Mädchenbuchatmosphäre wird ab und zu von einem radikalen Windstoß durchpustet. Die niedliche Mädchenhaftigkeit verblasst vor den Erfahrungen einer anderen Art von Weiblichkeit, die in der eigenen starken Persönlichkeit der Autorin zutiefst verankert ist.

Ihr erstes Buch *Britt-Mari erleichtert ihr Herz* entspricht in seiner Beschreibung der bürgerlichen Familie den Konventionen der vierziger Jahre – der gediegene Vater, die künstlerisch charmante, leicht wirrköpfige Mutter, die Geschwister, insgesamt eine Familie wie aus einer der beliebten amerikanischen Filmkomödien jener Zeit genommen. Aber plötzlich legt Astrid Lindgren dem Mädchen Britt-Mari einen Teil ihrer eigenen Erfahrungen in den Mund: »Ich will etwas Ordentliches können und versuchen, ein richtiger

Mensch zu werden, der einen eigenen Wert hat und nicht nur das Anhängsel von einem Mann ist. Ich werde einen Beruf lernen, das kannst du aufschreiben, damit du es nicht vergisst!«

Zu einer Zeit, da die Heldinnen der Mädchenbücher meistens »Wildkatzen« oder »Trotzköpfchen« waren, die sich dann doch von großen starken Männern zähmen ließen und bereitwillig in Kinderstuben und Küchen verschwanden, waren dies keine ganz selbstverständlichen Worte.

In *Kerstin und ich*, ihrem nächsten Mädchenbuch, kommt ebenfalls diese doppelte Perspektive vor: eine allgemein konventionelle Auffassung der Rollen von Mann und Frau, wobei die Ansichten der Hauptperson jedoch eine selbstständige Wendung nehmen. In einem traditionellen Mädchenbuch wären die Bauerntochter Kerstin und die hübsche Gutsbesitzerstochter Rivalinnen geworden; hier werden sie Freundinnen, und im Hintergrund lässt sich die Stimme der Autorin vernehmen, als Kerstin sagt: »Das Wichtigste für ein Mädchen ist doch nicht, bei den Jungen beliebt zu sein. Das Wichtigste ist, so zu sein, dass man von seinen Geschlechtsgenossinnen gemocht wird.«

In den Kati-Büchern, Anfang der fünfziger Jahre entstanden, verkörpert die Hauptperson Kati mit romantischem Mädchenbuchjargon die traditionelle Rolle der Frau, aber auch hier wird die sachlichere Auffassung von Liebe und Ehe, die die Autorin selbst vertritt, immer wieder sichtbar:

> Ist es nicht ziemlich kindisch zu erwarten, dass man in eine Art permanenten Glückszustand gerät, nur weil man heiratet? Warum verlangst du, dass die Ehe wie ein unendlicher Sommergarten sein soll, wenn das Leben im Übrigen es nicht ist? (...) Die vollendeten Dinge im Leben sind nur von kurzer Dauer.

Soweit erwachsene Frauen überhaupt vorkommen, spielen sie in Astrid Lindgrens Büchern eine unbedeutende Rolle. Aber 1981, mit *Ronja Räubertochter*, beginnt etwas Neues und ganz anderes. Im Buch über Ronja verbirgt sich Astrid Lindgrens feministisches Credo. Starke Gefühle entladen sich plötzlich in wilden sprühenden

Funken zwischen der ursprünglichen Polarität der männlichen Aggressivität und der weiblichen Fürsorge.

> Als sie die Wunde an seiner Stirn sah, holte sie ihren Tonkrug mit linderndem Kräutersaft und wollte die Wunde waschen. Da aber brüllte Mattis:
>
> »Rühr dieses Otterngezücht nicht an!«
>
> »Otterngezücht oder nicht«, antwortete Lovis, »diese Wunde muss gewaschen werden!«
>
> Und sie wusch sie.
>
> Da stürzte Mattis zu ihr. Er packte sie und schleuderte sie quer durch die ganze Halle. Hätte Knotas sie nicht aufgefangen, wäre sie gegen einen Bettpfosten geprallt.
>
> Aber so was durfte keiner ungestraft mit Lovis machen. (...)
>
> »Raus, ihr Mannsleute! Alle!«, schrie Lovis. »Schert euch zum Donnerdrummel, denn ihr treibt ja doch nichts anderes als Unfug. Hörst du mich, Mattis, raus mit dir!«
>
> Mattis warf ihr einen finsteren Blick zu. Dieser Blick konnte jeden das Fürchten lehren, nur Lovis nicht. Mit gekreuzten Armen stand sie da und sah zu, wie er die Steinhalle verließ, und hinter ihm her trotteten alle seine Räuber ...

Aber die Geschichte hört nicht damit auf, sie endet mit der Versöhnung zwischen Mann und Frau, zwischen Vater und Tochter.

Für die männlich geprägte Gesellschaftsform der Räuber hat Astrid Lindgren nichts übrig, aber dem im tiefsten Innern weichen Räuber, der sich nach Liebe verzehrt, schenkt sie trotz allem ihre Zuneigung. Hinter dem Bart versteckt sich der kleine bedauernswerte Junge. Ist die Hauptperson in Astrid Lindgrens Büchern ein Junge, muss der Leser ihn meistens bedauern: der Waisenjunge Rasmus, der vaterlose Bo Vilhelm Olsson, der todkranke Krümel Löwe, der einsame Bertil, der Nils Karlsson-Däumling als Spielgefährten bekommt, und der gelähmte Göran, der mit Herrn Lilienstengel fliegen darf. Die Mädchen hingegen – wer auch immer sie sein mögen: eine Pippi, eine Madita, eine Mia, eine Ronja – sind alle stark und selbstbewusst. Es fällt schwer, in Astrid Lindgrens Welt ein einziges Mädchen zu finden, das man bedauern müsste.

Als Astrid Lindgren 1954 *Kati in Paris* schrieb, war sie Witwe. Nach langjähriger Krankheit starb Sture Lindgren 1952 – in den Jahren seiner Krankheit hatte er sich ganz auf Astrids Kraft verlassen.

Wie in so vielen anderen Ehen gab es in dieser Ehe manchen Anlass zur Freude, zugleich aber auch Sorgen und Kummer.

Den Humor, die Musikalität und das Lachen teilten Astrid und Sture Lindgren von Anbeginn an.

Eine Szene aus der Lindgren'schen Ehe ist klassisch. Ein Abend im Frühjahr des Jahres 1945, als Astrid Lindgren soeben die Korrekturfahnen von *Pippi Langstrumpf* erhalten hat. Still und ernst sitzt sie da und liest und wird dabei von ihrem Mann beobachtet.

Sture: »Du lachst ja gar nicht! Ist es denn nicht komisch?«

Astrid: »Nein, es ist nicht komisch.«

Sture (seufzt): »Stimmt, einen Sinn für Humor hast du ja nie gehabt.«

Aber in ihre geheime Dichterwerkstatt hat Astrid Lindgren ihren Mann nie hereingelassen, obwohl er ihr gern seine Ansichten mitteilte.

»Er hat die albernsten Änderungsvorschläge gemacht, aber um die habe ich mich nie gekümmert«, sagte sie lachend in einem Fernsehinterview.

Aus den Briefen und Tagebüchern, die Astrid Lindgren in den letzten Lebensjahren ihres Mannes schrieb, spricht eine große Besorgnis und zugleich eine wachsende Zärtlichkeit.

Am Tag nach seinem Tod schreibt sie in ihr Tagebuch:

> »While strolling out an afternoon in June ...«
>
> Das hat mein Liebster früher einmal gesungen. Und genau das tut er jetzt – strolling out an afternoon in June.
>
> Da liegt er nun und stirbt vor meinen Augen. »Birds were singing everywhere« – auch das sang er.
>
> Ja, jetzt gerade singen sie in den Bäumen von Sabbatsberg. Und mein Liebster liegt im Sterben. Er hört mich nicht mehr, sieht mich nicht mehr. Sonst hätte ich ihm danken wollen – dafür, dass er so lieb

> und gut war – an diesem Juniabend verlässt uns ein lieber, guter Mensch. Er war mir ein Kind, das ich sehr geliebt habe. Ich habe ihm immer die Hand gehalten, aber da, wo er jetzt hingeht, darf ich ihn nicht begleiten und ihm auch nicht die Hand halten. Gott, hilf ihm, trotzdem den richtigen Weg zu finden! Ich hätte ihm gern immer die Hand gehalten!

Bereits Ostern 1950 war Sture Lindgren ernsthaft erkrankt. »Ich glaubte allen Ernstes, dass er sterben würde«, schreibt Astrid Lindgren in ihr Tagebuch. Der Sohn Lars war inzwischen erwachsen und wollte heiraten, und Astrid Lindgren spürte, dass die Familiengemeinschaft etwas Zerbrechliches war.

> Eine Familie ist eine eigenartige Konstellation, jedes Mitglied, das ausbricht oder verschwindet, verändert die Familieneinheit. Sture + Astrid + Lars + Karin sind etwas ganz anderes als Sture + Astrid + Karin. Gebe Gott, dass nie nur Astrid und Karin übrig bleiben. Lass gegen Ende nur Sture und Astrid zurück, die anderen beiden sollen auf ihre Weise glücklich werden. Vielleicht wird es irgendwann Astrid + niemand heißen. Gerade jetzt habe ich das Gefühl, als wäre alles möglich. Das Leben ist etwas so Zerbrechliches, und das Glück lässt sich nicht festhalten.

In den Jahren nach Sture Lindgrens Tod spürt sie, dass sie sich an den Gedanken gewöhnen muss, ganz allein zu leben. An jedem Silvesterabend schreibt sie über die kommende Einsamkeit, mit der sie sich anfreunden muss. Silvester 1957:

> Nein, ich versuche, keine Angst zu haben. (...) Die Angst vor den Dingen macht das eigentliche Unglück aus. Lass daher das Leben mit sich bringen, was es mag, und lass mich stark genug sein, um alles anzunehmen, was es zu bieten hat.

Im Juni 1958 heiratet die Tochter Karin, und Astrid schreibt in ihr Tagebuch:

*Die Sendung »Zwanzig Fragen« lief über zehn Jahre im Rundfunk.*
*V. l. Per Martin Hamberg, Kjell Stensson, Astrid Lindgren und Stig Järrel.*

Jawohl! Jetzt heißt es stark sein! Denn jetzt ist der Moment gekommen, da »nur noch ein kleines Schweinchen übrig blieb«, nämlich ich, von einer vierköpfigen Familie.

Zu diesem Zeitpunkt, im Juni 1958, waren dreizehn Jahre seit Astrid Lindgrens literarischem Durchbruch vergangen. Im Lauf dieser Jahre hatte sie eine einzigartige Position erreicht. Sie hatte fast dreißig Bücher veröffentlicht, die alle in großen Auflagen in vielen Ländern erschienen waren, ein halbes Dutzend Theaterstücke für Kinder und ebenso viele Filmdrehbücher geschrieben und war gleichzeitig äußerst aktiv als Verlagslektorin für Rabén & Sjögren tätig. Sie war inzwischen eine bekannte Persönlichkeit und eine viel gefragte Rundfunkstimme und hatte sowohl in Schweden als auch im Ausland Diplome, Auszeichnungen und literarische Preise erhalten.

Wie reagiert ein Mensch, dessen äußere Lebensumstände sich im Alter von 38 Jahren plötzlich so drastisch verändern? Astrid Lindgren scheint keine größeren Probleme damit gehabt zu haben, sich an ihre Rolle in der Öffentlichkeit zu gewöhnen. Sie äußert sich schlagfertig und geistreich, ist einfach und anspruchslos, macht einen offenen, leicht zugänglichen Eindruck. Aber die Offenheit täuscht. Ist sie eigentlich jemals in der Person der öffentlichen Astrid Lindgren tatsächlich anwesend gewesen? Sie hat eine starke Integrität und weiß sich erfolgreich zu verbergen. Sie sagt selbst, sie habe stets das Gefühl gehabt, dass das, was in der Welt draußen mit ihr geschah, nicht ganz wirklich gewesen sei, eigentlich komme es ihr völlig unwesentlich vor. Im Juni 1958 sitzt sie zu Hause in der Dalagatan und ist nur »ein kleines Schweinchen, das allein übrig geblieben ist«.

# 9

*Die H.-C.-Andersen-Medaille*
*– der angesehenste Kinderbuchpreis der Welt –*
*wird 1958 im Palazzo Vecchio in Florenz*
*an Astrid Lindgren verliehen.*

Das Leben im Rampenlicht ist flüchtig und oberflächlich und birgt ebenso viel Einsamkeit und Verlassenheit wie das alltägliche Leben, wenn auch auf andere Art. Für Astrid Lindgren ist es immer selbstverständlich gewesen, sich gegen die Öffentlichkeit zu wehren, um Ruhe zu finden und vor den Ansprüchen und maßlosen Erwartungen fremder Menschen fliehen zu können.

Für eine Person, deren Alltag unentwegt von äußeren Impulsen zersplittert wird, ist Arbeitsruhe der größte Luxus. Bis in ihr einundneunzigstes Lebensjahr hinein war Astrid Lindgrens Tagesprogramm ausgebucht. Noch bis ins hohe Alter schrieb sie oft bereits morgens um fünf daheim im Bett ihre Geschichten im Stenogramm nieder. Im Lauf des Vormittags landet die Post im Briefkasten, Post aus der ganzen Welt: Briefe von Kindern aus Hawaii und Briefe von Kindern aus Kenia, Briefe von erwachsenen Japanern und erwachsenen Australiern, unzählige Briefe aus Deutschland, von Erwachsenen und von Kindern, oder Bettelbriefe von hoffnungsvollen Landsleuten. Das ganze Jahr über bekommt sie im Durchschnitt 150 Briefe pro Woche und hat immer versucht, alle irgendwie zu beantworten.

Bis zu ihrem fünfundsiebzigsten Geburtstag 1982 bewältigte Astrid Lindgren ihre gesamte Korrespondenz allein, allerdings mit Hilfe ihrer nächsten Angehörigen, die sich um die meisten der unzähligen Kinderbriefe kümmerten.

Ich erinnere mich an einen Abend im Frühjahr 1970, als Tove Jansson bei uns zu Besuch war und wir Astrid Lindgren als Gast hatten. Die beiden waren sich noch nie begegnet, und das dominierende Gesprächsthema des Abends, für beide gleich drängend, war:

*Tove Jansson und Astrid Lindgren erhielten beide 1970 den Kinderbuchpreis »Heffaklumpen« der Zeitung* Expressen.

»Wie schaffe ich es, alle Briefe zu beantworten, ohne den Verstand zu verlieren?«

Sie waren sich darin einig, dass Kinderbriefe beantwortet und ernst genommen werden müssen – man darf ein Kind nie täuschen. Aber die meisten Kinderbriefe werden geschrieben, weil die Lehrer in der Schule dazu auffordern, ohne zu bedenken, dass sie dadurch eine Massenproduktion von Briefen auslösen, denen sie oft noch den ahnungslosen Kommentar hinzufügen, die Kinder wären sehr enttäuscht, wenn sie keine Antwort erhielten.

Es gibt immer Erwachsene, die bedeutende Autoren auf Kosten der Kinder auf sentimentale Weise zu Idolen erheben. Tove Jansson erwähnte die Statue in Helsinki, die den sitzenden Zacharias Topelius zeigt, von Kindern umgeben, die ihm auf den Schoß krabbeln und an ihm herumklettern.

»Also, weißt du, dass sie so auf ihm herumklettern und krabbeln, das finde ich doch etwas übertrieben«, sagte Tove Jansson.

Und dann erzählte sie Folgendes: An einem Sommerabend war Topelius endlich auf der hinteren Veranda zur Ruhe gekommen, als er die Nachricht erhielt, vor dem Haus erwarte ihn eine neue Huldigung in Form von singenden Kindern, angeführt von einem begeisterten Lehrer.

»Soll doch der Teufel die Kinder Finnlands holen!«, rief da der viel geliebte Dichter aus. Dann, fuhr Tove Jansson fort, trat er vors Haus und nahm die Huldigungen liebenswürdig entgegen.

Astrid Lindgren ist von Anfang an für alle Kinder, die ihr schrieben, offen gewesen. Aber an die Lehrer in den Schulen hat sie schließlich öffentlich appelliert. »Jetzt muss ich um Hilfe rufen!«, schrieb sie 1986 in einem Artikel. »Jetzt appelliere ich an alle Lehrer in Schweden. Lasst mich Bücher schreiben anstelle von Briefen!«

Nach ihrem fünfundsiebzigsten Geburtstag, als ihre Wohnung von Postsäcken überquoll, konnte sie nicht mehr. Sie wandte sich an Kerstin Kvint, ihre alte Freundin und Mitarbeiterin im Verlag Rabén & Sjögren, die ihr viele Jahre lang mit den Auslandsrechten geholfen hatte. Kerstin Kvint erzählt selbst in ihrem Buch *Astrid in der weiten Welt*:

*Astrid mit einigen der 3000 verschiedenen ausländischen Ausgaben ihrer Bücher*

Eines Tages kam sie erschöpft und überarbeitet in den Verlag. Zwar hatte sie ihren Posten als Verlagslektorin 1970 aufgegeben, aber mit ihrem eigenen Schreiben und ihren zahlreichen internationalen Kontakten hatte sie immer noch eine ungeheure Arbeitslast zu tragen. Jetzt war sie jedoch müde, sehr müde.

Seit jenem Tag im Jahr 1982 ist Kerstin Kvint als Astrid Lindgrens Sekretärin tätig – und mittlerweile ist sie diejenige, die alles über Astrid Lindgrens professionelles Dasein weiß, sowohl daheim in Schweden als auch in der ganzen Welt. In ihrem interessanten und sehr lesenswerten Buch vermittelt sie ein anschauliches Bild von Astrid Lindgrens überwältigenden Erfolgen; außerdem hat sie Stimmen von den großen Verlagen in der ganzen Welt gesammelt, verschiedene Stimmen mit ganz unterschiedlichen Präferenzen. Voller Interesse wird man sich fragen, warum manche Bücher in Deutschland beliebt sind und nicht in Russland, warum andere wiederum in Polen gut ankommen, aber nicht in Frankreich.

Die Erfolgsstory des Oetinger Verlages in Hamburg – Astrid Lindgrens mit Abstand größter ausländischer Verlag mit einer Veröffentlichungsliste von 72 Lindgren-Titeln und einer Gesamtauflage von 20 Millionen Exemplaren – ist ebenso typisch für Astrid Lindgren wie ungewöhnlich für die Verlagsbranche.

Es war 1949 und fünf deutsche Verlage hatten *Pippi Langstrumpf* abgelehnt, als Astrid Lindgren, die inzwischen fest angestellte Lektorin bei Rabén & Sjögren war, von einem jungen, etwas abgerissenen Menschen aus Hamburg Besuch erhielt, der auf der Suche nach Büchern war. Es war – wie Astrid Lindgren es später selbst beschrieben hat – »der braunäugige, sanftmütige, freundlich lächelnde Friedrich Oetinger in seinem etwas abgetragenen Überzieher.« Er hatte einen neu gegründeten Verlag in Hamburg und wollte jetzt eine Option auf dieses Buch über Pippi Langstrumpf haben, das angeblich so ungewöhnlich sein sollte. Astrid Lindgren mochte ihn auf Anhieb, er wirkte so jung und arm und war so sehr von der Verlegerei begeistert, und wen sie einmal ins Herz geschlossen hat, dem bleibt sie treu. Der Oetinger Verlag erhielt von nun an alle ihre Bücher und ist jetzt einer von Deutschlands größten Verlagen, alles dank der schwedischen Kinderbücher.

Einen Begriff von Astrid Lindgrens internationalem Erfolg zu vermitteln ist schwierig. Zahllose Journalisten haben im Lauf der Jahre versucht, den Umfang ihrer internationalen Gesamtauflage zu beschreiben: Man hat zum Beispiel 175 Eiffeltürme aufeinander gestellt und die Bücher in dreifachen Reihen um den Erdball gelegt. Aber solche Bilder erzeugen nur Schwindelgefühle, und exakte Fakten waren schwer zu erfahren – bis jetzt. In Kerstin Kvints Buch kann man nun nachlesen, dass Astrid Lindgrens Werk in 76 Sprachen übersetzt worden ist, von Afrikaans und Singalesisch bis zu den verschiedenen östlichen Sprachen – Aserbaidschanisch, Kirgisisch, Usbekisch und viele andere mehr. Kerstin Kvint zieht den Vergleich mit Selma Lagerlöf, die in 38 Sprachen veröffentlicht ist, und mit August Strindberg, den es in 36 Sprachen gibt. Über die Gesamtzahl der Veröffentlichungen im Ausland weiß Kerstin Kvint zu berichten, dass sie 1997 »3000 verschiedene Ausgaben überschritten haben muss, wobei insgesamt annähernd 80 Millionen Exemplare verkauft worden sind.«

Vor allem in der ehemaligen Sowjetunion wurde Astrid Lindgren zu einer wahren Volksdichterin, eine Tatsache, die sie »nicht groß aufregte«, wie sie selbst es ausdrückt. Boris Pankin, der Anfang der achtziger Jahre sowjetischer Botschafter in Stockholm war, erzählte ihr, in den meisten sowjetischen Familien seien zwei Bücher vertreten, nämlich die Bibel und *Karlsson vom Dach*.

»Eigenartig«, sagte Astrid Lindgren. »Ich hatte ja keine Ahnung, dass die Bibel so beliebt ist.«

In der Sowjetunion und im jetzigen Russland haben sich ihre

Bücher über 50 Millionen Mal verkauft. Anlässlich ihres neunzigsten Geburtstags 1997 kam die Redaktion von »Der Held des Tages« für ein langes Interview nach Stockholm. »Der Held des Tages« ist zurzeit die beliebteste Fernsehsendung in Moskau und hat oft über 50 Millionen Zuschauer. Astrid Lindgren ist eine der wenigen schwedischen Persönlichkeiten, die der Mann auf der Straße in Russland kennt. Die Taxifahrer unterhalten sich über sie, und Redewendungen aus ihren Büchern – wie zum Beispiel Karlssons »ein gerade richtig dicker Mann in den besten Jahren« – sind in die russische Umgangssprache eingeflossen. Eben Karlsson vom Dach ist seit langem die beliebteste von allen Astrid-Lindgren-Gestalten. Ende der fünfziger Jahre druckten die Russen Karlsson in einer Erstauflage von 115 000 Exemplaren, und trotz einer ziemlich schlechten Übersetzung, wie der Übersetzer und Russlandkenner Staffan Skott festgestellt hat, sind seither 60 verschiedene russische Ausgaben erschienen. Der ehemalige schwedische Ministerpräsident Ingvar Carlsson hat berichtet, dass er Ende der achtziger Jahre bei einem Besuch in Moskau zu hören bekam, er sei der »falsche Karlsson«.

»Das Geheimnis von Astrid Lindgrens Erfolg«, schrieb *Literaturnaja Gaseta* 1972, als Astrid Lindgren fünfundsechzig wurde, »liegt in ihrer Fähigkeit, in die Welt der Kinder einzudringen und die Psychologie der Kinder zu verstehen. Ein weiterer Grund ist die Menschenliebe, die ihr ganzes Werk durchdringt.«

Schon damals, im selben Jahr, war *Karlsson vom Dach* in *Literaturnaja Gaseta* einer tiefsinnigen, positiven Analyse unterzogen worden, und zwar anlässlich der Karlsson-Inszenierung des Satirischen Theaters in Moskau. »Karlsson ist untrennbar mit der heilen Kindheit verbunden«, meinte die Zeitschrift, »mit jener Kindheit, die uns Erwachsenen kaum noch zugänglich ist.«

Karlsson vom Dach, ein Symbol für die unverdorbene Kindheit? Ausgerechnet Karlsson?

Von Jung-inspirierten schwedischen Kritikern ist Karlsson als Lillebrors dunkler Schatten beschrieben worden, der die verdrängte Bosheit und die egoistischen Impulse des Kindes verkörpert.

In einer autoritären Gesellschaft, die, wie die damalige Sowjetunion, spontane Gefühlsregungen zensiert, funktionierte Karlsson gewiss sowohl für Kinder als auch für Erwachsene als eine Art Sicherheitsventil: Er setzte ein verbotenes anarchistisches Gelächter über aufgeblasene Parteifunktionäre und selbstzufriedene Volkserzieher frei.

Karlsson besteht aus lauter Eigenschaften, die man an sich selbst nicht wahrhaben will. Aber man braucht bloß in irgendeinem beliebigen Land Kinder zu fragen, um sogleich einen Spielkameraden gezeigt zu bekommen, der an Karlsson erinnert. Karlsson ist eine Erfindung, sagen Lillebrors Eltern. Karlsson ist eine Projektion, würde Freud sagen. Das befreiende Lachen, an dem wir alle teilhaben, versöhnt uns zutiefst mit uns selbst.

Während Karlsson in der Sowjetunion gepriesen wurde, gingen die *schwedischen* Kritiker hart mit ihm ins Gericht. Die Literaturwissenschaftler Eva Adolfson, Ulf Eriksson und Birgitta Holm schrieben in ihrem Essay »Anpassung, Flucht, Befreiung: Das Kinderbuch in der Realität«:

> Denn was ist Karlsson anderes als die hemmungslose Entblößung unseres privaten Egoismus, unserer Rücksichtslosigkeit, Gier und Selbstbehauptung. Der Jubel, den er ja tatsächlich hervorruft, lässt sich darauf zurückführen, dass er schamlos all jene Eigenschaften verkörpert, die die Antriebskräfte der bürgerlichen Gesellschaft ausmachen – während diese Eigenschaften ja gleichzeitig im Namen der Doppelmoral mit Schuld beladen und als Laster bezeichnet werden.

In Russland wurde Astrid Lindgrens Status als Megastar 1996 auf hohem Niveau bestätigt, als die russische Wissenschaftsakademie sie ersuchte, dem neu entdeckten Asteroiden Nr. 3204 ihren Namen zu leihen.

»Von nun an dürft ihr mich Asteroid Lindgren nennen«, verkündete sie aus der Dalagatan.

In keinem Land ist Astrid Lindgren so beliebt wie in Deutschland, ja, fast nicht einmal in Schweden selbst. 135 Schulen sind nach ihr benannt, deutsche Fernsehsender bitten ständig um ihre Mitwirkung, der frühere Bundeskanzler Willy Brandt zitierte sie in seinen Reden, in der Gewissheit, dass seine Zuhörer nicht nur mit ihrem Werk, sondern auch mit ihrer Person wohl vertraut waren. Auf der großen jährlichen Buchmesse in Frankfurt ist ihr Bild in riesenhafter Vergrößerung zu sehen. Auch persönlich ist Astrid Lindgren auf der Buchmesse gewesen, zusammen mit anderen Verlagslektoren. Als unauffällige Wirklichkeitskopie hielt sie sich unterhalb der großen Starporträts auf. Es kam mitunter sogar vor, dass sie unbekannte ausländische Verlagskollegen freundlich zwischen den schwedischen Ständen herumführte, ohne von ihnen erkannt zu werden.

Auch in der angelsächsischen Welt – in England und den USA – hat Astrid Lindgren große Erfolge gehabt, aber dort gibt es gleichzeitig so zahlreiche andere geniale Kinderbuchautoren, dass sie nicht als völlig einzigartig dasteht. Vielleicht ist das Bedürfnis der Kinder nach einer Pippi oder einem Karlsson vom Dach in den USA und in England auch nicht so groß wie in Russland und Deutschland?

Die viktorianischen Kinderbuchautoren erledigten die spielerische Revolte gegen die Autorität bereits Ende des neunzehnten Jahrhunderts auf ihre spezielle geistvolle Art: Edward Lear mit seinen Nonsens-Versen, Lewis Carroll mit *Alice im Wunderland*, Kenneth Grahame mit *Der Wind in den Weiden*, James Barrie mit *Peter Pan* und später, in den zwanziger Jahren, A. A. Milne mit *Pu der Bär*. Die Kinderbuchautoren führten eine neue Bewertung der Kindheit in das gesellschaftliche Bewusstsein der englischen Oberschicht und des Bürgertums ein. Die Kindheit wurde zum »Golden Age«. In keinem Land hat man später ein solches Verständnis für »Kindlichkeit« und Nonsens gezeigt wie in England.

In dem französischen, eher kühl intellektuellen Klima haben sich Astrid Lindgrens offenherziger Humor, ihre Frechheit und Spontanität nicht richtig durchsetzen können. Die klassische französische

Kinderliteratur – mit Büchern wie *Der kleine Prinz, Der rote Ballon* und *Babar* – ist in einer poetischen Landschaft angesiedelt, erschaffen aus der Wehmut und Nostalgie eines *Erwachsenen* oder der pädagogischen Lust eines *Erwachsenen.* Das Kindliche wird in Frankreich nicht allzu hoch geschätzt, und in französischen Kinderbüchern gibt es nur sehr wenig echte Kindlichkeit.

Die französische Kinderkultur ist schon immer von einer stark autoritären Sicht auf Kinder und Kindererziehung dominiert worden. Kein Wunder, dass der französische Verlag, der *Pippi Langstrumpf* 1951 herausgab, das Buch heftig zensierte und das allzu Provozierende und Anarchistische strich. Unter anderem wollte der französische Verlag keinen Umschlag verwenden, auf dem Pippi ihr Pferd auf ausgestreckten Armen in die Luft hob. Sie konnten sich höchstens ein Mädchen vorstellen, das ein Pony hochhob.

»Die französischen Kinder haben Kriegserfahrungen gemacht, daher sind sie realistischer als schwedische Kinder«, erklärte der Verleger. »Französische Kinder würden nie an ein Mädchen glauben, das so stark ist, dass es ein ausgewachsenes Pferd hochheben kann.«

»Ach so«, erwiderte Astrid Lindgren. »Aber dann zeigen Sie mir doch bitte ein Mädchen, das in Wirklichkeit ein Pony mit gestreckten Armen in die Luft stemmt.«

Kerstin Kvint beschreibt in ihrem Buch die Nonchalance der französischen Verlage. Das änderte sich erst, als eine schwedische Wissenschaftlerin, Christina Heldner, einen kritischen Aufsatz über die französische Pippi-Übersetzung präsentierte. Die französischen Kinder bekamen die »richtige« Pippi erst 1995 zu lesen.

Astrid Lindgrens Werk – neben ungefähr hundert Büchern auch noch an die zwanzig Filme und Fernsehserien – ist natürlich ein goldener Exportschlager geworden, ein Volvo oder Kugellager der Kulturindustrie. Sie selbst hat viel Geld verdient und nicht ohne Ängste beobachtet, wie ihre Einnahmen stetig stiegen.

Im Jahresrückblick des Tagebuchs wird ihre Besorgnis von Jahr zu Jahr deutlicher sichtbar. Am Weihnachtstag 1972 schreibt sie:

> Was habe ich nur für eine gottserbärmliche Menge Geld verdient, schlimmer denn je ... Das macht mir Angst. Ich will kein Geld *haben*. Ein Glück, dass Finanzminister Sträng es haben will.

Neujahr 1975:

> Zum Glück sind meine Einnahmen ein wenig gesunken (endlich!).

Das mag nach Luxusseufzern eines heuchlerischen Kapitalisten klingen, aber wer Astrid Lindgren kennt, weiß, dass ihre eigenen Bedürfnisse sehr bescheiden sind und dass es ihr keinen Spaß macht, sich mit Investitionen abzugeben.

Während der ganzen Jahre ist Astrid Lindgren völlig in ihrer literarischen Tätigkeit aufgegangen. Sie hat keinerlei Interesse daran gehabt, irgendwelche Immobilien in Schweden zu erwerben und auch nicht im Ausland – was nach den Pomperipossa-Artikeln 1976 von der sozialdemokratischen Presse suggeriert wurde. Die heftigen Attacken, denen sie in jenem Jahr im Zusammenhang mit der Wahl ausgesetzt war, ließen sie seufzen:

> Manchmal hoffe ich sogar, dass mir vielleicht irgendwann um dieser Kinder willen endlich vergeben wird, dass ich mit meinem Schreiben Geld verdient habe. Geld, das ich weiß Gott versucht habe, mit anderen zu teilen. Und nicht nur mit Sträng.
>
> Aber mir wird nicht vergeben. Geld zu verdienen ist was Hässliches, Schändliches und Verdächtiges, ganz gleich, wie man es verdient und wie viel Steuern man bezahlt.

In allen Jahren hat Astrid Lindgren anspruchslos gelebt, mit einem Lebensstandard, der eher unter als über dem Durchschnitt lag. Immer noch bewohnt sie dieselbe Mietwohnung wie in den vierziger Jahren. Im Lauf der Jahre hat sie lieber große Geldsummen an einzelne Personen verschenkt und an Organisationen wie zum Beispiel BRIS (Barnens rätt i samhället – Das Recht der Kinder in der Gesellschaft), als sich mit Aktien und anderen Geldanlagen zu befassen. Ihre größte Investition war, als sie ihr altes Elternhaus, den Pachthof Näs in Vimmerby, freikaufte und restaurieren ließ.

Nach Vimmerby ist sie immer wieder zurückgekehrt und im Lauf der Zeit ging den Leuten dort auf, was für ein Publicity-Kapital es war, Bullerbü innerhalb der Stadtgrenzen zu haben. Schon in den sechziger Jahren bekam eine Schule in Vimmerby Astrid Lindgrens Namen und Anfang der siebziger Jahre wurden die Straßen in einem Neubaugebiet bei Näs nach ihr und ihren Büchern benannt. Dort findet man, außer der Astrid-Lindgren-Straße, auch die Krachmacherstraße, die Klein-Ida-Gasse, die Kalle-Blomquist-Straße, die Salikons-Gasse usw. Aber das Gefühl für den Stadtkern mit all den alten Häusern, die Astrid Lindgren in ihre Erzählungen einbezogen hat, war bei den Städteplanern von Vimmerby lange Zeit schwach entwickelt. Mehr als einmal hat sie zusammen mit anderen Vimmerbybewohnern gegen die Zerstörung des schönen alten Stadtbildes protestiert.

Die späteren Gemeindepolitiker von Vimmerby waren hellhöriger, sie sahen ein, dass es Freude und Nutzen brachte, mit Astrid Lindgrens Namen verknüpft zu werden. Seit den achtziger Jahren gibt es in Vimmerby »Die Welt der Astrid Lindgren« – einen Märchenpark, wo Astrid Lindgrens Dichtung lebendig wird und ihre Gestalten frei umherwandern und besuchenden Kindern und Erwachsenen begegnen.

Der Ursprung dieser Anlage war ein Miniaturpark, der von ein paar hobbybastelnden Vätern gebaut wurde, vor allem um ihren eigenen Kindern und deren Freunden eine Freude zu machen. Die Idee wurde Ende der achtziger Jahre von der Stadt Vimmerby übernommen und weiterentwickelt. Jetzt, zehn Jahre später, ist daraus ein Erlebnispark für Jung und Alt entstanden, mit ca. 250 000 Besuchern pro Jahr. Astrid Lindgren selbst ist finanziell nicht an diesem Unternehmen beteiligt, aber durch einen Aufsichtsrat, fünf Frauen, die sie alle persönlich ausgewählt hat, wacht sie über die Qualität des Ganzen.

Am 14. November 1998, ihrem Geburtstag, wurde der Astrid-Lindgren-Hof eingeweiht – eine neu gebaute Ausstellungshalle und ein Museum für Kinder und Erwachsene.

In Stockholm gibt es seit einigen Jahren Junibacken – Birkenlund – zu sehen, wo der Besucher sich auf eine Reise durch Astrid Lindgrens bekannteste Werke begeben kann. Für das Projekt verantwortlich ist die junge Künstlerin Marit Törnqvist, die zur Hälfte holländischer Abstammung ist. Astrid Lindgren hat immer die richtigen Künstler gefunden: Björn Bergs Michel oder Ilon Wiklands viele Astrid-Lindgren-Gestalten lassen sich nicht mehr wegdenken. Marit Törnqvist ist die Letzte in der Reihe dieser Künstler, die Astrid Lindgrens Dichtung mit eigenen Gefühlen und Erfahrungen Leben verliehen haben. In Junibacken tummeln sich die Festtags-

*Olle Holmberg war viele Jahre einer von Astrid Lindgrens besten Freunden. Hier sitzen sie beide neben Fritjof Nilsson Piraten.*

gäste auf Katthult, Madita balanciert lebensgefährlich auf dem Dach der Waschküche und die entsetzliche Katla versprüht ihr Gift in den Bergen rings um das Heckenrosental. Alles ist atemberaubend, wiedererkennbar und dennoch ganz neu.

Im Lauf der Jahre ist es Astrid Lindgren gelungen, einen großen Teil der Skepsis und Herablassung abzubauen, die Kinderbuchautoren vor ein paar Jahrzehnten häufig entgegengebracht wurden. 1963 wurde sie als erste Kinderbuchautorin in die literarische Gesellschaft De Nio (Die Neun) gewählt, wo sie u.a. Professor John Landqvist wiederbegegnete, ihrem alten Widersacher aus den vierziger Jahren, der ihr inzwischen voll und ganz freundschaftlich gesinnt und bereit war, das meiste zurückzunehmen. In dem Literaturprofessor Olle Holmberg, der bereits Anfang der fünfziger Jahre anerkennende Artikel über ihre Bücher geschrieben hatte, fand sie einen guten Freund. Als der so genannte neue Roman, von Frankreich inspiriert, sich in minutiösen, detaillierten Beschreibungen von Trivialitäten erging, »wo der Held (...) zwei ganze Seiten lang damit beschäftigt ist, seinen Hemdenknopf zuzumachen«, stellte Olle Holmberg den Vergleich mit den Bullerbü-Büchern an, die er »als ein kühnes Experiment mit der Alltäglichkeit« bezeichnete. »Aber woran das auch liegen mag, Astrid Lindgrens Hemdenknöpfe sind nie langweilig.«

In seinem großen Essay »Astrid Lindgren, das Als-ob-Spiel und das einsame Kind« grenzt er die in der Kinderliteratur oft vorkommenden »erfundenen Spielgefährten« von solchen Gestalten wie Pippi Langstrumpf und Karlsson vom Dach ab.

> Kritiker, die gern psychologisieren und Astrid Lindgren vor dem Verdacht des allzu offenkundigen Flunkerns bewahren wollen, bezeichnen Karlsson vom Dach und ähnliche Gestalten in ihrem Werk als fiktive Spielgefährten, erfundene Freunde. In Karlssons sehr philosophischer Entgegnung an die so genannten Wirklichkeitsmenschen, die seine Existenz bezweifeln: »Erfunden, das können sie selber sein!«, steckt eindeutig auch die Verärgerung der Autorin, die sich damit selbst auf seine Seite stellt. Was könnte Karlsson denn anderes sein als erfunden? Genau wie viele andere Dinge auch – in den Märchen, in den Romanen, ja, sogar in der Religion.

1971 wurde Astrid Lindgren von der Schwedischen Akademie geehrt und mit einer Goldmedaille ausgezeichnet. Stolz berichtete sie in den Zeitungen, die Goldmedaille sei schwer wie eine Flasche Bier. Nun war sie »akademiefähig«, das heißt, sie hätte in die Akademie gewählt werden können. Jedes Mal, wenn es wieder einen leeren

*1971 kann Astrid Lindgren aus der Hand von Artur Lundkvist die große Goldmedaille der Schwedischen Akademie entgegennehmen.*

Akademiestuhl gab, war sie eine der beliebtesten Kandidatinnen der Medien für ebendiesen Stuhl. Sie selbst hat immer wieder versichert, sie sei es zufrieden, nicht aufgefordert zu werden. Genauso hat sie darauf reagiert, dass die so genannte öffentliche Meinung jeden Herbst den Nobelpreis für sie gefordert hat. Auf einer Buchmesse in Göteborg wies sie diesen Anspruch erschrocken zurück:

> Ich glaube, wir sollten Gott lieber bitten, mich mit dem Nobelpreis zu verschonen. Nelly Sachs ist daran gestorben, davon bin ich überzeugt, und das würde ich auch tun.

Und die Einsamkeit?

Im Lauf der Jahre sind die Momente der Isolation und Einsamkeit immer seltener und immer kostbarer geworden. Mit jedem Jahr ist Astrid Lindgrens Bedürfnis gewachsen, die Maske, das öffentliche Bild hinter sich zu lassen und die Melancholie ohne Zensur ausleben zu dürfen – die Melancholie und auch die ungehemmte Ausgelassenheit, die Verrücktheit.

Auf die Frage, welcher Tag des Jahres ihr der liebste sei, würde sie vermutlich antworten: der Weihnachtstag. Am Weihnachtstag ist der Heiligabend mit allen Kindern und Enkelkindern durch die Dalagatan hindurchgestürmt, die Geschenkpapiere sind weggeräumt, und sie erlebt fast ekstatisch die anschließende Stille und Ruhe.

Jahr für Jahr, an jedem Weihnachtstag drückt sie diese geheime Freude über die wohltuende Einsamkeit aus. 1963 schreibt sie am Heiligabend:

> Das Wohnzimmer sah völlig wahnsinnig aus, als sämtliche Pakete sich darin ergossen. Doch dann zogen sie alle weiter zu neuen Geschenkequellen, und ich räumte auf und verbrachte ein herrliches Stündchen mit dem *Okkulten Tagebuch* von Strindberg, Musik aus dem Radio und einem köstlichen Abendessen, bestehend aus kalten Rippchen, Bier und Schnaps, haha!

Und Silvester 1964 schreibt sie eine Liebeserklärung an das Leben in der Einsamkeit:

> Heute habe ich mir Alleinsein vorgenommen, den ganzen Tag nichts als das wonnigste Alleinsein, Bücher, ein dänisches Buch, *Det dyrebare liv* und dazu Beethoven. (...) Wie ist es möglich, dass es Menschen gibt, die sich langweilen, lieber Gott, wie soll die Zeit nur ausreichen, wie um Himmels willen soll man es schaffen, alle Bücher zu lesen, alle Musik zu hören, alle Orte der Welt zu sehen? Nein, das war gelogen, die will ich gar nicht sehen, viel lieber will ich Zeit finden für die unglaublichen Naturerlebnisse, Menschenerlebnisse und Kunsterlebnisse, die uns während dieses kurzen Lebensaugenblicks geboten werden. Und dann braucht man ja auch noch Zeit, um nur dazusitzen und vor sich hinzustarren!

Der Weihnachtstag 1970:

> Heute Vormittag habe ich eine Sendung über den jungen Beethoven im Radio gehört und darin hieß es, am allerglücklichsten sei er gewesen, wenn alle übrigen Familienmitglieder unterwegs waren und er ganz allein sein konnte! Lieber Ludwig, wie gut ich dich verstehe! Du und ich und Fredrika Bremer, wir sind einer Meinung! Aber kaum habe ich diese hochmütige Äußerung hingeschrieben, fällt mir natürlich ein, wie sehr ich mich nach meinen Kindern und Enkelkindern sehne, wenn ich sie nicht um mich habe. Doch das hindert mich also nicht daran, dass ich geradezu unheimlich gut allein sein kann, der einzige Punkt, worin ich mich mit Beethoven und Fredrika messen kann (...).

Im Juli 1969 stirbt Samuel August im Alter von 94 Jahren und 7 Monaten. In der *Vimmerby Tidning* erscheint ein ausführlicher Nachruf, in dem er als »der Ehrenkirchenälteste und Vimmerbys grand old man« beschrieben wird, der annähernd vierzig öffentliche Ämter hinter sich hatte – »aber daraus lässt sich nicht ersehen, was für ein bezaubernder Mensch er war, wie durch und durch gut und lieb, und wie leer es auf Erden ist, seit er von uns gegangen ist«, schreibt Astrid in ihr Tagebuch.

Hanna war schon acht Jahre früher gestorben. Astrid begann jetzt, die Liebesgeschichte ihrer Eltern aufzuschreiben. Sie hatte die alten Liebesbriefe hervorgeholt, die all die Jahre in einem Kästchen im Büfett von Näs gelegen hatten. Außerdem sammelte sie Samuel

*»Lasse aus Bullerbü, der erste Sachensucher.«*

Augusts eigene Erzählungen über die Familie und über Ereignisse, die er erlebt hatte, aber vor allem über seine erste Begegnung mit Hanna und den Anfang ihrer lebenslangen Gemeinschaft, alles Berichte, die sie im Stenogramm festgehalten hatte.

Die Erzählung über »Samuel August von Sevedstorp und Hanna in Hult« erschien zuerst in der Zeitschrift *Vi* und später, um ein paar zusätzliche autobiografische Skizzen von der Kindheit auf Näs erweitert, als Buch. Dass die Geschichte ihrer Eltern auf ein so großes Interesse stoßen würde, damit hatte Astrid Lindgren nicht gerechnet. Erstaunt stellt sie im Tagebuch fest, dass es »in weiten Kreisen eine Menge Tränen ausgelöst hat. (...) Wenn die guten Seelen in ihrem Grab auf dem Friedhof von Vimmerby das wüssten.«

Auch 1974 wurde zu einem weiteren Jahr der Trauer für Astrid Lindgren. Viele ihrer engsten Freunde starben, und die größte Leere hinterließ ihr Bruder Gunnar. Zwischen den Geschwistern Ericsson bestand das ganze Leben hindurch eine ungewöhnlich enge Bin-

*Die Geschwister auf Näs in den sechziger Jahren.*

dung, die in den Kindheitserlebnissen wurzelte. Zwischen Astrid und Gunnar waren die Bande besonders stark.

> Mein kleiner Herzensbruder ist tot! (...) Ich traure ganz schrecklich um ihn und erinnere mich daran, wie nah wir uns in der Kindheit waren. Lasse aus Bullerbü, der erste Sachensucher, ist tot! Das erste zerbrochene Glied in der Geschwisterkette. (...) Mir fehlen sein Überschwang, seine Vitalität, sein Zorn, seine Selbstgerechtigkeit, seine Sensibilität, die Liebe, die er mir entgegenbrachte, am meisten traure ich um den kleinen Gee, mit dem ich den Sandhaufen und die Grube auf der Weide und das Sachensuchen teilte.

In Bullerbü kam der Tod nur als ein plötzlicher unruhiger kleiner Windhauch vor – als den Bullerbü-Kindern aufgeht, dass Großvater nicht unsterblich und das Dasein vielleicht nicht einmal in Bullerbü so selbstverständlich und sicher ist.

1973 hatte Astrid Lindgren *Die Brüder Löwenherz* herausgebracht, wo die Einsicht in die Unausweichlichkeit des Todes bereits auf den ersten Seiten festgehalten wird.

Zwischen den Bullerbü-Büchern und *Die Brüder Löwenherz* liegen ein ganzes dichterisches Werk und die wachsende Einsicht in die Kräfte, die unser Leben formen, selbst wenn wir als Bullerbü-Kinder auf die Welt kommen.

»Sonst ist man kein
Mensch,
sondern nur ein Häufchen
Dreck.«

# 1

»Ich finde«, sagt die 11-jährige Anna, »dass Astrid Lindgren ganz anders ist als alle andern, die Kinderbücher schreiben, weil sie so viele verschiedene Sorten schreibt, alle Sorten, die es gibt. Und auch in jedem Buch ist alles anders. Wenn man ein trauriges und schreckliches Buch liest, ist es meistens die ganze Zeit schrecklich und traurig, aber in *Die Brüder Löwenherz* ist es irgendwie gleichzeitig schrecklich und schön, ich meine, es ist unheimlich und gleichzeitig ist Jonathan doch so lieb zu Krümel. Und dann darf man plötzlich auch lachen, zum Beispiel als Krümel nach Nangijala kommt und er nicht mehr krank ist und er spürt, dass seine Beine gerade und gesund sind, da glaubt er, dass er außerdem noch schön geworden ist, wie so ein Märchenprinz, genau wie Jonathan, und er legt sich an den Bach, um sich zu spiegeln und sich selbst zu bewundern, aber er sieht ja genauso aus wie vorher und er sieht so komisch aus mit den struppigen Haaren und da muss man lachen, weil es so komisch ist, dass er glaubt, er sei wunderschön geworden ...«

»Oft war als Erstes der Name da«, sagt Astrid Lindgren. »Ein Name wie Pippi Langstrumpf oder Michel aus Lönneberga oder Herr Lilienstengel.«

»Rate mal, was Michel aus Lönneberga einmal gemacht hat!«, warf sie beispielsweise hin, um ein laut brüllendes Enkelkind zum Schweigen zu bringen. Diesen Namen hatte sie im selben Augenblick aus der Luft gegriffen, aber das Kind verstummte und die Großmutter musste etwas erzählen.

Herr Lilienstengel war eine Erfindung der Tochter Karin, genau wie Pippi Langstrumpf. Karin bekam ihr Märchen über Herrn Lilienstengel, sie bestimmte selbst, dass er ein freundlicher fliegender kleiner Herr sein sollte, der einsame Kinder zu besuchen pflegte, wenn keine Erwachsenen in der Nähe waren. Das Märchen bekam den Namen *Im Land der Dämmerung*. Doch dann passierte etwas mit Herrn Lilienstengel. Er kam mit einem Propeller angeflogen und hatte inzwischen einen anderen Namen angenommen: Karlsson vom Dach. Zum ersten Mal tauchte Karlsson vom Dach in einer Radioserie auf. Da war er noch ein jovialer Onkel, ein freundlicher Fantasie-Kamerad, aber als er ins Buch kam, veränderte er sich. Er wurde ein Zwischending zwischen kindlichem Onkel und herablassend onkelhaftem Kind, ungebärdig und schwierig, leicht gekränkt und dünkelhaft, ein unerträglicher Geselle, der alle schlimmen und lächerlichen Eigenschaften spiegelt und vergrößert, die wir insgeheim mit uns herumtragen, aber nicht zu zeigen wagen.

Der Weg von Herrn Lilienstengel bis zum endgültigen Karlsson vom Dach lässt sich nicht genau nachvollziehen. »Das ist einfach so geworden«, sagt Astrid Lindgren. »Der Karlsson wollte nicht lieb sein.«

Es kann mit einem Namen, einem Bild oder einer Situation anfangen. Auf dem Weg zwischen der Dalagatan und der Arbeit im Verlag Rabén & Sjögren ging Astrid Lindgren täglich durch den Tegnérpark. Eines Tages saß dort in der Dämmerung ein Junge allein auf einer Bank. Dieses Bild wurde der Ausgangspunkt für das Märchen *Mio, mein Mio*: Bo Vilhelm Olsson, der allein auf einer Bank im Tegnérpark sitzt.

Es ist interessant, die Entstehung von *Die Brüder Löwenherz* zu verfolgen, nicht zuletzt, weil sie für Astrid Lindgren ungewöhnlich ist. Es scheint, als sei die ganze Gestalt des Märchens in ein paar verdichteten Momenten an einem Wintermorgen 1971 in Värmland entstanden. Es war die Vision eines Mythos:

»Ich fuhr mit der Bahn von Torsby am See Fryken entlang, und es war so ein fantastischer Morgen mit rosa Licht über dem See, ja, es war einfach überirdisch schön, und da hatte ich ein so starkes Erlebnis, eine Art Vision vom ersten Morgengrauen der Menschheit, dass ich fast zu zittern begann. Gleichzeitig spürte ich, wie sich etwas entzündete, daraus wird vielleicht etwas, dachte ich.«

Elsa Olenius, die ihr im Zug gegenübersaß, hat geschildert, wie Astrid Lindgren plötzlich ganz abwesend und nicht mehr ansprechbar war. »Ich sah, dass etwas mit ihr geschah, aber als ich fragte, was los sei, antwortete sie nicht, und hinterher haben wir nicht darüber gesprochen.«

Die Vision, die Astrid Lindgren an diesem Morgen am See Fryken gehabt hatte, lebte in ihr weiter und wartete darauf, verwendet und mit Inhalt gefüllt zu werden. Allmählich, nach langem Warten, kamen noch weitere Bilder hinzu.

»Ich ging über den Friedhof von Vimmerby und las dort auf einem Grabstein: *Hier ruhen die Brüder Fahlén, gestorben im zarten Alter 1860.* Da wusste ich, dass es ein Märchen über zwei Brüder und den Tod werden würde.«

Das eigentliche Bild von der Liebe und Zärtlichkeit, die der ältere Bruder für den jüngeren und schwächeren empfand, zeigte sich der Autorin genauso plötzlich in einer unerwarteten Situation.

»Das war, als wir den Michel für den Film aussuchten. Es gab einen gewaltigen Rummel und die Fotoblitze schossen um den kleinen Janne Ohlsson. Als endlich alles überstanden war, schlüpfte er hinunter und kletterte seinem großen Bruder auf den Schoß. Er schmiegte sich an ihn und sein großer Bruder beugte sich über ihn und küsste ihn auf die Wange. Da sah ich die Brüder Löwenherz vor mir.«

Dann, als sie zu schreiben begann und das Märchen allmählich Gestalt annahm, kamen die Bilder und Milieus aus Småland hinzu. Auf die Frage, was das denn für eine Küche sei, in der Krümel Löwe da liegt, antwortete sie überrascht: »Das ist ja Kristins alte Küche auf Näs, schon wieder. Daran habe ich gar nicht gedacht. Da ist die Tür, die in die Kammer führt, und da der Herd. Ich habe sie ins zweite Obergeschoss verlegt, aber es ist Kristins Küche.«

Das Schreiben ist ein Prozess voller Überraschungen. Das Märchen kann plötzlich umkehren und seinen eigenen Weg gehen.

»Manchmal machen die Personen, was sie wollen, dagegen kann ich gar nicht viel tun. Beispielsweise hatte ich mir überhaupt nicht vorgestellt, dass Jonathan Krümel allein im Kirschblütental zurücklassen würde, doch daran konnte ich dann nichts ändern. Das passiert einfach, als würde jemand anders es bestimmen.«

Im kreativen Moment wird die Inspiration mitunter so stark, dass es ist, als würde »jemand anders über die Geschichte bestimmen«, doch das bedeutet natürlich nicht, dass das Schreiben und das Formulieren an sich unbewusste Prozesse sind. Astrid Lindgren hat ihre Märchen und Erzählungen oft frühmorgens im Bett im Stenogramm aufgeschrieben, um alles anschließend ein-, zwei-, dreimal umzuschreiben, ja, manchmal bis zu acht- oder neunmal, bevor sie zufrieden war.

Das führt gelegentlich dazu, dass ihre Sprache allzu poliert, allzu geschliffen und »schön« wirkt, vor allem in den Märchen mit ihren schimmernden Bildern. Dieses Risiko besteht. Aber hinter allem, was so leicht und selbstverständlich daherkommt und aus der Inspiration des Augenblicks heraus entstanden zu sein scheint, steckt

jedes Mal harte, konzentrierte und künstlerisch sehr bewusste Arbeit.

Was hat Astrid Lindgren, das andere Kinderbuchautoren nicht haben? Worauf beruht ihre ungeheure Beliebtheit?

Beliebtheit ist natürlich nicht in sich eine Garantie für Qualität. Die Bücher der englischen Kinderbuchautorin Enid Blyton, die voller Vorurteile stecken, sind in vielen Ländern in unglaublich hohen Auflagen erschienen.

Literarische Qualität lässt sich schwer definieren. Kinderbuchexperten aus der ganzen Welt verliehen Astrid Lindgren 1958 die größte internationale Kinderbuchauszeichnung, die H.-C.-Andersen-Medaille. Maria Gripe erhielt 1974 ebenfalls diese Auszeichnung. Sie und Astrid Lindgren sind die einzigen schwedischen Autoren, die sie bisher bekommen haben.

Was erfährt man über Astrid Lindgrens Eigenart, wenn man sie mit Maria Gripe vergleicht?

Wenn Maria Gripe Kinder beschreibt, integriert sie ihre ganzen erwachsenen Erfahrungen und psychologischen Erkenntnisse in ihre Erzählungen. Ihre Geschichten sind voller Nuancen und Einsichten, die Erwachsene genauso stark berühren wie Kinder. Es ist, als würde sie genau die Töne im Innern eines Kindes wahrnehmen und hervorheben, die das Innere des erwachsenen Lesers zum Vibrieren und Widerhallen bringen.

In den Büchern über Hugo und Josefin formt sie das Porträt eines einsamen fantasiebegabten Kindes, Josefin, das in einer Welt lebt, die von den launischen Reaktionen der Erwachsenen bestimmt wird. Hugo ist eine Gestalt, die aus den Wunschträumen der erwachsenen Autorin entstanden ist. Pippi Langstrumpf, Michel und Karlsson vom Dach verkörpern dagegen die Wunschträume der Kinder. Hugo ist *das Kind*, so wie wir es uns alle wünschen – zumindest, wenn wir erwachsen sind: selbstständig und frei, unberührt von konventionellen Erwartungen, ein spielender Mensch, wie selbstverständlich in die Natur integriert.

Man kann, wenn man Maria Gripe beschreibt, sagen, dass sie ihre Leser ganz bewusst bei Kindern und Erwachsenen sucht und dass sie ihren erwachsenen Lesern die Möglichkeit gibt, Dimensionen wahrzunehmen, die vielen Kindern nicht zugänglich sind. Darin erinnert sie an eine andere bedeutende Kinderbuchautorin und H.-C.-Andersen-Preisträgerin, Tove Jansson. Beide sind recht exklusiv. Sie haben ein großes Publikum, aber nicht, wie Astrid Lindgren, das allergrößte.

Als Kinderbuchautoren sind Astrid Lindgren und Maria Gripe denkbar verschieden. Astrid Lindgren ist durch und durch die Dichterin der Kinder. Das zeichnet sie aus, bedeutet aber zugleich eine Begrenzung. Sie fragt überhaupt nicht nach ihren erwachsenen Lesern. Gleich auf der ersten Seite sucht sie den Blickkontakt mit ihren kindlichen Lesern, um sie dann nicht mehr aus den Augen zu lassen. Aus dem Grund gibt es in ihren Geschichten auch Dinge, die nur bei den kindlichen Lesern ankommen, die erwachsenen Leser jedoch ihrem Schicksal überlassen.

Die Kinder in Maria Gripes Märchen und Erzählungen sind oft unschuldige Opfer von bösen, ahnungslosen oder unvernünftigen Erwachsenen, und was sie rettet, ist eine gute Kraft, die *außerhalb* ihrer selbst existiert, zum Beispiel die gute Fee Flaxa Mildwetter in *Die Kinder des Glasbläsers*. Das ist das traditionelle Muster des Märchens.

Astrid Lindgren beschreibt ebenfalls Kinder, die zu Beginn der Erzählung der Gleichgültigkeit oder Unfähigkeit von Erwachsenen ausgesetzt sind, doch dann kommt etwas Neues: Die Kinder werden als Subjekte gesehen. Bei Astrid Lindgren sind die Kinder *immer* Subjekte, und das Märchen handelt davon, wie sie die Kraft finden, »das Böse« zu besiegen, das sowohl außerhalb als auch in ihrem eigenen Innern existiert, und wie sie lernen, zu ihrem eigenen Mut zu finden und ihrem eigenen Lebenswillen, ihrem eigenen Lachen, ihrer eigenen Freude.

Astrid Lindgrens Art zu erzählen betont stets den Kontakt mit dem Leser. Sie benützt sämtliche Tricks des klassischen Märchenerzählers. Sie senkt die Stimme, um sich die ungeteilte Aufmerksamkeit zu sichern: »Rate mal, was er dann machte …« *(Michel muss mehr Männchen machen)*. Sie spricht den Leser vertraulich an: »Du weißt vielleicht nicht, was ein Hufschmied ist?« *(Michel muss mehr Männchen machen)*. Suggestiv flüstert sie: »Dieses böse

Auge, das über den See hinausstarrte, machte mir Angst, obwohl ich mich nicht mehr fürchten wollte. Es machte mir Angst.« *(Mio, mein Mio)*. Als Erzählerin bringt sie vorbehaltlos ihr eigenes Gefühl mit ein: »Was für ein Glück, finde ich, dass es damals so viele Gatter in Småland gab.«

Das Kind in Astrid Lindgren erinnert sich noch haargenau daran, woraus die erregenden Höhepunkte der Lektüre bestehen – aus Schrecken und Spaß. Maditas kleine Schwester will Geschichten von »Gespenstern, Mördern und dem Krieg« hören. Astrid Lindgren schreibt für dieses Kind und seine Freunde und sie enttäuscht sie nie: Die Spannung ist immer vorhanden und wird manchmal in geradezu mythische Dimensionen hochgeschraubt. Und sie zieht sämtliche Register, um das Gelächter heraufzubeschwören, dafür scheut sie sich nicht, Kunststückchen aufzuführen, über die Erwachsene die Nase rümpfen.

Die starke Gefühlsintensität ist ein weiteres Mittel, das sie intuitiv verwendet, um ihre Leser zu faszinieren. Wo Maria Gripe und Tove Jansson komplizierte psychologische und soziale Beziehungen und subtile Gefühle beschreiben, setzt Astrid Lindgren große, eindeutige und unkomplizierte Gefühle ein, die, allgemeingültig und zeitlos, seit Urzeiten in Mythen und Märchen bearbeitet worden sind. Sie schreibt über Angst und Aggressivität, über Trauer und Seligkeit, die im Leben aller Menschen als existenzieller Resonanzboden vorhanden sind, Archetypen des Gefühls, die unsere fundamentalen menschlichen Bedürfnisse ausdrücken. Sie schreibt über das Bedürfnis nach Liebe, Zärtlichkeit und Verständnis, über den Wunsch, die Angst und das Entsetzen vor der Einsamkeit, vor dem großen Unbekannten, ja, vor dem Tod zu durchdringen und zu meistern. Dort, wo andere Kinderbuchautoren stehen bleiben und ausweichen, geht sie weiter. Sie bricht Tabus, nimmt die Kinder an die Hand und führt sie in das Allerverbotenste hinein, ins Reich des Todes. Und dabei gelingt es ihr stets, Angst, Entsetzen und Pathos mit ihrem Humor auszubalancieren und mit einem alltäglichen Erzählton, der Nähe schafft, den Kindern Geborgenheit zu vermitteln. In der von Astrid Lindgren erschaffenen Welt sind alle Gefühle frei und stark.

»Weint, Kinder«, sagt sie, »weint, so viel ihr könnt! Und lacht noch viel mehr!«

Und da sitzen wir nun zu ihren Füßen und hören zu, Millionen Zuhörer in der ganzen Welt, vor allem die Kinder, natürlich, aber auch wir Erwachsenen, die, wenn wir Astrid Lindgren zuhören, spüren, wie das Kind in uns plötzlich aufwacht und lebendig wird. Dies ist der Augenblick, auf den wir halb toten Erwachsenen warten: wieder lebendig werden und spüren zu dürfen, wie das starke, kreative Kind in uns erwacht, sich zu regen beginnt und Fragen stellt, die wir in unserem Erwachsenendasein lange nicht zu beantworten gewagt haben.

# 2

Seit ihrer Kindheit, in der sie so viel zuhörte und las, ist Astrid Lindgren mit der Märchentradition vertraut – mit den von Helena Nyblom aufgeschriebenen *Schwedischen Volksmärchen*, mit den europäischen klassischen Sagen und mit den arabischen Märchen aus *Tausendundeine Nacht*. Als sie selbst schreibend in dieser Tradition einen Platz einnahm (und dies war, bevor Bettelheims berühmtes Plädoyer für das Märchen in *The Uses of Enchantment. The Meaning and Importance of Fairy Tales* 1975 veröffentlicht wurde), tat sie dies in der Gewissheit, dass Märchen eine heilende Kraft besitzen. Bo Vilhelm Olsson ist elternlos und unglücklich, aber die Autorin hat ihm eine geheime Gabe verliehen, die ihn vor Erstarrung und Tod retten wird: Sie hat ihm Märchen geschenkt und eine Fantasie, dank deren er sich der Märchen bedienen kann, er kann sich in sie hineinbegeben und sie erleben und dadurch befreit werden. Vivi Edström, die bedeutendste Interpretin von Astrid Lindgrens Märchen, bezeichnet *Mio, mein Mio* und *Die Brüder Löwenherz* als Psychodramen. So gelesen wird die Welt des Märchens in zum Beispiel *Mio, mein Mio* zu einer Parallelwelt neben der Realität und Mios Kampf mit dem finsteren Ritter Kato sowohl zu einer Auseinandersetzung mit dem Pflegevater in der Upplandsgatan in der grauen Wirklichkeit als auch zum Kampf gegen die Erstarrung in seinem eigenen Herzen.

Die Welt der Volksmärchen ist schwarzweiß, das Böse hebt sich deutlich und klar von dem Guten ab und am Ende siegt und triumphiert immer das Gute.

In Astrid Lindgrens Märchen herrscht Zwielicht. Das wird am Ende von *Mio, mein Mio* deutlich, als Ritter Kato plötzlich seine Qual zeigen darf, seine eigene Sehnsucht nach Befreiung:

Da riss er sein schwarzes Samtwams über der Brust auf.

»Sieh zu, dass du das Herz triffst!«, schrie er. »Sieh zu, dass du mein Herz aus Stein durchbohrst! Es hat lange genug in meiner Brust gescheuert und wehgetan.«

Ich sah in seine Augen. Und in seinen Augen sah ich etwas Seltsames. Ich sah, dass Ritter Kato sich danach sehnte, sein Herz aus Stein loszuwerden. Vielleicht hasste niemand Ritter Kato mehr als Ritter Kato selbst.

Ich wartete nicht länger. Ich hob mein flammendes Schwert, ich hob es, so hoch ich konnte, und stieß es tief in Ritter Katos entsetzliches Herz aus Stein.

Im selben Augenblick war Ritter Kato verschwunden. Er war fort. Aber auf dem Boden lag ein Haufen Steine. Nur ein Haufen Steine lag dort. Und eine Klaue aus Eisen.

Auf dem Fensterbrett in Ritter Katos Kammer saß ein kleiner grauer Vogel und pickte an die Fensterscheibe.

Sicher wollte er hinaus. Ich hatte den Vogel vorher nicht bemerkt. Ich wusste nicht, wo er sich versteckt gehalten hatte. Ich ging zum Fenster und öffnete es, damit der Vogel fortfliegen konnte. Und er warf sich hinaus in die Luft und begann zu trillern und war glücklich. Sicher hatte er lange in Gefangenschaft gesessen.

Ich blieb am Fenster stehen und sah den Vogel fliegen. Und ich sah, dass die Nacht vorbei und der Morgen gekommen war.

Als Psychodrama gelesen vernichtet Mio nicht nur das Böse in der Gestalt des Ritters Kato, sondern auch den Stein in seinem eigenen Herzen.

»... in der Upplandsgatan hat er Kato in sich getragen. Jetzt tut er das nicht mehr. Dies ist ›der Sinn des Märchens‹«, schreibt Vivi Edström.

Auch in *Die Brüder Löwenherz* kommt dieses Zwielicht vor. Es fällt auf manche Gesichter im Kirschblütental, wo sich ein Verräter aufhält. Wer ist der Verräter? Krümel deutet Gesichtszüge und äußere Handlungen und deutet sie falsch. Das Böse ist nicht eindeutig, es hat viele Verkleidungen. Das Gute dagegen trägt eindeutig Jonathans Gesicht. In *Die Brüder Löwenherz* ist auch die Frage verborgen, auf welche Art man dem Bösen widerstehen kann. Jonathan verkörpert das pazifistische Credo der Autorin, als er sich weigert, seine Feinde zu töten. Aber Jonathans Zögern wird von dem kompromisslosen Freiheitskämpfer Orvar in Frage gestellt. »Wenn alle wären wie du«, sagt Orvar, »dann würde das Böse ja bis in alle Ewigkeit herrschen!« Der kleine ängstliche Krümel jedoch verteidigt seinen großen Bruder: »Aber da sagte ich, wenn alle wären wie Jonathan, dann gäbe es nichts Böses.«

Astrid Lindgren weicht den Komplikationen nicht aus, die in einer solchen Bemerkung enthalten sind. Ola Larsmo hat einen interessanten Aufsatz darüber geschrieben, »Wenn alle wären wie Jonathan« (1983).

> Als der Kampf zugunsten des Bösen entschieden zu sein scheint, zerbrechen Jonathans Prinzipien. Er reißt Tengils Kriegslure an sich und richtet Tengils eigene Waffe gegen ihn. Das Volk gewinnt den Kampf, aber Jonathans Pazifismus erweist sich als eine zwar edle, aber letztlich unhaltbare Haltung, »als es wirklich drauf ankommt«.

In diesem Buch ist der Sieg über das Böse kein Sieg im Zeichen des Triumphes, es ist ein mit Trauer gemischter Sieg – mit der Trauer der Autorin darüber, dass so viel Blut vergossen werden muss und Menschen so sehr unter dem Machthunger und der Gewalt anderer Menschen leiden müssen.

*Die Brüder Löwenherz* wurden in den siebziger Jahren geschrieben, als die revolutionären, schwer bewaffneten Guerillabewegungen den Befreiungskampf in den Ländern der Dritten Welt repräsentierten. In Schweden gab es zahlreiche militante Solidaritätsgruppen. Gewalt sei notwendig, das war selbstverständlich. Gut und Böse waren klar definiert. Da gehörte es sich nicht, so wie Astrid Lindgren Unschlüssigkeit zu zeigen und auf den Preis der Freiheit hinzuweisen. Astrid Lindgrens Märchen sei eine »Kränkung der Befreiungsbewegungen in aller Welt«, schrieb beispielsweise ein bekannter Kritiker in der Zeitung *Arbetet.*

Als *Die Brüder Löwenherz* 1973 erschienen, passten sie so gar nicht in die Zeit. Die Märchen, die in den siebziger Jahren »in« waren, handelten als sozialrealistische Lehrstücke vom Rollenverhalten und von Umweltzerstörung, Mütter waren Installateure, Väter hatten Schürzen umgebunden und standen am Herd. Keines von Astrid Lindgrens Büchern, nicht einmal *Pippi Langstrumpf*, ist einer so heftigen Kritik ausgesetzt worden wie *Die Brüder Löwenherz* in den siebziger Jahren.

Den Anfang machte ein Artikel in *Dagens Nyheter*, wo eine Gruppe marxistischer Literaturwissenschaftler aus Göteborg das Buch scharf angriff:

»›Es gibt Abenteuer, die dürfte es nicht geben‹, hat Jonathan einmal gesagt, und es gibt tatsächlich Abenteuer, die es in einem Kinderbuch nicht geben dürfte.«

Astrid Lindgren stelle das Böse eindimensional dar, hieß es, und dass »der Tod als die Lösung der Probleme hingestellt wird«, sei nicht nur verantwortungslos, sondern auch grausam.

Astrid Lindgren wurde von vielen Seiten verteidigt, die größte Aufmerksamkeit erhielt P.C. Jersilds Artikel, der ebenfalls in *Dagens Nyheter* erschien:

> Die progressive Kritik moniert, dass man Kindern nicht beizubringen habe, die Welt nur schwarzweiß zu sehen oder als gut oder böse – auch dürfe Selbstmord als Flucht nicht toleriert werden (jedenfalls nicht bei Kindern). Außerdem solle man die Realitätswahrnehmung der Kinder nicht durch die Vermischung von Märchen und Wahrheit erschüttern. Wenn man nun diesen Maßstab an *Die Brüder Löwenherz* anlegt, werden gewisse Dissonanzen zu Tage treten. Einfach ausgedrückt: Wo ist Astrid Lindgrens politische Position? Schreibt sie aus dem Bauch heraus oder mit dem Kopf? Und wenn das Letztere der Fall ist: mit einem sozialdemokratischen Kopf, einem liberalen Kopf, einem Kommunistenkopf, einem reaktionären Kopf – oder womit? (...) ... solche Beurteilungen sind schwierig und müssen voller Respekt vor dem Kunstwerk getroffen werden, mit Weitsicht und vielleicht auch mit einem gewissen Humor. Sonst besteht da ein kleines Risiko, nämlich, dass man sich in die Kommission des Obersten Sowjet für Sozial-Realistische Kinderliteratur verwandelt. Besonders kompliziert wird das, wenn es um ein Buch geht, das vom Tod handelt; an diesem Punkt drückt Marx sich ziemlich dürftig aus.

Kein Buch ist seither so geliebt und so häufig für bestimmte Zwecke benützt worden wie *Die Brüder Löwenherz* – das Buch über den schwer kranken Krümel Löwe, der auf der Ausziehbank in der Küche liegt und stirbt, voller Angst und Not, nachdem sein bewunderter, mutiger älterer Bruder Jonathan in einer Feuersbrunst, wo er seinem kranken kleinen Bruder das Leben gerettet hat, umgekommen ist.

Krümel weiß, dass er sterben wird, und sein Märchen wird zu einem Trostmärchen, in das er sich zuerst hineinbegibt, um weiterleben zu können, und dann, um den Mut zum Sterben zu finden. Und genauso ist das Märchen zu einem Trostmärchen für Kinder geworden, die selbst schwer krank sind und wissen, dass sie sterben werden. Astrid Lindgren hat 1987 in einer Fernsehsendung von den vielen Briefen erzählt, die sie zu *Die Brüder Löwenherz* bekommen hat, unter anderem von Ärzten, die todkranke Kinder behandelt haben. Eine deutsche Ärztin beschreibt, wie verlassen Kinder sind, wenn sie sterben müssen. Die Eltern wagen es ihnen nicht zu sagen, dass sie sterben werden. Sie trösten und beschönigen, behaupten, alles werde wieder gut werden. Aber ein todkrankes Kind *weiß*, dass es sterben muss, und da kann ein Buch wie *Die Brüder Löwenherz* zu einem Trostbuch werden, das in die Tiefe geht. Wer dieses Buch zusammen mit einem todkranken Kind liest, begleitet es in die Dunkelheit hinein, ohne seine Hand loszulassen. Dabei ist es unwesentlich, ob das Märchen sich nur in der Fantasie des kranken

Kindes abspielt, Hauptsache, es funktioniert als Trost und wird zu einer Brücke zwischen dem Leben und dem Tod. Die Dunkelheit im Tal des Todes geht schnell vorüber.

»Jonathan! Ich sehe das Licht!«, ruft Krümel auf der letzten Seite.

Es gibt Erwachsene, denen *Die Brüder Löwenherz* Angst macht und die den Todessprung am Schluss als Aufforderung zum Selbstmord auffassen. In einem Interview in *Expressen* erzählt Astrid Lindgren:

> Ich war einmal in der Erica-Stiftung und dort wurde viel über Kinder und den Tod gesprochen. Da gab es einen jungen Psychologen, der sagte, diese Schlusszeilen aus *Die Brüder Löwenherz* könne er niemals einem Kind vorlesen. Und zwar, weil die Vorstellung so schrecklich sei, dass die Brüder zweimal sterben müssten. Da sagte ich: »Es ist doch so – je öfter man stirbt, desto mehr gewöhnt man sich daran.« Aber darin konnte er keinen Trost finden.
>
> Als ich nach dieser Tagung nach Hause kam, rief das Mädchen an, das in den Michel-Filmen die kleine Ida gespielt hatte, und sagte: »Ich habe soeben *Die Brüder Löwenherz* gelesen. Vielen Dank, dass du so einen glücklichen Schluss geschrieben hast.«
>
> So können Kinder es verstehen.

Als Astrid Lindgren ihren Märchenroman schrieb, gab es noch keine wissenschaftlichen Studien darüber, wie Kinder den Tod auffassen. Das weiß ich aus persönlicher Erfahrung, weil ich zur selben Zeit danach suchte. Ich arbeitete an der ersten schwedischen Kinder-Fernsehsendung über den Tod und wurde nicht einmal in internationalen Archiven fündig. Stattdessen ging ich hinaus in die Schulen und stellte Kindern aus den verschiedensten Jahrgangsstufen die Aufgabe, sich mit dem Tod zu beschäftigen. Dank der ungefähr 90 Beiträge, die ich erhielt, kam ich zu dem Schluss, dass fast alle Kinder im Alter zwischen sechs und acht Jahren sich den Tod als eine Verwandlung oder eine örtliche Veränderung vorstellen. Man verwandelt sich in eine Blume oder einen Vogel oder zieht auf einen anderen Planeten im Weltraum und lebt dort weiter.

»Es gibt viele Welten«, schrieb ein Mädchen in der zweiten Klasse. Spätere kinderpsychologische Forschungen haben diese Beobachtung bestätigt. Astrid Lindgren wusste es intuitiv; sie liefert ständig den Beweis dafür, dass das wichtigste Wissen über Kinder in uns selbst verborgen liegt.

★

Als Astrid Lindgren über siebzig ist, schreibt sie *Ronja Räubertochter*, ein Buch, in dem sie ihre eigenen Grenzen sprengt. Dieser große Kinderroman voller tiefgründiger Komplikationen und Widersprüche stellt in Astrid Lindgrens literarischem Schaffen etwas Einmaliges dar.

In *Mio, mein Mio* und *Die Brüder Löwenherz* bildet der mythische Kampf zwischen Gut und Böse den Hintergrund, vor dem die kindlichen Helden des Märchens sich bewegen. Und die lesenden Kinder identifizieren sich mit Mio und Krümel Löwenherz, wenn diese ihre Angst überwinden und auf der gerechten Seite in den Kampf eingreifen. Selbst wenn das Bild des Bösen komplizierter ausfällt, bleibt das Licht deutlich, das vom Guten ausgeht, die Dunkelheit und die schwarzen Schatten des Bösen zeichnen sich eindeutig ab.

In *Ronja Räubertochter* bewegt Astrid Lindgren sich frei zwischen allen Ebenen. Zwischen Ronja und Mattis flackern die Schatten hin und her, sie entstehen aus inneren Aggressionen und vehementen Gefühlen. Die Liebe und das Gute liegen ganz nah neben der aufflammenden Destruktivität und dem Bösen. Das Licht tanzt über die Gesichter, die ständig wechselnde, widersprüchliche Gefühle ausdrücken. Bei Birk und Ronja ist die Unschuld noch vorhanden, die durch das Leben in der Räuberburg jedoch bereits angesengt und bedroht ist.

Die Unschuld ist noch da – das betrifft nicht zuletzt das Thema der Sexualität, das bei diesen Naturkindern in der Vorpubertät völlig fehlt. Als Autorin ist Astrid Lindgren durchaus sinnlich und mitunter auch erotisch – der Schrei der Wilddruden und Ronjas eigener Frühlingsschrei –, aber ansonsten ist sie total asexuell. Das mag sich ganz natürlich ergeben, wenn man sich vor der Pubertät und dem Erwachen des Geschlechtlichen in der Welt des Spiels bewegt.

Aber in *Ronja Räubertochter* streicht die Katze seltsam unberührt um den heißen Brei in der nordischen Sommernacht, wo Romeo und Julia in keuscher Umarmung daliegen und schlafen und die wilden, nackten Räuber genauso keusch und unschuldig in der Mattisburg schlummern. In *Ronja Räubertochter* ist die stärkste Liebe, wie so oft bei Astrid Lindgren, die zwischen Vater und Kind. Dort ist der glühende Kernpunkt zu finden. Die Vorbilder sind wieder einmal in Astrid Lindgrens eigenem Leben zu suchen: Astrids eigenes ursprüngliches Liebeserlebnis zu Hause in Näs – der liebende und liebenswerte Vater – und später im Leben: die Liebe zu den eigenen Kindern, Lars und Karin, zu den sieben Enkelkindern und den vielen Urenkeln.

Im Übrigen wirkt Astrid Lindgren unberührt von dem, was wir mit großen Buchstaben als Leidenschaft und Liebe zwischen Mann und Frau bezeichnen. Wer nach dieser Art von Geheimnissen sucht, wird vergebens suchen. Ihre Ehe mit Sture Lindgren bezeichnet sie als glücklich, lacht aber, wenn man sie fragt, ob sie in ihren Mann verliebt gewesen sei. »Im üblichen Sinn bin ich nie verliebt gewesen«, sagt sie. »Nein, es ist so: Ich habe Kinder immer mehr geliebt als Männer.«

# 3

Wenn man Astrid Lindgrens Wunsch nach Anonymität und ihren Widerwillen gegen das Licht der Öffentlichkeit bedenkt, muss ihr plötzlicher provozierender Auftritt im schwedischen Wahlkampf des Jahres 1976 umso erstaunlicher erscheinen.

Sie hat nie zur Schar der Gutverdienenden gehört, die sich über die Steuern beschwerten. »Ich bezahle meine Steuern voller Freude«, hat sie immer wieder betont. Und obwohl der größte Anteil ihrer Einnahmen aus dem Ausland stammt, hat sie auch nie versucht, sich einen Wohnsitz im Ausland zuzulegen oder sich mit ausländischen Firmengründungen zu befassen. Aber im Frühjahr 1976, als sich herausstellte, dass der Spitzensteuersatz für selbstständige Unternehmer, zu denen auch Autoren und Künstler zählen, zusammen mit den üblichen Sozialabgaben in ihrem Fall hundert Prozent überstieg, wurde es ihr dann doch zu bunt.

In einem ihrer Mädchenbücher aus den fünfziger Jahren, *Kati in Italien*, kommt eine Szene vor, die zeigt, dass ihr die Vorstellung, aufzumucken und so laut zu protestieren, dass man es im ganzen Land hört, keineswegs fremd war. Kati befindet sich auf einer Gesellschaftsreise in Rom und hört im Forum Romanum einer meckernden Stockholmerin zu, die sich über alles beschwert.

> Ich lasse sie klagen, ich höre zu und bin ganz brav. Bald kommt sie auf ihr Lieblingsthema zu sprechen, nämlich ihre Immobilien, die nicht ertragreich genug sind und nur hohe Unterhaltskosten mit sich bringen, hier auf dem Forum hat sie ja auch jede Menge abschreckender Beispiele vor Augen, wohin es führt, wenn man seine Häuser verkommen lässt, und dann die wahnsinnige Steuerpolitik, über die regt sich Frau Berg ganz fürchterlich auf! Ich versuche sie das alles im größeren historischen Rahmen sehen zu lassen. Es gibt nichts Neues unter der Sonne, am allerwenigsten Klagen über die

Steuer. Wenn ich mich nicht irre, war es doch hier auf dem Forum, wo ein Haufen rasender Römerinnen angestürmt kam und Marcus Antonius die Leviten las. Was ihm eigentlich einfalle, ihnen so unerhörte Steuern aufzubürden, ob er sie auf die Straße setzen wolle, bloß um sein Geld einzutreiben?

»Auf die Art muss man sich beschweren«, erklärte ich Frau Berg. »Kein verstohlenes Gejammer, sondern ein lautes, wildes Klagen vor dem Regierungssitz, damit der Finanzminister drinnen einen Satz macht, das nenne ich das einzig wahre Modell!«

Im März 1976 schrieb Astrid Lindgren ein Märchen, das *Pomperipossa in Monismanien* hieß (am 10.3. in *Expressen* veröffentlicht). Der Finanzminister fühlte sich tatsächlich getroffen und wies die Autorin dann öffentlich mit höhnischer Herablassung zurecht. Sie solle sich an ihre Märchen halten und sich nicht in Dinge einmischen, von denen sie nichts verstehe, meinte Gunnar Sträng.

*Finanzminister Gunnar Sträng in seiner Reichstagsbank liest das Märchen von Pomperipossa.*

In der Steuerpolitik haben wir einen Beitrag von Astrid Lindgren zur Kenntnis nehmen können.

Dieser Beitrag zeigt eine interessante Kombination von stimulierendem literarischen Können und tiefem Unwissen, was die verschlungenen Pfade der Steuerpolitik anbelangt. Aber wir verlangen ja nicht, dass Astrid Lindgren dies Letztere begreifen soll.

»Als ich das hörte«, erzählt Astrid Lindgren, »drehte ich das Ganze um und sagte, rechnen kann er zwar nicht, aber dafür umso besser Märchen erzählen, also sollten wir wohl am besten unsere Berufe tauschen.«

In ihrem Märchen beschreibt Astrid Lindgren ihren politischen Ausgangspunkt:

Pomperipossa liebte ihr Land mit seinen Wäldern, Bergen, Seen und grünen Hainen, aber nicht nur das Land, sondern auch die Menschen, die darin lebten. Ja, sogar die weisen Männer, die es regierten, liebte sie. Sie hielt sie ja für so weise und gab ihnen daher auch jedes Mal ihre Stimme, wenn wieder mal weise Männer gewählt wurden, die Monismanien regieren sollten. In ihren Augen hatten diese Weisen, die über vierzig Jahre das Sagen gehabt hatten, für ein ausgezeichnetes System gesorgt; keiner im Land brauchte arm zu sein, alle bekamen ihr Stück vom Wohlfahrtskuchen ab, und Pomperipossa war froh, dass sie selbst zur Entstehung dieses Kuchens hatte beitragen können.

Aber nachdem sie mit vielen Beispielen und Zahlen beschrieben hat, wie der Spitzensteuersatz zuschlägt, fasst sie zusammen:

Was wollen sie eigentlich erreichen? Etwa einen Staat, der möglichst verdreht und unmöglich ist? Oh, du rein flammende Sozialdemokratie meiner Jugend, was haben sie bloß mit dir gemacht, dachte sie (jetzt wurde sie nämlich allmählich leicht sentimental), wie lange wird dein reiner Name missbraucht werden, um einen machtlüsternen, bürokratischen, ungerechten Bevormundungsstaat zu schützen? Sie hatte geglaubt, in einem demokratischen Land würden die Rechte aller Menschen verteidigt. Dort würden die Menschen nicht bestraft und verfolgt, bloß weil sie zufällig auf ehrliche Weise – freiwillig oder unfreiwillig – Geld verdienten.

Der Versuch, herauszufinden, wie die Ansichten und Handlungen einzelner Personen mit ihrem Ursprungsmilieu, ihrer Persönlichkeit und Entwicklung zusammenhängen, ist interessant.

In Astrid Lindgrens konservativem Kindheitsmilieu waren Rechtschaffenheit, Fleiß, Sparsamkeit und Gottesfurcht die wichtigsten Tugenden. Es war eine Welt, in der viele Menschen arm waren und nur wenige reich. Der relative Wohlstand einiger Bauern war nicht alt. Er war noch in derselben Generation von Bauern geschaffen worden, die, oft durch erfolgreiche Holzverkäufe im Ersten Weltkrieg, ein kleines Vermögen erworben hatten, das sie von da an durch harte Arbeit und Sparsamkeit zu bewahren und mehren versuchten. Aber die Armut lauerte hinter der nächsten Ecke, die erfolgreichen Waldverkäufe waren nicht jedem vergönnt. In allen Familien gab es zahlreiche arme Verwandte, denen es zu helfen galt. Während man um den eigenen Wohlstand besorgt war, gab es immer die Tradition und das Gefühl, dass man für diejenigen, die es weniger gut hatten, verantwortlich war. Gott sah voller Wohlgefallen, dass man das eigene Eigentum mehrte. Er forderte nicht, dass man es zu gleichen Teilen mit den Armen teilte. Was er verlangte, war Barmherzigkeit, um die Not zu lindern.

In Astrid Lindgrens Kindheitsmilieu, in der Familie, in der sie aufwuchs, herrschte von alters her dieses Klima des Mitgefühls mit all jenen, die es schwer hatten.

»Da musst du reingehen«, sagten die Landstreicher zueinander, wenn sie an Näs vorbeigingen, »sie weiß nämlich, was die Armen brauchen.« Das sagten sie über Ida, Astrids Großmutter, aber auch die folgenden Generationen waren von dieser Einstellung zu den Armen geprägt. Daher trat Astrid mit einem sehr starken sozialen Bewusstsein ins Leben hinaus.

Eine politische Heimat hatte sie nicht. Als sie nach Stockholm kam und Ende der zwanziger Jahre zu wählen begann, gab sie ihre Stimme abwechselnd der Bauernpartei und der liberalen Volkspartei. Durch den Bruder Gunnar und die Schwester Ingegerd fühlte sie sich den Bauern verbunden. (Gunnar Ericsson saß viele Jahre als Vertreter der Bauernpartei im Reichstag und war eine der bedeutendsten Persönlichkeiten dieser Partei. Ingegerd Lindström war als Journalistin für die Bauernpartei tätig.) Sture Lindgrens Wahlverhalten war eher konservativ, was auch einen gewissen Einfluss auf seine Frau hatte, obwohl er sich eigentlich nicht sehr für politische Fragen interessierte. Die politischen Gegensätze innerhalb der Familie Ericsson flammten auf, als der »rote« Schriftsteller, der ehemalige Steinmetz Hans Hergin, die Tochter Stina heiratete – zwischen Gunnar Ericsson und Hans Hergin flogen die Fetzen.

Irgendwann Ende der dreißiger Jahre kam Astrid zu der Überzeugung, ihre politische Heimat sei bei den Sozialdemokraten.

»Ich glaube, am meisten hat mich die Literatur beeinflusst. Es war, als würden mir die Augen geöffnet, als ich Fridegård, Ivar Lo-Johansson, Moa Martinsson und die übrigen Arbeiterschriftsteller las. Aber ich wählte die Sozialdemokraten erst Mitte der vierziger Jahre, und das, ohne es Sture zu sagen, denn er vertrat bei Gott ganz andere Ansichten.«

Astrid Lindgrens politisches Engagement entstand nicht aus irgendeiner intellektuellen Gesellschaftsanalyse oder einem unbedingten Solidaritätsgefühl mit der Arbeiterklasse heraus. Nein, es entsprang aus einem Mitgefühl, das sich am ehesten als starker Humanismus definieren lässt. Das Gefühl für die unterdrückten Arbeiter, über die sie in den Büchern las, vermischte sich mit dem Gefühl, das sie für die Landarbeiter ihrer Kindheit gehabt hatte, und mit ihrem intensiven Widerstand gegen Ausbeutung, Gewalt und Übergriffe. Sie wünschte sich eine gerechte Gesellschaft und wollte die Menschen, die für Gerechtigkeit kämpften, unterstützen. Die ausgeprägte Individualistin Astrid Lindgren bewunderte die Helden der Arbeiterklasse, die Pioniere, die auf den Barrikaden standen, Rosa Luxemburg zum Beispiel und in Schweden Ernst Wigforss. Auf die Frage, wer oder was sie gern gewesen wäre, antwortete sie: »Ein kleiner kämpferischer Pionier der schwedischen Arbeiterbewegung.«

Astrid Lindgrens Einstellung zur Arbeiterbewegung enthält eine gewisse Idealisierung der Kämpfer und Idyllisierung der Vergangenheit. Sie spricht von »den weisen Männern«, die in der Blütezeit der Sozialdemokratie an deren Spitze standen: Branting, Per Albin Hansson, Wigforss, Erlander; politische Gestalten, die aufrechte politische Führer waren, nicht von Machtstreben getrieben, sondern vom Willen, die Ungerechtigkeit in der Gesellschaft auszugleichen. Im Gegensatz zu ihren Nachfolgern in den siebziger Jahren sprachen diese weisen Männer nur selten von Klassenkampf und Antagonismus oder von durchgreifenden Zwangsmaßnahmen und Sozialisierungen. Sie sprachen stattdessen von Angleichung, von sozialen Reformen, von einem Volksheim. Der Hintergrund für ihr politisches Engagement wird im zweiten Buch über Madita am deutlichsten erkennbar, in *Madita und Pims*. Es erschien im Herbst 1976, wurde aber geschrieben und gedruckt, bevor Astrid Lindgren im Frühjahr 1976 ihren ersten politischen Artikel in Angriff nahm.

Maditas Vater ist der Inbegriff des von Astrid Lindgren erträumten Sozialdemokraten, ein weiser, gütiger, kluger Mann, stark idealisiert, mit Sinn für Humor, selbst jedoch über jeder Komik stehend, von allen bewundert und geliebt, vor allem von Madita und der Autorin. Maditas Vater ist Redakteur einer sozialdemokratischen Zeitung in einer kleinen Stadt, die an Vimmerby erinnert. Er wird »der Herrschaftssozialist« genannt, aber obwohl er an der Demonstration am Ersten Mai teilnimmt, wirkt er eher linksliberal als sozialistisch. Er ist ganz allgemein radikal, sogar in der Frage der Rollenverteilung: Als das Dienstmädchen freihat, scheuert er selbst den Küchenboden, nicht schlecht für die Zeit zu Anfang des Jahrhunderts. Seine Frau ist eine schwache, weiche bürgerliche Frau, die er zu der Einsicht erzieht, dass alle Menschen den gleichen Wert haben. Er ist ihr gegenüber liebevoll ironisch, vor allem, wenn sie etwas Wohltätiges tut. »Holde Herrin auf Birkenlund«, sagt er, »wie ich höre, hast du zwei arme kleine Kinder entlaust. Das ist ja fast wert, in die Zeitung zu kommen.«

Astrid Lindgren ist eine intuitive Autorin. Sie startet aus einem Gefühl heraus, wo ein eher reflektierender Autor mit einer Analyse beginnen würde. Die Gefühle in ihren Büchern sind in einem Kind verankert, in einem Kind, das die Augen nicht vor der Ungerechtigkeit verschließt, dass manche arm und manche reich sind. Aber die tieferen Ursachen der Armut, die ungerechte Verteilung des Kapitals, sind diesem Kind verborgen. Das Gefühl des Kindes ist ein humanistisches Mitgefühl, an keine deutlichen und provozierenden Forderungen nach Veränderung gebunden.

Wer Kinderbücher sucht, die eindeutig und konsequent die Wertmaßstäbe der Klassengesellschaft bloßlegen, sollte natürlich nicht Astrid Lindgren wählen. Aber wer aus diesem Grund behauptet, sie funktioniere als ein Megafon für das Bestehende, weiß sehr wenig über die Sprengkraft der Fantasie. Ihre Bücher sind nie eindeutig. In ihnen ist ein gefühlsmäßiger Realismus enthalten, der stets dem Fluss der Erzählung entgegenwirkt und manche Bilder besonders klar und provozierend hervorhebt. So zum Beispiel Mia, das arme Mädchen in den Madita-Büchern! Mia besitzt eine starke revolutionäre Kraft, die sich durch den ganzen zweiten Band hindurchzieht und den Leser packt. Mia wird die milden Gaben von Madita und Maditas Eltern nicht mehr allzu lange akzeptieren. Sie wird für ihr Recht kämpfen. Astrid Lindgren beschützt Madita und ihre heile Welt für die Dauer des Buches, aber Mias Anwesenheit versetzt diese heile Welt im Bewusstsein des Lesers dennoch ins Schwanken. Und Mia ist so geschildert, dass der Leser immer auf ihrer Seite stehen wird.

Der Pomperipossa-Artikel wurde in der schwedischen und in der internationalen Presse gleichermaßen beachtet und kommentiert. Astrid Lindgren wurde mit Briefen und Telefonanrufen überhäuft und kam so mit Informationen und Gesichtspunkten in Berührung, die ihr normalerweise nicht so vertraut waren. Ohne sich dessen anfangs richtig bewusst zu sein, hatte sie einer so genannten schweigenden Opposition ihre Stimme geliehen, einer Opposition, die Politiker aller Länder in Parteien für die ewig Unzufriedenen aufzufangen pflegen. Zu denen, die sich lobend äußerten, gehörten natürlich die reaktionären Querulanten und auch eine Reihe Kleinunternehmer, die weder so klein waren noch so schlecht behandelt wurden, wie sie behaupteten, und die Astrid Lindgren gegen ihren Willen für sich vereinnahmten. Aber da waren auch all die anderen, die sich mit Recht ernsthaft eingezwängt fühlten – Blumenhändler, Fahrradmechaniker, Friseure, einzelne Kleinstunternehmer, unzählige Menschen, die festgestellt hatten, dass es nicht mehr möglich war, als selbstständige Unternehmer zu arbeiten. Sie hatten das Gefühl, als wäre ihr ganzes Leben in wirklichkeitsfremde Paragrafen und undurchdringliche bürokratische Beschlüsse verwickelt und als wolle niemand ihre Beschwerden zur Kenntnis nehmen. Sie hatten entdeckt, dass es sich nicht mehr lohnte zu arbeiten, und schickten Astrid Lindgren ihre Steuerbescheide als Beweis. Sie berichteten von Mauscheleien und Betrug als Folge der harten Steuerschraube der sozialdemokratischen Regierung. Astrid Lindgren hörte ihnen zu, sie las ihre Briefe, es war, als sähe sie die Gesellschaft zum ersten Mal so, wie sie eigentlich war, und der Anblick erfüllte sie mit Entsetzen. Ihre eigenen Ideale – Ehrlichkeit und Fleiß – konnte sie nirgends entdecken.

Sie schrieb einen neuen Artikel in *Expressen*, in dem sie berichtete, was sie über die schwedische Gesellschaft erfahren hatte, und die Speerspitze ihrer Kritik richtete sich gegen die sozialdemokratische Regierung.

Der Herbst rückte näher und damit auch die Wahl. Astrid Lindgren war zu einer umstrittenen Person geworden. In den Augen der Bürgerlichen stand sie als kühne Wahrheitsverkünderin da, während die Linken das Bild einer Hexe, die ihren eigenen Goldschatz bewacht, heraufbeschworen.

Im Lauf des Wahlkampfes wurde sie von rechtsgerichteten Kräften ausgenützt. Die Organisation Schwedischer Kleinunternehmer, eine Gruppe, die Astrid Lindgren nicht unbedingt am Herzen lag, ernannte sie zum Ehrenmitglied, und sie musste lautstark protestieren, um diese Organisation loszuwerden. Die liberale Partei, die Moderaten, ließ 180 000 Flugblätter mit Ausschnitten aus Astrid Lindgrens Pomperipossa-Märchen drucken, und auch dagegen protestierte sie in einem Interview:

> Jetzt glauben die Leute natürlich, dass ich in den Pferch der Liberalen gehöre, und dort habe ich ja gar nichts verloren. Ich will in überhaupt keinen Pferch gehören. Ich will auf meinem eigenen kleinen Wacholderhügel meine Ruhe haben, aber das scheint unmöglich zu sein.
>
> Dieses Flugblatt gefällt mir genauso wenig, wie wenn ich in Deutschland mit Herrn Strauß und der CSU in Verbindung gebracht werden würde. Das habe ich gestern auch in einem deutschen Fernsehinterview gesagt. Wenn ich Deutsche wäre, würde ich die Sozialdemokraten wählen, sagte ich. Das können Sie Herrn Strauß ausrichten. Aber nun bin ich eben Schwedin und da geht das schlecht.

Das Risiko, sich falsche Freunde und falsche Feinde zu machen, war ihr nicht ganz bewusst. Vor der Wahl plante sie einen großen Agitationsartikel gegen die Sozialdemokraten. Ich erinnere mich an einen Abend in Småland, als sie mit ihren jungen linksgerichteten Verwandten zusammentraf, die sie alle sehr lieben. Sie setzten ihr hart zu, was sie mit Angst und Sorge erfüllte. Aber sie verteidigte sich mit einer fast manischen Glut und beschwor das Bild all jener bedauernswerten Menschen herauf, die sie in den vergangenen Monaten angerufen hatten, all jene, die darauf vertrauten, dass sie eine Veränderung bewirken werde, all diese Fahrradmechaniker, Blumenhändler, Friseure und Kleinstunternehmer, die ihr von ihrem schweren Los berichtet hatten.

Astrid Lindgren verfasste ihren Artikel in Form eines »Briefes an einen Sozialdemokraten«. Auf zwei ganzen Seiten in der Zeitung *Expressen* forderte sie ihre Leser auf, die Sozialdemokraten ausnahmsweise einmal abzuwählen:

> Wir brauchen jetzt eine neue Regierung. Ja, ja, ich höre sofort deine Einwände. »Glaubst du wirklich, dass es dann besser wird?« Nein, davon bin ich nicht allzu sehr überzeugt. Zumindest nicht sofort. Vielleicht wird es sogar in mancher Hinsicht etwas schlechter. Aber schon allein die Tatsache, dass wir endlich unsere Regierung wechseln, würde einen Schritt hin zu größerer Demokratie und größerer demokratischer Gesundheit bedeuten. Und das würde den Sozialdemokraten die Chance geben, sich ein wenig zu besinnen und sich vielleicht von ihrer Machtvergiftung zu reinigen, bevor sie wiederkehren.

Astrid Lindgrens Artikel enthielt polemische Übertreibungen, und natürlich erklärte die sozialdemokratische Presse sie zum Hauptfeind Nummer eins der Arbeiterklasse. Darauf folgte eine wahre Hetzkampagne, aber Astrid Lindgren gab nicht klein bei. Stattdessen formulierte sie ihre Einstellung zu jener Sozialdemokratie, die momentan entgleist war, in mehreren Interviews noch deutlicher, während sie gleichzeitig mit einem melancholischen Seufzer feststellte: »Wenn es einen ›Prominenten‹ braucht, um die Politiker dazu zu bringen, einen offenkundigen Wahnsinn zu korrigieren, dann ist es um die Demokratie schlecht bestellt. Das ist der traurigste Aspekt der ganzen Pomperipossereі …«

Im Herbst 1976 verloren die Sozialdemokraten die Wahl nach über vierzig Jahren als Regierungspartei. Dass Astrid Lindgrens Eingreifen zum Wahlverlust beigetragen hatte, war allgemeine Auffassung. Manche führende Sozialdemokraten, zum Beispiel Kjell-Olof Feldt und Bengt Göransson, haben später bedauert, dass der

Finanzminister und die Regierung nicht sofort auf Astrid Lindgren hörten. 1995 erklärte Göransson:

> Das, was Astrid Lindgren angriff, könnte als öffentliche Einfalt bezeichnet werden, und ihr Angriff lieferte die Verantwortlichen der Lächerlichkeit aus.

Als Astrid Lindgren nach der Wahl interviewt wurde, äußerte sie sich eher überrascht als zufrieden.

> In der Wahlnacht konnte ich lange nicht einschlafen. Ich lag da und dachte an die Lawine, die ich ausgelöst hatte. Ich dachte an die Geschichte von dem Mädchen in London, das einmal im Krieg auf der Toilette saß. Plötzlich stürzte das ganze Haus ein. Aus den Überresten unter den Ruinen kam ein wahnsinniges Lachen. Als das Mädchen ausgegraben wurde, lachte es immer noch und sagte: »Ich hätte es nie für möglich gehalten, dass das ganze Haus einstürzt, bloß weil ich an der Schnur gezogen habe.«

Wenn Astrid Lindgren sich politisch engagiert, dann hundertprozentig, das ist typisch für sie. Die offenkundige Machtvollkommenheit der Regierung, die sie erlebt hatte, als sie auf die Mängel der Steuergesetze hinwies, wog diesmal schwerer als die Solidarität mit der Arbeiterklasse, die hinter der Regierung stand.

Abgesehen davon hat sie die ganzen Jahre hindurch mit radikalen Kräften gemeinsame Sache gemacht. So nahm sie zum Beispiel in der Vietnamfrage schon früh einen eigenen Standpunkt ein. Am Neujahrstag 1967 schrieb sie über die große Tragödie in Vietnam, »wo die Amerikaner darauf bestehen, die Vietnamesen vor dem Kommunismus zu retten, diese Idioten!«.

Weihnachten 1972 erklärt sie, wie sehr sie Nixon verabscheut. »Ich glaube, die ganze Welt wird allmählich so antiamerikanisch, dass es sich bald mit unserem Abscheu vor den Nazis vergleichen lässt.«

Den Menschen aus Astrid Lindgrens Generation – die sich in den dreißiger und vierziger Jahren intensiv gegen den Nationalsozialismus und den Stalinismus engagiert hatten – ist es oft schwer gefallen, ihre Einstellung zum Kommunismus zu ändern und damit auch zur amerikanischen Außenpolitik der sechziger und siebziger Jahre. Aber Astrid Lindgren ist immer beweglich geblieben, ihr fiel die Entscheidung nicht schwer, auf wessen Seite sie stand, als es um den Krieg in Vietnam ging. Sie ist nie so fest in irgendeiner politischen Ideologie verankert gewesen, dass es sie daran gehindert hätte, sich in besonderen Fällen für einzelne Menschen einzusetzen. Und es war die Summe der Einzelfälle, die Pomperipossa im Herbst 1976 zum Handeln veranlasste.

»Ich wollte ja nur für die Menschen sprechen, die in Schwierigkeiten geraten waren«, sagt sie.

# 4

An einem späten Freitagabend im September 1987 saß ich in der Dämmerung bei Astrid Lindgren in ihrer Wohnung in der Dalagatan. Wir hatten kein Licht gemacht, sondern hockten beide müde auf dem taubengrauen Sofa. Am Nachmittag war Astrid Lindgren im Schneideraum von TV 2 gewesen und hatte dort den langen Film überprüft, den wir zu ihrem achtzigsten Geburtstag gedreht hatten. Ich hatte den Film schon ins Labor gebracht, im allerletzten Moment.

Jetzt saßen wir da und redeten leise über so manches, wovon man insgeheim träumt, über all die Vorstellungen, die man von sich selber hat und die oft so naiv und kindisch sind, dass man es nie wagen würde, sie offen auszusprechen. Unter anderem unterhielten wir uns darüber, wie man als Autor seine geheimen Träume in den Büchern ausleben kann, die man schreibt.

»Aber was wirst du jetzt tun?«, fragte ich Astrid. »Jetzt, wo du das Gefühl hast, dass du dein letztes Buch geschrieben hast?«

> Ich träume noch mehr als vorher. Jeden Abend vor dem Einschlafen male ich mir Sachen aus und erlebe immer wieder unglaublich kindische Geschichten, die mir einfallen und in denen ich selbst immer dieselbe Hauptrolle spiele. Das hier habe ich noch nie erzählt, es ist schließlich ein bisschen peinlich, dass man noch so kindisch ist. Ich stelle mir vor, dass ich eine junge Bäuerin in Småland bin, zu jener Zeit, als arme Kinder an die Bauern im Dorf vermietet wurden, wo sie dann für ihr tägliches Brot schwer schuften mussten. Dann klopft jemand an die Tür. Bis dahin sind alle Geschichten gleich. Dann wechseln sie, aber vor der Tür steht jedes Mal ein Kind, das in Not ist. Ein kleines Mädchen zum Beispiel, das in den Schnee hinausgetrieben worden ist von einer geizigen, hartherzigen Bäuerin, die es mit den Worten zu mir geschickt hat: »Warte nur, bis du dort bist, da

ist es noch viel schlimmer!« Und dann macht sich die arme Kleine auf den Weg, sie ist krank und es ist kalt und schneit. Und als ich die Tür aufmache, steht sie da draußen und zittert vor Angst. Aber ich hole sie herein und dann umarme ich sie und frage sie, ob sie ein schönes warmes Bad nehmen will. Ich habe nämlich zufälligerweise gerade einen großen Kessel mit heißem Wasser auf dem Herd stehen. Und dann kriegt sie heißen Kakao, und ich merke, dass sie krank ist. Sie zittert und zittert und ich wickle sie in Decken und stecke sie ins Bett. Als sie am nächsten Morgen aufwacht, fährt sie hoch und ist ganz außer sich. »Oje, ich hab verschlafen«, sagt sie. »Ich muss aufstehen und arbeiten!« Dann ist es so herrlich, sagen zu können: »Aber nein! Du brauchst überhaupt nicht aufzustehen. Du bist krank und hast Fieber. Du musst im Bett bleiben und dich ausruhen. Du darfst so lange liegen bleiben, wie du willst.« Ja, und so mache ich immer weiter. Es gibt bestimmt niemand, der so ein Kindskopf ist wie ich. Ich male mir so viele Geschichten über Not leidende Kinder aus. Oft ist es etwas, das ich im Fernsehen gesehen habe. Vor kurzem sah ich in einer Nachrichtensendung ein kurzes Stück über einen Jungen, der mit seinem Vater übers Gebirge von Schweden nach Norwegen gewandert war. Unterwegs waren sie von einer Lawine überrascht worden und der Vater war umgekommen. Der Junge schlug sich ganz allein durch, bis er in bewohnte Gegenden kam. In meiner Fantasie kommt dieser Junge spätabends zu mir. Er erzählt weinend, was passiert ist. Er ist mit seinem Großvater von Norwegen übers Gebirge gekommen. Ja, ich mache einen Großvater daraus, ich mildere das Schicksal des Jungen ab und will nicht, dass sein Vater tot ist. In meiner Fantasie ist es Krieg, sie sind geflohen, der Großvater ist in den Bergen zurückgeblieben und der Junge friert und hat Hunger und ist verzweifelt, aber ich bin wieder diese junge, kräftige Bäuerin und kümmere mich um ihn und gebe ihm zu essen und lass ihn in ein warmes Bad tauchen und dann in ein weiches Bett kriechen. Es gibt so viele Kinder auf der Welt, die es schwer haben, und in Wirklichkeit kann ich ja gar nicht sehr viel helfen, aber es bereitet mir eine gewisse Genugtuung, dass ich wenigstens nachts für sie sorgen darf, auch wenn es nur in der Fantasie ist.

Ich hörte ihr in der Dämmerung zu. Die Schatten senkten sich auf den Vasapark. Es war dieser magische Moment, wo die Grenze zwischen Wirklichkeit und Fantasie sich auflöst. Ich erkannte das

Grenzland wieder, das Land der Dämmerung, das in so vielen von Astrid Lindgrens Märchen vorkommt. Hier saß ich, mit Astrids Stimme im Ohr, wie mitten in einem Märchen.

Als wir ein paar Minuten später das Licht anmachten, kehrte die Realität zurück – und damit auch der Film, den ich soeben abgeschlossen hatte. Plötzlich spürte ich große Lust, diese einmaligen Augenblicke, in denen Astrid zum ersten Mal zögernd von ihren Tagträumen erzählte, auch noch in den Film einzubauen. Denn genau darin lag ja der Ursprung vieler ihrer Geschichten und Märchen. Sie selbst hatte mir mehrmals gesagt:

»Ich glaube, mein allerstärkster Instinkt ist der Pflegeinstinkt.«

Und ich musste daran denken, dass sie es sich bereits als kleines Mädchen so sehr zu Herzen genommen hatte, wenn es anderen Kindern schlecht ging. Der Bruder Gunnar hat die beinah allzu rührende Geschichte erzählt, wie Astrid einer schwer lungenkranken Mitschülerin ihre schönste Puppe schenkte. Als das Mädchen später starb, durfte die Puppe mit ins Grab.

Doch, das gehörte noch zu meinem Porträt! Aber würde Astrid sich bereit erklären mitzumachen, wenn ich den soeben beendeten Film gegen alle Regeln des Fernsehens zurückverlangte? Das Team, zu dem ich als Produzentin gehörte, bestehend aus Cutter, Kameramann und Tontechniker, bezweifelte, dass Astrid die Erzählung so zauberhaft wiederholen könnte. Dennoch ließen sie sich widerstrebend überreden. Eines Abends nahmen wir unsere Filmarbeit wieder auf, und Astrid, dieser ungewöhnlichen, künstlerisch bewussten *mündlichen* Erzählerin, gelang es, die magische Dämmerungsstunde in der Dalagatan erneut entstehen zu lassen.

★

Astrid Lindgrens starkes emotionales Engagement bildet den Ausgangspunkt für alle ihre öffentlichen Auftritte vom Ende der siebziger Jahre bis zum neunzigsten Geburtstag 1997. Aber ihre Emotionalität ist nie so launisch und flüchtig wie bei vielen anderen Gefühlsmenschen. Wenn Astrid Lindgren sich in den Kampf hinausbegibt, hat sie neben ihren starken Gefühlen immer auch fundiertes

Wissen, Vernunft und analytisches Denken im Gepäck. Dazu noch Humor und eine konkrete Sprache, die Kühe, Kälber und Schweine als lebendige Wesen darstellt und nicht als »Produktionseinheiten eines Großbetriebes für animalische Produkte«.

Nicht jeder Diskussionsgegner begreift sofort, wie unschlagbar diese Kombination aus Humor, Wissen und starkem emotionalem Engagement sein kann. Finanzminister Gunnar Sträng hat es nicht begriffen, als er Astrid Lindgren 1976 in der Pomperipossa-Debatte herablassend riet, bei ihren Märchen zu bleiben und sich nicht in die Politik einzumischen.

★

Aber Pomperipossa war gar nicht der Anfang.

Noch als Neunzigjährige erinnert sich Astrid Lindgren kristallklar an ihre erste Reise nach Amerika. Es war im Jahr 1948 und sie war vom Verlag Åhlén & Åkerlund beauftragt worden, unterhaltsame Glossen für die Frauenzeitschrift *Damernas Värld* (Welt der Damen) zu schreiben, und zwar über ein Land, das damals, nach dem Krieg, das große, bewunderte Vorbild war, nicht zuletzt das der Jugendlichen, die jetzt nach amerikanischem Muster Teenager hießen.

Der Flug nach New York war dramatisch, die Ankunft verzögerte sich durch einen Sturm, und das Flugzeug musste in Boston landen. Es holperte heftig bei der Landung, und ein verängstigt schluchzender älterer Norweger suchte bei der vierzigjährigen schwedischen Dame Trost, die so gelassen wirkte.

»Als wir nach einer fünfstündigen Zugreise in New York ankamen und ich ihn in seinem Hotel ablieferte, war er friedlich wie ein Kind.«

Sture Lindgren hatte ihr eigenmächtig ein Zimmer in einem der besten Hotels in New York bestellt.

»Åhlén & Åkerlund würden es ja bezahlen, und Sture wollte unbedingt, dass ich im selben Hotel wie Greta Garbo wohnen sollte. Ich bekam eine ganze Suite. Eigentlich sollte ich nur ein paar Nächte dort bleiben, dann wurde es aber doch länger, weil das Geld aus Stockholm, unter anderem für das Hotelzimmer, nie ankam. Also wurde ich im Luxus des Ritz Tower zur Gefangenen. Ich hatte so wenig Geld, dass ich es mir fast nicht leisten konnte, etwas zu essen, und ich wagte kaum das Hotel zu verlassen, aus Angst, sie würden glauben, ich wolle die Zeche prellen.«

In einem Brief an die Freundin Alli Viridén schreibt sie am 15. April 1948:

> Liebe Alli, bete für mich! Das kann ich brauchen. Ich wohne im feinsten Hotel der Stadt und habe noch fünf Dollar. Das ist ein großartiges Gefühl. Aber ich hoffe, dass die telegrafische Geldanweisung von Åhlén & Åkerlund morgen ankommt. ›Nice single room‹ hatte Sture für mich bestellt, und dieser Wunsch wurde über Gebühr erfüllt! Ich habe ein großes Zimmer mit zwei Betten, ein riesiges Bad, einen Duschraum, eine Garderobe und außerdem noch ein Wohnzimmer, doppelt so groß wie unser eigenes, mit sieben Lampen und mehreren kleinen Kandelabern. Ich besitze fünf Dollar. Greta Garbo wohnt im selben Hotel, ist zurzeit aber wohl in Hollywood.

Zum Glück traf sie bald darauf einen schwedischen Verleger in der Stadt. Er bezahlte ihre Hotelrechnung und lieh ihr Geld für die weitere Reise, die unter anderem in den Süden führen sollte, nach New Orleans.

Auch dies wurde eine dramatische Reise, die sie zutiefst berührte. Zum ersten Mal hatte sie Gelegenheit, mit eigenen Augen etwas zu sehen und mit allen Sinnen wahrzunehmen, dessen sie sich zwar bewusst gewesen war, wovon sie aber eigentlich nur eine schwache Ahnung gehabt hatte: die Unterdrückung der Schwarzen in den USA. Sie sah und notierte und empörte sich und ließ sich auf Situationen ein, die drastische Folgen hätten haben können.

Die Glossen, die sie später für *Damernas Värld* schrieb, wurden zu einem Jugendbuch, *Kati in Amerika*. Kati, die muntere, witzige junge Sekretärin, in vielem Astrid Lindgrens Alter Ego, ist die Hauptperson in den drei Jugendbüchern, die gleichzeitig auch unterhaltende Reiseschilderungen sind (*Kati in Amerika*, 1950, *Kati aus der Kaptensgatan*, 1952 – 1971 als *Kati in Italien* veröffentlicht – und *Kati in Paris*, 1954). Im Amerikabuch fällt es der Autorin schwer, den amüsanten Plauderton durchzuhalten, als Kati in die Südstaaten kommt und dieselbe traumatische Begegnung mit der Unterdrückung erlebt wie die Autorin selbst und davon genauso erschüttert wird.

Das Buch handelt von einem sorglosen jungen Mädchen, das mit ihrer korpulenten, properen Tante nach Amerika fährt. Die Tante lässt sich nicht so ohne weiteres beeindrucken; wo sie sich auch befindet, legt sie eine Art Vimmerbyperspektive ans Dasein an.

Aber Astrid Lindgren selbst – und Kati im Buch ebenfalls – fährt über den Fluss Potomac. Als sie in den Staat Virginia kommt, den nördlichsten der Südstaaten, sieht sie dort etwas ganz Neues: »Und damit hatte ich jene Grenze passiert, wo Neger aufhören Menschen zu sein.«

Der Zug in den Süden fährt »an schrecklichen grauen, verfallenen Schuppen vorbei, in denen die Schwarzen wohnen.«

> Woran denkst du, müde schwarze Frau, wenn du auf dem Schaukelstuhl deiner Veranda sitzt? Ich sehe dich nur einen kurzen Augenblick, während der Zug vorbeibraust, ich werde nie erfahren, wie du es fertig bringst, in einer so grenzenlosen Armut zu leben. Aber dein Bild ist für ewig in meine Netzhaut eingebrannt. So wie du da saßest und schwermütig in die sinkende Dämmerung starrtest, warst du für mich die Inkarnation deiner ganzen armen, geplagten Rasse.

Die neunzigjährige Astrid Lindgren erinnert sich daran, wie sie ihren unschuldigen Blick auf Amerika innerhalb eines Augenblicks einbüßte. Genau wie Kati im Buch unterhielt sie sich mit dem schwarzen Zimmermädchen Rosie in New Orleans – die sich anfänglich erschrocken zurückzog, doch dann, als Astrid von ihren eigenen Kindern erzählte, am nächsten Tag willig Fotos von den ihren mitbrachte. Die Kleinste, Olivia, erzählte sie stolz, sei »quite a lady!«.

Im Buch ist alles so beschrieben, wie es in Wirklichkeit war. Der verächtliche Taxifahrer, der sich weigerte, sie bis ans Ziel zu fahren, und sie auf einer Polizeistation absetzte, wo die Polizisten sie genauso verächtlich abfertigten. »We don't want to mix with them people.« Die Aufregung im Wohnviertel der Schwarzen, als sie endlich dort ankam, die neugierigen Blicke, das Misstrauen, Rosies Freude und Stolz über ihre Kinder, die erschreckende Armut, der Schmutz, der Gestank.

Der Weg zurück ins Hotel war lang.

> Ich ging zu Fuß nach Hause, so weit ich konnte. Ich ging durch die elendsten Schwarzenviertel, bis ich wunde Füße bekam. Es tat weh. Aber innerlich tat es mir noch weher. Und ich empfand es irgendwie als gerecht, dass meine Füße wund waren. Ich ging und ging und murmelte heftige Flüche vor mich hin. Heftige Verwünschungen meiner eigenen Rasse.
>
> Schließlich erwischte ich ein Taxi. Der Chauffeur dieses Autos war es, der den Ausspruch tat: Ein guter Neger ist ein Neger, der anderthalb Meter unter der Erde liegt. Und da stieg ich aus und humpelte weiter bis zum Hotel. Dort zog ich meine Schuhe aus und pustete auf meine wunden Stellen. Das war das einzig Erfreuliche an diesem Tag.

Der Besuch im Schwarzenviertel hatte Konsequenzen, für Astrid und auch für Kati im Buch. In der Realität regten sich sowohl die Schweden als auch die weißen Amerikaner, die Astrid in New Orleans traf, sehr darüber auf, dass sie über die schändliche Behandlung der Schwarzen mit ihnen diskutieren wollte. Im Buch ist es ein Verehrer, der junge Amerikaner John, der peinlich berührt ist, als Kati das Thema beim Essen in einem Restaurant aufgreift.

> John war jetzt fast von Panik ergriffen, dass einer der Umsitzenden hören könnte, was für ein *Nigger lover* ich war. Das ist die schlimmste Bezeichnung, die man im Süden überhaupt bekommen kann.

Wir haben inzwischen ja erlebt, wie der Freiheitskampf der Schwarzen sich parallel zu vielen anderen Freiheitsbewegungen im Lauf der letzten vierzig Jahre entwickelt hat, und vergessen dabei leicht, wie katastrophal die Lage der Schwarzen noch in den vierziger Jahren war. Das war die Zeit vor dem Aufruhr in Little Rock Ende der fünfziger Jahre, vor Martin Luther King und den Freiheitsmärschen in den Sechzigern, vor der Black-Panther-Bewegung in den siebziger Jahren. Astrid Lindgren hat beispielsweise die Botschaft eingebaut, dass die Schwarzen es verabscheuen, »Neger« genannt zu werden. Kati unterrichtet ihre Tante:

> Farbige Amerikaner nennt man coloured, einen Neger als Neger zu bezeichnen ist eine eindeutige Beleidigung.

Diese Botschaft hatte 1948 noch nicht alle in Schweden erreicht, nicht einmal jene, die sich Intellektuelle nannten.

Im Jahr zuvor befand sich eine andere Schwedin in den USA auf Reisen, eine bekannte Journalistin der größten schwedischen Tageszeitung *Dagens Nyheter*. Sie hieß Eva von Zweigbergk und hatte als Kinderbuchrezensentin gewisse Berührungspunkte mit Astrid Lindgren. Ihr Auftrag in den USA bestand darin, über das Leben der Frauen zu schreiben, über Wohnungen und Innenarchitektur, über Schulen und Ausbildung. Im Vorwort zu ihrem Buch *Wie war es in Amerika?* (1947) erklärt sie offen:

> Ich habe mir selbst versprochen, zwei Dinge zu meiden – Filmstars und Neger. Die Ersteren, weil sie mich nicht interessieren, die Letzteren, weil mir bewusst ist, dass ihr Problem viel zu groß ist. Für jemanden, der zum ersten Mal in Amerika unterwegs ist, ist der politische, historische und emotionale Zusammenhang zu umfassend und schwer zugänglich.

Eva von Zweigbergk und Astrid Lindgren. Zwei schwedische Frauen beinahe gleichzeitig zum ersten Mal im selben Land. Zwei Einstellungen: die eine auf Distanz zu der verwirrenden Wirklichkeit, die so schwere Fragen aufwirft; die andere mittendrin im Allerschwierigsten, voller Fragen, die darauf pochen, beantwortet zu werden, obwohl es sich um ein so »niedriges« Genre wie Zeitschriftenglossen handelt.

Eva von Zweigbergk schrieb ein interessantes, über 200 Seiten dickes Buch über all das, was sie schon von vornherein zu sehen beschlossen hatte. Aber als sie sich auf Seite 74 moralisierend über eine Deutsche auslässt, die auf einem Frauenkongress »wohl zur Selbstverteidigung« zu erklären versucht, warum so viele deutsche Frauen im Krieg die Augen zumachten, »sie wussten insgesamt wohl, was geschah, wollten aber keine Einzelheiten hören«, fällt diese Kritik auf die Autorin selbst zurück.

Die Intellektuelle Eva von Zweigbergk war natürlich mit der umstrittenen wissenschaftlichen Übersicht über die amerikanische Rassenproblematik vertraut, die Gunnar Myrdal 1944 vorlegte: *An American Dilemma.*

»Das Negerproblem«, so Myrdal, »ist ein Problem im Herzen eines jeden Amerikaners. Es ist in erster Linie ein moralisches Problem für die weiße Bevölkerung, eine Spaltung ihres Gewissens.«

Gunnar Myrdal bewegt sich in seiner Abhandlung auf hohem wissenschaftlichen Niveau. *An American Dilemma* war kein Werk für das breite Publikum. Diesen Anspruch erfüllt dagegen ein früheres Amerikabuch aus seiner Feder: *Amerika mitten in der Welt* (1943), in dem er das so genannte Negerproblem konzentriert und für ein schwedisches Publikum verständlich darlegt.

Astrid Lindgren kann sich 1997 nicht mehr daran erinnern, welche Bücher über Amerika sie las, bevor sie 1948 losfuhr. Aber sie weiß noch, dass die öffentliche Diskussion, die Myrdal und seine Bücher ausgelöst hatten, sie wachgerüttelt und über Dinge informiert hatte, die ihr bis dahin unbekannt gewesen waren. Unintellektuell ist Astrid Lindgren nie gewesen. Sie war immer gründlich informiert und vorbereitet. Aber es war vor allem das, was sie selbst mit eigenen Augen 1948 in New Orleans sah, das direkt in ihr Herz und ihren Verstand drang.

⋆

Nach Pomperipossa begann Astrid Lindgren im Alter von siebzig Jahren ihre neue Karriere als öffentliche Meinungsmacherin. Alles, wofür sie sich einsetzte, waren Herzensanliegen, für die sie zeit ihres Lebens eingetreten war – und die auch auf die eine oder andere Art in ihrem literarischen Werk vertreten und gestaltet waren.

Dazu gehörte die Liebe zur Natur, die bei Astrid Lindgren mit den Erlebnissen der Kindheit verbunden ist, als Bäume und Pflanzen lebendige Wesen voller Magie und Wunder waren. Malin aus dem Armenhaus schafft es mit ihrem unbeugsamen Willen und ihrer heißen Sehnsucht, auf dem Kartoffelacker eine Linde wachsen und blühen zu lassen. In Astrid Lindgrens Büchern ist das Wachstum der Kinder stets mit dem Wachsen der Bäume und Blumen verbunden, von *Die Kinder aus Bullerbü* bis zu *Ronja Räubertochter*, wo die Liebe zur Natur die Hauptantriebskraft bildet.

Wird die Natur bedroht, dann wird alles, was lebt, bedroht, sagt Astrid Lindgren und setzt sich daher 1982 für die Abschaffung der Kernkraft ein. In einem Artikel in *Expressen* schreibt sie:

> Diese Wälder dürfen nicht vergiftet werden, diese Äcker dürfen nicht durch Uranabbau verwüstet oder für immer verödet werden, weil ein Reaktor sein Gift über sie hinausspeit.
>
> Diese blauen Gewässer dürfen keine Schiffe voller Abfall tragen, deren tödliche Last ihre Tiefen zu verseuchen droht.
>
> Und schließlich, die Lieder dieses Volkes dürfen nicht verstummen, weil seine Zukunft nicht so werden darf, dass niemand mehr singen will.

Die offene Landschaft – die Äcker, Weiden, Haine, Wiesen, Wäldchen –, das bedeutet für viele Generationen von Schweden die Geschichte ihrer Kindheit. In Astrid Lindgrens eigener Kindheit waren die Bauern in der Mehrheit, ungefähr 60 Prozent der Bevölkerung des Landes waren Bauern oder Landarbeiter. In den vierziger Jahren, als Astrid selbst Kinder hatte, mit denen sie jeden Sommer nach Näs aufs Land fuhr, waren immer noch 40 Prozent Bauern, und das Landleben hatte sich seit der vorangegangenen Generation noch nicht wesentlich verändert. Nach dem Krieg breitete sich die Industriegesellschaft aus und Schweden wurde modernisiert. Traktoren, Mäh- und Melkmaschinen ersetzten die lebendigen Menschen. Die Landflucht in die Städte nahm drastisch zu; im Lauf von ein paar Jahrzehnten wurden die Bauern von Produzenten in Konsumenten und Lohnarbeiter verwandelt. Jetzt in unserer Zeit machen die Bauern einen kleinen Rest von 3 Prozent aus. Die Großproduktion ermöglicht es, dass diese kleine Gruppe genügend Lebensmittel für das ganze Land erzeugt.

Die rasche Veränderung Schwedens vom Agrarstaat zur Industrienation – und in den letzten Jahrzehnten zu einer postindustriellen Gesellschaft, einer Dienstleistungs- und Informationsgesellschaft – ist nicht schmerzlos verlaufen. Den meisten, die vor der Modernisierung in den fünfziger Jahren geboren sind, fällt es schwer, sich damit zu identifizieren. Die Veränderungen haben sichtbare Folgen mit sich gebracht – für die Natur und für die Haustiere, die sich innerhalb von wenigen Jahrzehnten aus lebendigen Wesen, oft mit eigenen Namen, in anonyme Massenproduzenten von tierischen Lebensmitteln verwandelten.

Pferde, Kühe, Hühner und Schweine bevölkern viele Bücher von Astrid Lindgren. Für Samuel August, Astrid Lindgrens Vater, war es eine Selbstverständlichkeit, dass die Tiere gut behandelt wurden, und für die Kinder, die auf Näs aufwuchsen, ebenfalls. Als Pippi die Peitsche des Mannes zerbricht, der sein Pferd quält, ist es das tierliebe Bauernmädchen Astrid, das hier reagiert. Michel hat für gewöhnlich keine Spielgefährten, stattdessen hat er Knirpsschweinchen, das er zur Verblüffung seiner Umgebung dressiert. Er hat sein eigenes Pferd und er versteht auch, dass die Tiere, genau wie Menschen, umgänglich und »brav« werden, wenn man sie gut behandelt. Den gestandenen, kräftigen Bauern und Pferdehändlern auf dem Markt von Vimmerby zeigt er, wie man ein wildes Pferd, das ausschlägt, mit Sanftheit zähmen kann.

Die natürliche Umgebung der Kühe ist die Weide, dort sollen sie gesund und fröhlich weiden und obendrein den Menschen die viel geliebte offene Landschaft erhalten.

Als Astrid Lindgren sich in der Zeitung *Land* an die Spitze eines Aufrufs zur Verteidigung der offenen Landschaft stellte und eine deutliche Warnung formulierte, dass der Nadelwald auf dem besten Weg sei, den Mischwald mit all seiner Vielfalt und seinem Artenreichtum zu verdrängen, Äcker und Wiesen von Wildwuchs und Gestrüpp bedroht seien und bald für immer verschwinden würden, konnte sie 44 000 Unterschriften zum Landwirtschaftsminister mitnehmen. Dass gesunde Kühe zur offenen Landschaft gehören, war einer der Hauptgedanken in den zahlreichen Artikeln über die Tierhaltung in Schweden, die Astrid Lindgren in den achtziger Jahren schrieb – Artikel, die die Politiker veranlassten, zuzuhören und nach einiger Zeit auch eine Gesetzesänderung zu versprechen, ein neues Tierschutzgesetz. Im ersten dieser Artikel, im Mai 1985 in *Dagens Nyheter* veröffentlicht, schreibt sie anlässlich einer Reportage über die Kühe auf Harpsund, dem Landsitz des Ministerpräsidenten:

> Eine Sommerwiese kriegen diese Kühe nie zu sehen, das erfährt man auch über die Harpsunder und rund weitere 30 000 andere schwe-

dische Kühe, die in ihrem ganzen Leben nie aus ihrer engen Stallbox herauskommen. Auf diese Weise geben sie nämlich mehr Milch, hat man ausgerechnet. Ja, bei Kühen nimmt man es mit dem Rechnen sehr genau.

Man hat die Kuh »die große Amme der Menschheit« genannt. Sie ist für uns unentbehrlich, und zum Dank dafür machen wir sie zum Kettensträfling auf Lebenszeit. Als solchem sind ihr freilich gewisse Unannehmlichkeiten in Form von Entzündungen des Euters und Erkrankungen der Beine und der Klauen beschieden, aber trotzdem ist es besser, sie gewöhnt sich gar nicht erst an irgendwelche Sommerwiesen, denn die verschwinden ja ohnehin so nach und nach. Obgleich es ja doch wohl ein bisschen überschlau ausgetüftelt ist, Kühe nicht im Freien grasen zu lassen.

Die Wiesen und Wäldchen, das Lieblichste und Schwedischste, was es überhaupt gibt, brauchen, um nicht zu verwildern, Kühe und andere Weidetiere. Und die Kühe brauchen die Weiden zum Herumwandern und Grasen, um gesund zu bleiben und vielleicht auch ein wenig, um den Sommer zu genießen. Kühe und Wiesen brauchen einander, und wir brauchen Wiesen und Kühe, gesunde Kühe, aber so gut darf es in Schweden nicht länger sein.

»›Meine Kuh will Spaß haben‹, hat ein småländisches Bauernkind einmal gesagt«, schreibt Astrid Lindgren im Vorwort zu dem Büchlein mit ebendiesem Titel, das die ganze Diskussion zusammenfasst, die sie mit ihrem ersten Artikel in *Dagens Nyheter* ins Leben rief. Und sie fährt fort: »Dass unsere Haustiere Spaß haben sollen, wäre wohl zu viel verlangt. Aber ein anständiges Leben ohne unnötiges Leiden, darauf müssten sie während ihres kurzen Erdenlebens ein Anrecht haben.«

Astrid Lindgrens Artikel zu diesem Thema – ab 1985 in *Expressen* veröffentlicht, bis am 1. Juli 1988 ein neues schwedisches Tierschutzgesetz erlassen wurde – erhielten weltweite Aufmerksamkeit, und das lag nicht zuletzt daran, dass ihnen ein so solides Faktenmaterial zu Grunde lag.

Aktive Mitkämpferin für die Rechte der Haustiere war Kristina Forslund, Tierärztin und Dozentin an der Landwirtschaftsuniversität, die ständig neue Fakten lieferte. Sie selbst hatte schon lange versucht, auf die katastrophale Tierhaltung und deren Folgen für die Tiere aufmerksam zu machen, aber niemand hatte ihr zugehört. Als nun Astrid Lindgren diesen Worten ihre Stimme lieh, kam niemand mehr umhin, zuzuhören.

»Es entstand fast ein Volkssturm«, erzählt Astrid Lindgren. Aber auch Volksstürme ändern nicht Gesetzesparagrafen so ohne weiteres. Es dauerte lange, bis die Regierung ein neues Tierschutzgesetz vorschlug. Es wurde erst am 1. Juli 1988 verabschiedet.

Mittlerweile handelte die Diskussion nicht nur von malträtierten Kühen, sondern auch von aggressiven, gestressten Schweinen, die sich in ihren 50 Zentimeter breiten Koben nicht einmal umdrehen konnten, von Hühnern ohne Federn, die sich gegenseitig in immer kleineren Käfigen hacken, und von den Antibiotika, die unterschiedslos in alle neugeborenen Kälber hineingepumpt wurden, um die Lungenentzündungen zu verhindern, die durch giftige Ammoniakgase hervorgerufen wurden. Nicht zuletzt handelte sie von den unnötigen Qualen der Schlachttiere auf dem Weg in den Tod.

Der Direktor des Schlachtverbands erregte sich über Astrid Lindgrens »atemberaubende Geisterbahnfahrt in die Hölle der Tiere« und schob den Politikern die Schuld zu.

»Dann lade doch mal die Politiker ein, verschiedene Schlachthöfe zu besuchen«, antwortete Astrid Lindgren. »Zeig ihnen selbst, was dort geschieht!«

Als die Politiker sich endlich rührten, schlugen sie als Erstes gegen die »Nationalheilige« Lindgren zurück. Der Landwirtschaftsminister Dahlgren bezweifelte, dass Astrid Lindgren für alle Konsumenten und Produzenten sprach. Er meinte, es sei an der Zeit, auch andere Stimmen zu Wort kommen zu lassen.

In ihrer ausführlichen, faktengespickten Antwort machte Astrid Lindgren vor allem auf die Haltung der Frauen aufmerksam:

> Besonders die Frauen, so glaube ich – nach den Briefen zu urteilen, die ich bekommen habe –, lassen jetzt nicht mehr locker und möchten ein Ergebnis sehen. Und die Frauen machen mehr als die Hälfte der Bevölkerung unseres Landes aus. Oh weh, oh weh, wenn die richtig in Wut geraten!
>
> Es geht hier nicht in erster Linie um politische, sondern um ethi-

sche Fragen, die gelöst werden müssten, falls wir nicht unser Ansehen als Kulturnation verlieren wollen. (...) Man hat mich gebeten, mal mit dem Staatsminister und dem Landwirtschaftsminister und anderen vernünftigen Leuten zu reden, und bei der Gelegenheit das Urteil des alten Forschers über die schwedischen Frauen zu zitieren:

»Die Weiber sind zäh und stark und backen sehr gutes Brot mit Rosinen drin, aber reizt man sie, gehen sie auf der Stelle zum Angriff über.«

Im ganzen Jahr 1986 blieb die Tierhaltung ein viel diskutiertes Thema in der Presse, doch die Politiker reagierten nicht – was erklärlich ist, wenn man die dramatischen Ereignisse dieses Jahres bedenkt: der Mord an Olof Palme und die Tschernobyl-Katastrophe. Aber Kristina Forslund und Astrid Lindgren ließen nicht locker. Bereits im Januar 1987 schrieb Astrid einen neuen großen Artikel, der Vorschläge enthielt, wie die Gesetze geändert werden könnten. Sie schrieb diesen Artikel in Form eines Traumes. Der Traum handelte von einem Landwirtschaftsminister, der dafür sorgt, dass alles gut wird.

»Und das am besten noch vor der Wahl 1988«, sagte ich begeistert. »Es war ja eine sozialdemokratische Regierung, die die Großindustrialisierung der Landwirtschaft in Gang gesetzt hat. Es wäre doch gut, wenn ein sozialdemokratischer Landwirtschaftsminister auch alles wieder in Ordnung bringt. Und wie viele Wählerstimmen das erst bringen würde!«

Der Landwirtschaftsminister antwortete freundlich, aber unverbindlich. Da wandte sich Astrid Lindgren in einem offenen Brief direkt an den Ministerpräsidenten Ingvar Carlsson. Das war mitten im Parteikongress. Sie fragte ihn ganz konkret nach dem neuen Tierschutzgesetz.

Ingvar Carlsson – durch Pomperipossa klug geworden – hatte Respekt vor Astrid Lindgrens Macht. Er nahm sich Zeit und stattete ihr während des laufenden Parteikongresses einen raschen Besuch in der Dalagatan ab, um sich ihre Argumente anzuhören. An jenem Abend war ich zufällig bei ihr und durfte miterleben, wie Astrid Lindgren ihrer Gewohnheit getreu dem Machthaber munter

*Zum achtzigsten Geburtstag bekam Astrid Lindgren den Entwurf für ein neues Tierschutzgesetz von Ministerpräsident Ingvar Carlsson geschenkt.*

die Leviten las und ihm mit Repressalien drohte, wenn er anschließend nichts Gutes zustande brächte. Dann tätschelte sie ihm die Wange wie einem kleinen Jungen, der er in ihren Augen auch war. Die Leibwächter waren Augenzeugen dieser Szene.

»Und tatsächlich«, erzählt Astrid Lindgren später, »am 14. November, als ich achtzig Jahre alt wurde, bekam ich vom Ministerpräsidenten das neue Tierschutzgesetz als Geburtstagsgeschenk.«

Astrid Lindgren und Kristina Forslund jubelten. Aber der Jubel währte nicht lange. Als sie die neuen Gesetzestexte sahen, wurde ihnen klar, dass es ein verwässertes und ziemlich sinnloses Gesetz war. Die Regierung wagte es nicht, die wirklich großen Probleme anzupacken: die spezialisierte Rindfleischproduktion, die Schlachtschweinproduktion und die Schlachtung.

»Das war gemein«, kommentierte Astrid Lindgren. »Einem erst ein ganz besonderes Geburtstagsgeschenk zu versprechen und dann die Hälfte zurückzunehmen.«

Das Gesetz wurde ausführlich in der Presse diskutiert. Es wurde Lex Lindgren genannt, aber Lindgren selbst wehrte ab. »Soll ich mich etwa geschmeichelt fühlen, weil dieses sinnlose Gesetz nach mir benannt wird?«

In ihren unermüdlichen Bemühungen darum, die Politiker in Sachen Tierhaltung zu beeinflussen, erreichten Astrid Lindgren und Kristina Forslund nicht ihr Ziel. Aber sie bewirkten eine wichtige Veränderung im öffentlichen Bewusstsein, nicht zuletzt bei den Konsumenten, die bewusster geworden waren und so die Produzenten beeinflussten. Die Tierhaltung war nicht mehr eine rein wirtschaftliche Frage, die Ethik hatte einen wichtigen Platz in der Debatte bekommen.

Die internationale Aufmerksamkeit war groß. Fernsehproduzenten aus aller Welt meldeten sich bei Astrid Lindgren, sie erhielt mehrere große internationale Tierschutzpreise – unter anderem als erste Schwedin die amerikanische Albert-Schweitzer-Medaille von The Animal Welfare Institute in Washington – und sie kam auf die Titelseite der *New York Times*. Aber davon ließ sie sich nicht beeindrucken. Sie fand immer noch, dass das Ergebnis der ganzen Auseinandersetzung »gemein« sei.

⋆

Die Pomperipossa-Debatte 1976 hatte ständige Forderungen nach neuem Engagement mit sich gebracht. Man vergaß, dass Astrid Lindgren fast achtzig war und einen geschützten Alltag gebraucht hätte.

Hartnäckig wurde sie bis zu ihrem neunzigsten Geburtstag 1997 von Menschen belagert, die ihre Hilfe für die verschiedensten Kampagnen haben wollten. Die meisten wurden abgewiesen – »Ich bin doch nicht die Feuerwehr, die sofort ausrückt, wenn die Leute es wollen« –, aber wenn Bibliotheken sich meldeten, die von Schließungen bedroht waren, sagte sie meistens zu und fuhr in die Vororte und drohte mit ihrer berühmten Faust. Sie drohte damit, bei geizigen Kommunalpolitikern zu spuken, wenn sie auch nur eine einzige Bibliothek schlössen. Bibliotheken seien Oasen für Kinder in problematischen Vorortsregionen, donnerte sie, und Kinder seien das Wichtigste.

Wegen der Kinder setzte sie sich auch für mehrere Asylfälle ein, unter anderem für den Fall der beiden kurdischen Familien Sincari, die seit vielen Jahren in der nordschwedischen Gemeinde Åsele heimisch waren, aber trotz anhaltender Proteste von Nachbarn und Freunden aus dem ganzen Land im Januar 1996 in die Türkei ausgewiesen wurden.

Astrid Lindgren übernahm für eines der Kinder die finanzielle Verantwortung. Das Medizinstudium des neunzehnjährigen Rojda, der inzwischen nach Schweden zurückgekehrt ist, ist gesichert.

Das Wichtigste waren immer die Kinder. Wenn es um Kinder ging, war die Identifikation mit den Notleidenden total, und genauso wichtig war der Kampf für die Rechte der Kinder und gegen Gewalt und Prügelstrafe in der Kindererziehung. Bereits als Pippi in den vierziger Jahren erschien, äußerte Astrid Lindgren sich in dieser Frage. Seither hallt ihr Protest deutlich vernehmbar durch alle ihre Bücher: Maditas Aufruhr in der Schule, ihr »Nein! Nein! Nein!«, als der Oberlehrer die arme Läuse-Mia schlägt, die Empörung, die aus den Märchen aus den »Tagen der Armut« spricht.

Der wichtigste Beitrag zu diesem Thema entstand 1978, als Astrid Lindgren den Friedenspreis des Deutschen Buchhandels in

Frankfurt entgegennahm. Dieser Preis, den unter anderem Albert Schweitzer, Martin Buber und Hermann Hesse erhalten haben, hat ein außerordentliches Prestige. Astrid Lindgren war die erste Kinderbuchautorin, die ihn bekam.

Es ist üblich, dass der Preisträger bei der feierlichen Verleihung eine Rede hält.

Astrid Lindgren erzählt selbst:

»Das war ja ein Prachtpreis. Ich sollte eine Rede schreiben, die vorher von den Veranstaltern begutachtet werden sollte. Ich schrieb die Rede und schickte sie ab, aber schon bald erhielt ich vom dortigen Oberbestimmer einen Brief, dass ich keine Rede zu halten brauche, es reiche, wenn ich den Preis einfach entgegennähme und mich bedanke, ›kurz und gut‹. Ich antwortete, wenn ich meine Rede nicht halten dürfe, dann würde ich nicht kommen, dann müsste jemand anders meinen Preis entgegennehmen und sich ›kurz und gut‹ bedanken.

Da überlegten sie es sich anders und ich hielt meine Rede. Sie hatte die Überschrift ›Niemals Gewalt‹ und handelte von Erziehung. Ich sagte, nachdem sie ihren Friedenspreis einer Kinderbuchautorin verliehen hätten, müssten sie akzeptieren, dass ich meine Rede im Kinderzimmer begann.«

Die Rede, in der Astrid Lindgren die Gewalt in der Welt, Krieg und Terror mit der oft akzeptierten Gewalt in der Familie verknüpfte, wirkte auf das konservative deutsche Publikum sehr provozierend.

(...) Müssen wir uns nach diesen Jahrtausenden ständiger Kriege nicht fragen, ob der Mensch nicht vielleicht schon in seiner Anlage fehlerhaft ist? Und sind wir unserer Aggressionen wegen zum Untergang verurteilt? Wir alle *wollen* ja den Frieden. Gibt es denn da keine Möglichkeit, uns zu ändern, ehe es zu spät ist? Könnten wir es nicht vielleicht lernen, auf Gewalt zu verzichten? Könnten wir nicht versuchen, eine ganz neue Art Mensch zu werden? Wie aber sollte das geschehen, und wo sollte man anfangen?

Ich glaube, wir müssen von Grund auf beginnen. Bei den Kindern. Sie, meine Freunde, haben Ihren Friedenspreis einer Kinderbuchautorin verliehen, und da werden Sie kaum weite politische

Ausblicke oder Vorschläge zur Lösung internationaler Probleme erwarten. Ich möchte zu Ihnen über die Kinder sprechen.

(...) Ob ein Kind zu einem warmherzigen, offenen und vertrauensvollen Menschen mit Sinn für das Gemeinwohl heranwächst oder aber zu einem gefühlskalten, destruktiven, egoistischen Menschen, das entscheiden die, denen das Kind in dieser Welt anvertraut ist, je nachdem, ob sie ihm zeigen, was Liebe ist, oder aber dies nicht tun. »Überall lernt man nur von dem, den man liebt«, hat Goethe einmal gesagt, und dann muss es wohl wahr sein. Ein Kind, das von seinen Eltern liebevoll behandelt wird und das seine Eltern liebt, gewinnt dadurch ein liebevolles Verhältnis zu seiner Umwelt und bewahrt diese Grundeinstellung sein Leben lang. Und das ist auch dann gut, wenn das Kind später nicht zu denen gehört, die das Schicksal der Welt lenken. Sollte das Kind aber wider Erwarten eines Tages doch zu diesen Mächtigen gehören, dann ist es für uns alle ein Glück, wenn seine Grundhaltung durch Liebe geprägt worden ist und nicht durch Gewalt. Auch künftige Staatsmänner und Politiker werden zu Charakteren geformt, noch bevor sie das fünfte Lebensjahr erreicht haben – das ist erschreckend, aber es ist wahr.

Blicken wir nun einmal zurück auf die Methoden der Kindererziehung früherer Zeiten. Ging es dabei nicht allzu häufig darum, den Willen des Kindes mit Gewalt, sei sie physischer oder psychischer Art, zu brechen? Wie viele Kinder haben ihren ersten Unterricht in Gewalt »von denen, die man liebt«, nämlich von den eigenen Eltern erhalten und dieses Wissen dann der nächsten Generation weitergegeben! Und so ging es fort. »Wer die Rute schont, verdirbt den Knaben«, heißt es schon im Alten Testament, und daran haben durch die Jahrhunderte viele Väter und Mütter geglaubt. Sie haben fleißig die Rute geschwungen und das Liebe genannt. Wie aber war denn nun die Kindheit aller dieser wirklich »verdorbenen Knaben«, von denen es zurzeit so viele auf der Welt gibt, dieser Diktatoren, Tyrannen und Unterdrücker, dieser Menschenschinder? Dem sollte man einmal nachgehen. Ich bin überzeugt davon, dass wir bei den meisten von ihnen auf einen tyrannischen Erzieher stoßen würden, der mit einer Rute hinter ihnen stand, ob sie nun aus Holz war oder im Demütigen, Kränken, Bloßstellen, Angstmachen bestand. (...)

Muss man da nicht verzweifeln, wenn jetzt plötzlich Stimmen laut werden, die die Rückkehr zu dem alten autoritären System fordern? Denn genau das geschieht zurzeit mancherorts in der Welt. Man ruft jetzt wieder nach »härterer Zucht«, nach »strafferen Zügeln« und glaubt dadurch alle jugendlichen Unarten unterbinden zu können, die angeblich auf zu viel Freiheit und zu wenig Strenge in der Erziehung beruhen. Das aber hieße den Teufel mit dem Beelzebub austreiben und führt auf die Dauer nur zu noch mehr Gewalt und zu einer tieferen und gefährlicheren Kluft zwischen den Generationen. Möglicherweise könnte diese erwünschte »härtere Zucht« eine äußerliche Wirkung erzielen, die die Befürworter dann als Besserung deuten würden. Freilich nur so lange, bis auch sie allmählich zu der Erkenntnis gezwungen werden, dass Gewalt immer wieder nur Gewalt erzeugt – so wie es von jeher gewesen ist. (...)

Jenen aber, die jetzt so vernehmlich nach härterer Zucht und strafferen Zügeln rufen, möchte ich das erzählen, was mir einmal eine alte Dame berichtet hat. Sie war eine junge Mutter zu der Zeit, als man noch an diesen Bibelspruch glaubte, dieses »Wer die Rute schont, verdirbt den Knaben«. Im Grunde ihres Herzens glaubte sie wohl gar nicht daran, aber eines Tages hatte ihr kleiner Sohn etwas getan, wofür er ihrer Meinung nach eine Tracht Prügel verdient hatte, die erste in seinem Leben. Sie trug ihm auf, in den Garten zu gehen und selber nach einem Stock zu suchen, den er ihr dann bringen sollte. Der kleine Junge ging und blieb lange fort. Schließlich kam er weinend zurück und sagte: »Ich habe keinen Stock finden können, aber hier hast du einen Stein, den kannst du ja nach mir werfen.« Da aber fing auch die Mutter an zu weinen, denn plötzlich sah sie alles mit den Augen des Kindes. Das Kind musste gedacht haben, meine Mutter will mir wirklich wehtun, und das kann sie ja auch mit einem Stein.

Sie nahm ihren kleinen Sohn in die Arme, und beide weinten eine Weile gemeinsam. Dann legte sie den Stein auf ein Bord in der Küche, und dort blieb er liegen als ständige Mahnung an das Versprechen, das sie sich in dieser Stunde selber gegeben hatte: »NIEMALS GEWALT!«

Das war 1978. Ein Jahr später bekam Schweden als erstes Land der Welt ein Gesetz, das die Prügelstrafe und andere elterliche Gewalt gegen Kinder verbot. Dieses Thema wurde 1978 im ganzen Land heiß diskutiert, auch in der deutschen Presse rief diese Diskussion mehrere erboste Kommentare hervor, wie deutsche Freunde Astrid Lindgren berichteten. In deutschen Zeitungskarikaturen wurde Schweden lächerlich gemacht, dieses Land, wo Kinder ihre bedauernswerten Eltern vor Gericht zerren konnten.

Astrid Lindgren hat in der deutschen Öffentlichkeit immer einen großen Namen gehabt, und ihre Zivilcourage in Frankfurt 1978 trug sicher einiges dazu bei, die autoritäre Erziehungstradition in Deutschland zu ändern. Ihre Rede wurde veröffentlicht und später in großen Auflagen gedruckt. Auch die deutschen Kinder lasen sie und wurden davon beeinflusst. Zwei von ihnen, elternlose Brüder, reisten Hals über Kopf nach Stockholm. Sie wollten nach Schweden ziehen, zu der wunderbaren Astrid Lindgren, die gesagt hatte, dass man Kinder nie schlagen darf.

Ich kenne keinen Menschen, der der Welt so offen gegenübersteht wie Astrid Lindgren. Wenn die Medien grausame Berichte über das Böse der Welt über uns ausgießen und unschuldige Opfer zeigen, die vor unseren Augen gequält werden, dann wird Astrid Lindgren selbst, persönlich, auch gequält – von Ängsten und Trauer. Sie hat sich nie, wie so viele so genannte Intellektuelle, über den katastrophalen Zustand der Welt äußern und gleichzeitig emotional geschützt im idyllischen Frieden der »kleinen Welt« leben können. Ihr Intellekt und ihr Gefühlsleben sind gleich stark entwickelt, sie bilden eine Symbiose und beeinflussen Astrid Lindgren beide gleichzeitig. Sie lässt diesen Einfluss auch fortwährend zu, bewusst oder vielleicht auch unbewusst.

In den vierziger Jahren verfolgte sie Hitlers Treiben und schnitt täglich außenpolitische Analysen, detaillierte Beschreibungen von Truppenbewegungen und Schilderungen von der Not der Bevölkerung aus der Zeitung aus. Mit einer fast manischen Empörung beschrieb sie die Judenverfolgungen und andere Grausamkeiten.

Als im Bosnienkrieg die schlimmsten Gräueltaten aus dem Zweiten Weltkrieg wiederholt wurden und Bilder von misshandelten und gequälten Menschen gezeigt wurden, rief sie mich manchmal voller Verzweiflung an. Es war, als wäre das Böse spürbar in ihr persönliches Leben eingedrungen. Besonders erschüttert ist sie vom Schicksal der Kinder, die dem Elend ausgeliefert sind. Und die Worte, die der ängstliche Krümel Löwenherz sich wie ein Mantra immer wieder sagte – dass es Sachen gibt, die man tun muss, auch wenn sie unbequem und gefährlich sind, »sonst ist man kein

Mensch, sondern nur ein kleines Häufchen Dreck« –, sind für sie nicht nur Worte gewesen, sondern haben eine ständige Forderung nach Handeln beinhaltet. Für Astrid Lindgren hat dies bedeutet, immer bereit zu sein zur Teilnahme, zum Eingreifen, zum Handeln. Mit zweiundachtzig schrieb sie einen Brief an Michail Gorbatschow. Die Initiative ging von dem besorgten Brief eines schwedischen Jungen aus. Der Junge hatte Angst vor einem Atomkrieg, Astrid Lindgren nahm seine Angst ernst und schrieb an den höchsten Führer der damaligen Sowjetunion, um, wenn möglich, etwas zu bewirken. Ihrer Stellung als berühmte Autorin in der sowjetischen Öffentlichkeit war sie sich gewiss. Naiv? Wer will den Effekt beurteilen? Gorbatschow antwortete positiv und unverbindlich, und der Junge, der ihr geschrieben hatte, erfuhr, dass jemand seine Sorgen wahrgenommen hatte.

1991 marschierten sowjetische Truppen im Baltikum ein, und Astrid Lindgren schrieb wieder an Gorbatschow. Ob er inzwischen vergessen habe, was er in seinem vorigen Brief versprochen hatte, nämlich dass man *keinen* Kindern, ganz gleich, wo sie lebten, die Zukunft rauben dürfe? Ob das die litauischen, lettischen und estnischen Kinder nicht mit einschließe?

Auf diesen Brief antwortete Gorbatschow nicht, aber im litauischen Parlament wurde er zur Kenntnis genommen. Er gab, wie Präsident Landsbergis persönlich bezeugte, den Litauern Hoffnung und Mut.

Manchmal raubt die Verzweiflung über den Zustand der Welt Astrid Lindgren den Schlaf und die Hoffnung. Dann verspürt sie eine fast panische Sehnsucht danach, diesen ganzen missratenen Planeten in Stücke sprengen zu können, um mit einem einzigen Knall alles Unvollkommene und Misslungene auszulöschen und danach einen neuen Anfang zu machen.

Entsetzt habe ich zugehört und mich gewehrt. Irgendwo in meinem Innern ist mir jedoch bewusst, dass ich in diesen Momenten einen Blick in ihren geheimen Raum geworfen habe, wo ihre Widersprüche etwas Neues und bisher noch nie Gestaltetes entstehen lassen.

Diese apokalyptische Untergangsstimmung gibt Astrid Lindgren in einem Gedicht wieder.

»WÄRE ICH GOTT …« heißt es.

Wäre ich Gott,
dann würde ich weinen
über die Menschen,
sie, die ich geschaffen
zu meinem Ebenbild.
Wie ich weinen würde
über ihre Bosheit
und Gemeinheit
und Rohheit
und Dummheit
und ihre armselige Güte
und hilflose Verzweiflung
und Trauer.

Und wie ich weinen würde
über ihre Herzensangst
und ihren ewigen Hunger,
ihre Sorge
und Todesfurcht
und trostlose Einsamkeit
und über ihre Schicksale,
ihre erbärmlichen kleinen Schicksale,
und ihr blindes Tasten
nach jemand …
irgendeinem!
Vielleicht nach mir!

Und wie ich weinen würde
über alle Todesschreie
und alles Blut, das so
vergeblich fließt,
so zutiefst vergeblich,
und über den Hunger
und die Hoffnungslosigkeit
und die Not
und alle wahnsinnigen Qualen

und einsamen Tode
und über die Gefolterten,
die schreien und schreien,
und über die Folterer noch mehr.

Und dann all die Kinder,
alle, alle Kinder,
über sie würde ich
am allermeisten weinen.
Ja, wäre ich Gott,
gewiss würde ich viel
über die Kinder weinen,
denn nie habe ich mir gedacht,
dass sie es so wie jetzt
haben sollten.

Ströme, Ströme
würde ich weinen, damit
sie ertrinken könnten
in den gewaltigen Fluten
meiner Tränen,
alle meine armen Menschen,
und endlich Ruhe wäre.

# 5

Pippi Langstrumpf wurde 1995 schon fünfzig Jahre alt, und die ersten Kinder, die einst Pippi lasen, lesen das Buch jetzt ihren Enkeln vor – das heißt, wenn sie überhaupt zum Vorlesen kommen, bevor die Enkel Pippi auf Video oder im Theater begegnet sind.

Fast alles, was Astrid Lindgren geschrieben hat, ist zu Film, Fernsehen und Theater geworden. Ein Regisseur, dem Astrid Lindgren viele Jahre vertraute, war der früh verstorbene Olle Hellbom. Er verfilmte unter anderem *Pippi*, *Michel* und *Karlsson vom Dach*, Filme, die trotz unterschiedlicher Qualität von den schwedischen Kindern heiß geliebt worden sind. Sein letzter großer Lindgren-Film

*Olle Hellbom hat bei den meisten Filmen nach Astrid Lindgrens Büchern Regie geführt. Hier mit Michel aus Lönneberga, Janne Ohlsson.*

war die dramatische Inszenierung von *Die Brüder Löwenherz* in einer wilden isländischen Märchenlandschaft. Trotz der überwältigenden Szenerie gelang es ihm, die alltägliche, rührende Intimität zwischen den Brüdern Krümel und Jonathan Löwenherz zu bewahren.

*Madita* wurde von Göran Graffman verfilmt. Obwohl der Film einen idyllischen Carl-Larsson-Anstrich erhielt, betont er auch ganz realistisch das damalige Zeitkolorit. Die selbstbewusste und zornig provokative Läuse-Mia bricht immer wieder in die Idylle ein, in der Madita lebt. Eine der stärksten Szenen im Film ist genau wie im Buch die, als der Oberlehrer beschließt, den Widerstand der unverbesserlichen Mia mit Prügel zu brechen. Maditas Schrei, ihr NEIN! NEIN! NEIN!, sorgt dafür, dass der Stock des Oberlehrers in der Luft hängen bleibt und dass die Kinder, die zuschauen, atemlos begreifen, was Übergriffe und Gewalt bedeuten.

Einem Regisseur, der in allem Astrid Lindgrens humanistische Weltauffassung und ihr authentisches Naturgefühl teilte, gelang es, *Ronja Räubertochter* kongenial als Film zu gestalten. Tage Danielsson, von schwerer Krankheit bereits gezeichnet, konnte einen Film vollenden, der das reiche wimmelnde Leben des Buches wiedergibt und auch die jähen Sprünge zwischen dramatischer Todesverachtung, herzzerreißender Trauer und Humor beibehält.

*Pippi Langstrumpf* und *Mio, mein Mio* sind die Bücher, die sich am wenigsten für Theater und Film eignen.

Pippi ist aus Sprache geschaffen, ihre Stärke liegt in der Schlagfertigkeit, im Spiel mit den Worten. Sie verteidigt sich nie mit den Fäusten, sie verteidigt sich mit witzigen Antworten. Wenn das nichts hilft, kommt es ab und zu vor, dass sie ihre märchenhafte Kraft ausnützt und sich auf eine Runde mit dem Starken Adolf einlässt oder die beiden Landstreicher auf den Schrank schmeißt. Aber die Hauptsache ist die Sprache, die Sprache macht sie unschlagbar und verleiht ihr Macht. Im Film und auf der Bühne baut die Pippi-Figur auf »Action«, sie wird künstlich und schrill, und trotz der genialen kleinen Schauspielerin Inger Nilsson in Olle Hellboms Filmen fehlt etwas Wesentliches: Astrid Lindgrens souveränes, anar-

*Tage Danielsson mit Astrid, Birk und Ronja – Dan Hafström und Hanna Zetterberg*

*Astrid und Pippi – Inger Nilsson*

chistisches Spiel mit der Sprache, dank dem heutige Literaturwissenschaftler sie zu den sprachlichen Modernisten in der schwedischen Literatur zählen.

*Mio, mein Mio* ist ein seltsames Märchen, das von einem unglücklichen elternlosen Jungen handelt. Der Junge trägt einen verborgenen Schatz in sich, nämlich die Märchen, die er gelesen und in seinem Innern bewahrt hat. Sie leben in seiner eigenen Fantasie und nehmen dort Gestalt an. Als Kompensation für das wirkliche Leben als Pflegekind bei Tante Edla und Onkel Sixten in der Upplandsgatan, wo es ihm nicht gut geht, schafft er sich sein eigenes Märchen. Aber wie zeigt man im Film ein inneres Geschehen, ein – mit Vivi Edströms Worten – Psychodrama mit romantischen Märchenrequisiten? Ein Psychodrama, das in der kindlichen Sehnsucht nach Vaterliebe verankert ist, in dem die Überwindung der Angst eine Rolle spielt und der Mut, gegen die vom grausamen Ritter Kato verkörperte Erstarrung anzukämpfen. Dies ist keinem Film gelungen, trotz kostspieliger internationaler Bemühungen. Auch dem Theater war, trotz ehrgeiziger Versuche, kein voller Erfolg beschieden.

Manchmal möchte man die Entwicklung bedauern, die dazu geführt hat, dass die Kinder Astrid Lindgren zuerst im Film und auf Video begegnen. Es wäre schön, wenn ihre Sprache die Chance erhielte, die Kinder als Erstes zu erreichen und Freude, Spaß und eigene innere Bilder zu erzeugen. Aber so ist es nun einmal nicht, und daher muss man froh sein, dass ausgerechnet Astrid Lindgren auf dem kommerziellen Kindervideomarkt einen so großen Platz einnimmt. Würde man sich alle Astrid-Lindgren-Filme von diesem Markt wegdenken, stünde man vor einer Wüste aus gezeichneter Gewalt und romantischem Kitsch.

Für Astrid Lindgren selbst ist das Buch immer selbstverständlich an erster Stelle gekommen. In ihrer eigenen Kindheit schuf die Begegnung mit den Märchen Wunder, und in ihrem Erwachsenenleben sind Bücher so notwendig gewesen »wie Brot und Salz«.

> Denn wenn wir uns einmal daran gewöhnt haben, unsere Freude und unseren Trost aus Büchern zu holen, können wir sie nicht mehr

entbehren. Es wäre schrecklich, wenn der unsterbliche Bücherschatz der Menschheit nur in Kassetten, Fernsehgeräten und anderen ähnlichen Medien existierte!

Ich möchte die Wörter nicht von einer außen stehenden Stimme vermittelt bekommen, die sich zwischen mich und den Autor drängt. In Einsamkeit geschriebene Wörter will ich in Einsamkeit genießen und in dem Takt, der mir entspricht. Manchmal will ich ein Buch mit glühenden Ohren an einem Stück verschlingen, manchmal will ich nur in verschiedenen Büchern hier und dort ein wenig knabbern, ungefähr wie ein Tier, das von verschiedenen Büschen Blätter zupft und feststellt, wie unterschiedlich sie schmecken.

Drei Generationen Schweden ist inzwischen die Erfahrung von Astrid Lindgrens Büchern und Filmen gemeinsam und Bezugsquelle.

So gut wie jeder Schwede hat ein eigenes persönliches Verhältnis zu Astrid Lindgren und ihren Texten, das stellt man unzählige Male fest, wenn man mit ihr unterwegs ist und die unterschiedlichsten Menschen trifft. Bei jeder Begegnung bleibt ihre persönliche Integrität erhalten, dennoch ist sie offen und ungeschützt. Ihre Schlagfertigkeit ist genauso groß wie die von Pippi. Noch bis ins hohe Alter ist sie sehr geistreich. Und sie zögert nicht, sich direkt in echte Skinheadcliquen zu begeben. »Jetzt musst du aber mit der Skinheadserei aufhören«, sagt sie grimmig, droht mit der Faust und zaubert unmittelbar das Weiche hervor, das unter Leder und Nieten verborgen ist.

Die Taxifahrer in Stockholm sind oft Einwanderer, und die vielen Begegnungen im Taxi zwischen Astrid Lindgren und all diesen Iranern, Türken, Griechen oder Libanesen zeigen immer wieder, welche Bedeutung ihre Bücher für die Verständigung zwischen den Kulturen haben. Ein iranischer Taxifahrer brach in Tränen aus, als ihm aufging, wer sein Fahrgast war, und ein anderer Iraner erzählte, *Mio, mein Mio* sei das erste Buch gewesen, das er mit seinen Kindern gelesen habe. »Und wir lesen auf Schwedisch!«, rief er aus. »Dank dir lesen wir auf Schwedisch!«

Im Stockholmer Vorort Rinkeby besuchte ich eine Klasse mit 9- bis 10-jährigen Kindern aus 23 verschiedenen Nationen – in der

Klasse gibt es keinen einzigen schwedischen Schüler –, wo Astrid Lindgrens Bücher zu einem gemeinsamen Nenner geworden sind. Die Kinder schreiben ein reiches und abwechslungsreiches Schwedisch, die Freude am Schreiben ist aus der Freude am Lesen entstanden, und diese Freude hat die Lektüre von Astrid Lindgrens Erzählungen geschaffen.

Als sie im November 1997 neunzig wurde, ließ sich ein Gemurmel aus der Tiefe der Volksseele vernehmen, das auf immer neue Art die Vielfalt von Erlebnissen schilderte, die ihr Leben und ihr Werk bewirkt hatten. Eine neue Autorengeneration beschrieb Astrid Lindgrens Eigenart. In Vimmerby erzählte Ulf Stark beispielsweise von Pippi Langstrumpf und davon, wie die Begegnung mit ihr ganz unterschiedlich ausfallen kann – und was passieren kann, wenn eine Mutter, die dank Pippi den Mut fand, Autoritäten zu trotzen und mit Konventionen zu brechen, ihre wilden Gefühle auf ihr eigenes, eher nachdenkliches, sensibles Kind übertragen will:

Aber ich lachte überhaupt nicht. Während Mama Pippis großen Aufruhr gegen die Ordnung sah, mit der sie selbst jeden Tag leben musste, sah ich die Trauer eines Mädchens, dessen Mutter tot war und dessen Vater es allein gelassen hatte. Also war es nicht weiter verwunderlich, dass das Mädchen eine Menge Geschichten über ihn erfand. Und es war auch nicht weiter verwunderlich, dass sie immer wieder so viel Unfug anstellte – das tat sie, um zu vergessen, wie einsam und traurig sie war. (...)

Was war es dann, das mich so hochzufrieden machte, als Mama *Pippi Langstrumpf* vorlas? Also, erstens fühlte ich mich ziemlich wohlerzogen. Ich war überhaupt nicht so wild und laut wie Pippi. Dass ihre Nase wie eine Kartoffel aussah, war auch gut, mein Bruder hatte nämlich gesagt, ich hätte »Kartoffelzehen«. Aber das Wichtigste war, dass ich mich selbst wiedererkannte.

Ich erkannte die EXISTENZIELLE EINSAMKEIT wieder. Aber lachen musste ich nicht. Schließlich machte Mama sich Sorgen um mich.

Es beunruhigte sie, dass ich keinen Humor hatte.

»Wahrscheinlich bist du bloß zu klein«, sagte sie. »Allmählich wirst du begreifen, wie komisch das ist. Glaubst du das nicht auch?«

Sie hielt das Buch hoch, auf dem Pippi wie ein rothaariger Buddha mit gekreuzten Beinen dasaß und Herrn Nilsson im Arm hielt.

»Doch, das tu ich bestimmt«, sagte ich.

»Aber gefällt es dir trotzdem?«, wollte sie wissen.

»Ich liebe es«, sagte ich. (...)

Hätte ich diejenige nicht lieben sollen, die es vermocht hatte, meinen traurigen Schatten zu trösten?

Ulf Starks Bericht erinnert uns daran, wie sehr sich die Lebensbedingungen der Kinder seit der ersten Pippi-Generation verändert haben. Vielleicht brauchen sie die anarchistische und freiheitsliebende Pippi inzwischen nicht mehr so sehr? Vielleicht sehen sie etwas anderes hinter der Frechheit und der Rebellion, die die Pippi-Figur auf so vielen Bühnen in der Schablone stecken bleiben lassen?

»Ich glaube, Astrid Lindgren ist die Autorin, von der ich am häufigsten Bilder, Figuren und Szenen klaue, wenn ich als Reporter arbeite«, erzählte der Journalist und Schriftsteller Per Svensson bei einem Seminar. Per Svensson, selbst »irgendwann zwischen Pippi Langstrumpf und Saltkrokan geboren«, wie er es ausdrückt:

> Wenn ich über ein Pressefreiheitsverfahren berichte, in dem jemand, der sich am Pflegedienst bereichert hat, die Zeitung *Expressen* wegen übler Nachrede angezeigt hat, klopft die Maduska auf die Tasten und will in den Artikel hinein. Wenn ich über die Nacht schreibe, als Mattias Flink sieben junge Menschen in Falun ermordete, sehe ich Bo Vilhelm Olsson auf seiner Bank im Tegnérpark sitzen.
>
> Es dämmert. Leichter Regen fällt. In allen Wohnungen ist Licht, Kinder sitzen mit ihren Eltern beim Abendessen, während Bo Vilhelm Olsson einsam auf seiner Bank hockt. Gleichzeitig läuft Prinz Mio auf Ritter Katos Zimmer zu, er hält ein Schwert in der Hand, das ein Herz aus Stein durchschneiden kann.
>
> Und wenn ich über den Balkan schreibe ... ja, Balkan bedeutet Berg, (...) und Nangijala ist Bosnien ... ein Land, das eigentlich paradiesisch sein könnte, in das aber die faschistische Bosheit mit den kalten Schlangenaugen eingefallen ist. (...)

Per Svensson beschreibt Astrid Lindgrens Texte als »eine Art Volksheimat der Sprache« und meint, ihre Dichtung werde so gelesen, wie einst die Bibel gelesen wurde: um in schweren Stunden Trost zu spenden. Aber er warnt davor, sie zu idyllisieren, ein harmloses Teelicht aus ihr zu machen:

> Astrid Lindgren ist nicht nur die Großmutter in Bullerbü, sondern auch Dostojewski in Bullerbü. Sie stellt Forderungen an ihre Leser ... existenzielle, moralische und politische Forderungen. (...) Das ist der Grund, warum ihre Erzählungen nie altern. (...) Immer wieder stößt man als Leser auf eine Frage, die gleichzeitig zeitlos und ganz aktuell ist.
>
> Wie soll man in einer Welt leben, in der es das Böse gibt?

Im Lauf der Jahre bin ich unzähligen Astrid-Lindgren-Lesern begegnet, die erzählt haben, wie sie von den einzelnen Büchern beeinflusst worden sind. Ich selbst denke an die Situation, als ich in den fünfziger Jahren als frisch gebackene Lehrerin in einer Schule in Lund einem Mobbingopfer in der vierten Klasse Mut zu machen versuchte, dessen ältliche Akademikereltern ihren einzigen Sohn wie einen kleinen Professor mit Baskenmütze und Trenchcoat gekleidet hatten. In vielen Pausen saßen wir beisammen und lernten ein paar von Pippis Antworten auswendig, die sie gab, als sie wegen ihrer roten Haare und ihrer großen Schuhe verspottet wurde:

»Seit wann darf man nicht so angezogen sein, wie man will? Leben wir etwa nicht in einem freien Land?« und »Wenn du noch mehr über meine Haare oder meine Schuhe zu sagen hast, dann sag es am besten gleich, bevor ich nach Hause gehe.«

Mal für Mal wiederholte er Pippis Worte, mit jedem Mal wurde er sicherer. Schließlich fühlte er sich so sicher, dass er sich fast auf die nächste Mobbingsituation freute. Er hatte eine Sprache geschenkt bekommen – Courage und eine anwendbare Sprache.

Und voller Zuversicht höre ich vierzig Jahre später meine dreijährige Enkelin, die Maditas aufmüpfige kleine Schwester als Vorbild hat. Im Supermarkt ist es voll, sie schiebt einen kleinen Einkaufswagen und stößt mit einer Dame zusammen, die ebenfalls einen Wagen schiebt.

»Pass doch auf, Kleine«, sagt die Dame streng.

»Pass selber auf, du Plusterpute«, antwortet Matilda mit einer Bemerkung, die sie ausgeliehen hat und zur eigenen Erbauung verwenden kann.

Wie tief Astrid Lindgrens Erzählungen reichen können, zeigt Irina von Martens, das Mädchen mit dem Downsyndrom, das sich selbst, sein Leben, seine Gedanken und Gefühle in das Buch über Ronja Räubertochter verlegte und ein eigenes Märchen schuf: *Irinas Buch. Ronjas neues Leben* (1994). Irina, inzwischen um die dreißig, gehört zu einer Generation geistig Behinderter mit dem Downsyndrom, die nie eine Schule besucht, nie lesen und schreiben gelernt hat. »Einer Lehrerin in einer Trainingsschule für praktische Fähigkeiten gelang es jedenfalls, ihr die Buchstaben beizubringen und ihr zu zeigen, wie man damit Wörter bildet. Von da an trottete sie selbstständig durchs Reich der Wörter, bis sie Astrid Lindgren entdeckte und bei ihr blieb«, schreibt Irinas Vater Paul von Martens im Vorwort. Folgende Zeilen aus *Irinas Buch* haben die Überschrift »Ronja und Birk haben einen Traum geöffnet«.

Und Ronja fängt an über Birks Körperseele zu kriechen … und lange. Und jetzt wird Birk überrascht und war jetzt froh zurück und Birk fängt auch an Ronjas Körperseele zu umarmen. Und jetzt hat Ronja einen Traum für Birk Räubersohn geöffnet und jetzt hat Birk einen Traum geöffnet für Ronja Räubertochter und jetzt dürfen Ronja und Birk wieder anfangen nachts zu schlafen.

Jetzt am Freitag treffen wir Ronja Räubertochter, wenn sie in Mamas Welt kommt, und morgen dürfen Birk und Ronja verlobt werden, morgen am Donnerstag. Und wir werden auch Birk Borkason die Eltern taufen lassen, und das wird auch morgen, und heute kriegt Ronja den Führerschein, wenn Ronja achtzehn Jahre alt ist. (…)

PS

Und dann, wenn du
in allen Ecken gestöbert hast
und alle Schubladen rausgezogen
und nach Geheimnissen gesucht hast
und meine alten Schuhe
aus dem Schrank geworfen
und alle meine Zettel aufgelesen
und ausgefegt hast und glaubst,
dass du jetzt alles weißt,
siehst du dich nach mir um,
aber ich bin ins
nächste Zimmer gegangen
und habe die Tür zugemacht.

*Solveig von Schoultz:*
*»Das Interview« aus »Wolkenschatten«*

Astrid Lindgrens Rentnerdasein ist bis ins hohe Alter ungewöhnlich verlaufen. Nach ihrem siebzigsten Geburtstag wurde sie eine der einflussreichsten Meinungsmacherinnen von Schweden und zum Objekt ständiger Forderungen nach neuem Engagement und neuen Einsätzen. Es war ihr immer selbstverständlich, die wichtigsten dieser Forderungen zu erfüllen, auch um den Preis der privaten Bequemlichkeit. Wer ihr Leben begleitet hat, konnte nur staunen. Wie hat sie das alles mit ständig nachlassender Sehkraft nur geschafft? Sie kann nicht mehr lesen, muss sich alles vorlesen lassen. Es ist ihr ein großer Kummer, dass sie für immer die Freude des Lesens verloren hat, aber sie klagt nicht, gibt nicht auf, macht weiter, macht immer weiter. Sie hört Menschen zu, die sie um Hilfe bitten, sie greift ein, ordnet, nimmt teil.

Die Welt um sie herum ändert sich, Schweden ändert sich, der Rassismus macht ihr Sorgen, sie ruft an und äußert ihre Beunruhigung, kann man etwas tun? Kann *sie* etwas tun? Sie wird melancholisch, betrübt, verzweifelt, zornig, erholt sich aber davon. Keinen Augenblick will sie die eigenen Erfolge herausstreichen. Das Gespräch handelt nie davon. »Die Weltberühmte«, von der so viel geredet wird, erwähnt sie in der dritten Person. »Ich habe diese Astrid Lindgren so satt, über die sie überall so viel reden, das bin nicht ich, es ist, als handelte es sich um jemand anders.« – »Jetzt hat sie schon wieder einen Preis bekommen. Aber ich hab schon so viele Schabracken, dass ich damit sämtliche Fenster offen halten kann!«

Ein jährlich wiederkehrendes Ereignis ist die Ernennung zur beliebtesten Person von Schweden, noch vor der Kronprinzessin und der Königin. Letztes Mal brachte diese Ernennung sie fast an den Rand der Tränen.

»Ich kann mit dem besten Willen nicht begreifen, was ich getan habe, um so beliebt zu werden. Mir fällt nichts ein, wodurch ich das verdient hätte, und das macht mich melancholisch.«

Die Anstrengung und Ermüdung durch die Öffentlichkeit haben zugenommen, waren aber eigentlich immer vorhanden. Bereits 1966, in einem Brief an Elsa Olenius, drückt sie einen fast panischen Widerwillen gegen die Öffentlichkeit aus:

> Als ich den Hörer weggelegt hatte, fing ich an zu weinen, heftige, zornige Tränen, und da verstand ich, dass ich alles lieber wäre als beliebt. Und dann ist der Westdeutsche Rundfunk hier gewesen und hat seine Fernsehkabel durchs ganze Wohnzimmer gezogen und mich gefragt, wann ich zum ersten Mal mit der Demokratie in Berührung kam. Ja, mein Gott. Also sprach ich stattdessen darüber, wie viel stärker ich davon beeindruckt war, als Hitler anfing in Berlin Bücher zu verbrennen. Ab jetzt werde ich in Deutschland nicht mehr so beliebt sein. Und ich habe *keine* Lust mehr, beliebt zu sein, ich will nicht mehr jeden Morgen die Frage beantworten, was ich mit *Mio, mein Mio* gemeint habe, ich will nicht brav sein und ich will in keinen Illustrierten sein.

*Astrid berührt immer die Menschen, die sie begrüßt. Hier ist es die Kronprinzessin Victoria.*

Aber die Schlagfertigkeit hat sie nie verlassen und ihre witzigen Antworten tragen zu unserer geistigen Gesundheit bei. Im Sommer 1997 wurde sie »Schwedin des Jahres« und der Preis wurde feierlich in Anwesenheit von Bankdirektoren, Geschäftsleuten, Auslandsschweden und der Kronprinzessin Victoria überreicht. Aber die Feierlichkeit fiel sofort in sich zusammen, als die Hauptperson warnte:

»Ihr verleiht den Preis als ›Schwedin des Jahres‹ an eine Person, die uralt, halb blind, halb taub und total verrückt ist. Wir müssen aufpassen, dass sich das nicht herumspricht!«

Das Alltagsmilieu in der Dalagatan ist seit den vierziger Jahren unverändert geblieben. Die weißen Voilevorhänge an den hohen Fenstern, die auf den Vasapark hinausgehen, sind dieselben, das Sofa ist neu bezogen, aber dasselbe, die rosa geblümten Stühle und der kleine runde Tisch sind dieselben wie auf den Bildern aus den fünfziger und sechziger Jahren. Die Sommer in dem alten Haus in Furusund nahmen seit mindestens sechzig Jahren denselben Verlauf, während die Enkelkinder groß wurden und eigene Kinder bekamen.

»Wie seltsam das Leben ist«, seufzte sie mit neunzig ein wenig müde. »Es ist so verschwindend kurz und dennoch dauert es so elend lange.«

Physisch ist es Astrid Lindgren immer gut gegangen, sie war gesund, stark und flink. Psychisch hat sie das Privileg einer Kindheit gehabt, die offenbar keinen Stoff für irgendwelche Neurosen zurückgelassen hat. Ihr Privatleben hat jedoch großen Kummer mit sich gebracht. Diese Erfahrungen von Trauer und Verzweiflung hat sie angenommen und in ihren Märchen gestaltet, aber sie selbst hat immer wieder aus der Trauer hinausgefunden. In ihrem Wesen steckt ein lausbübischer Trotz, der bis ins hohe Alter Raum für Spaß und Respektlosigkeit schafft. Ihr Widerspruchsgeist ist noch sehr lebendig. Wenn jemand glaubt, über eine alte Dame bestimmen zu können, und sei es aus noch so gutem Grund, stellt sie sich quer.

»Und jetzt lesen wir so, wie wir es immer tun, von links nach rechts«, sagt der Augenarzt.

»Nein, so lese ich nie«, sagt Astrid, 89. »Ich lese nämlich immer von rechts nach links.«

Mit sechsundsiebzig hatte sie einen schweren Autounfall. Auf dem Rückweg von Småland, kurz vor Weihnachten 1983, der Sohn Lars saß am Steuer, fuhr das Auto direkt auf eine Felswand. Lars kam unverletzt davon, aber Astrid war bewusstlos, mehrere Rippen waren gebrochen, Rücken und Nacken verletzt. Die Feiertage und den Jahreswechsel verbrachte sie in Nyköping im Krankenhaus, worauf die Presse ein großes Lamentieren anstimmte. Astrid Lindgren wollte nichts von dem ganzen Lamento wissen und wies scharf jegliche Sentimentalität über »die geliebte Märchentante« zurück, die Weihnachten schwer verletzt im Krankenhaus verbringen müsse.

In *Expressen* schrieb sie voller Ironie über die ganze klebrige Aufmerksamkeit:

> Bester Herr Redakteur, endlich ist mir etwas aufgegangen: Wenn jemand Hals über Kopf gegen eine Felswand knallt und sich dabei sowohl blaue Flecken als auch gebrochene Rippen und sonstige Schäden holt, dann will das schwedische Volk unbedingt alle Einzelheiten darüber erfahren – das entnehme ich der Presse –, und daher möchte ich jetzt schildern, wie es uns hier in diesem ausgezeichnet behaglichen Krankenhaus geht, wo ich mit mehreren anderen alten Weibern so lange aufbewahrt werde, bis unsere blauen Flecken etwas blasser werden.

Und dann macht sie einen Schwank daraus und beschreibt, wie die kranken alten Weiber mit ihren Gehhilfen in den Krankenhausfluren für das Altweiberrennen trainieren.

Mit derselben trotzig guten Laune beschreibt sie im Sommer 1980 am Abend vor einer großen Gallenoperation ihre Gefühle für »die größte Galle, die je im Krankenhaus Sabbatsberg gesichtet wurde«:

> Leb wohl, du olle Galle,
> jetzt ist genug der Schmach,
> jetzt werd ich Abschied nehmen
> von Schmerz und Ungemach.
> Hättest dich nicht benommen
> wie ein verdammter Graus,
> hättest du bleiben können,
> jetzt wird da nichts daraus.
> Jetzt fliegst du in den Ausguss
> in diesem Hospital.
> So lieg nur da und reue
> die Plage und die Qual,
> die du mir hast bereitet,
> dabei aß ich stets Salat.
> Leb wohl, du olle Galle,
> dein letztes Stündlein naht.

Ein munter trotziges Spiel mit Worten als Trost in der Einsamkeit. Die Sprache als lustvoller Schutz, wenn sich etwas zusammenbraut. Die Beschwörung der Sprache als Herausforderung an kleine und große Gefahren.

Im Lauf der dreißig Jahre, die ich in Astrid Lindgrens Nähe habe verbringen dürfen, habe ich mich oft gefragt, was das Besondere an ihr ist, das sonst niemand hat. Sie hat mich mit einer neuen paradoxen Antwort überrascht. Astrid Lindgren ist eine Kombination von Eigenschaften, die sich eigentlich nicht kombinieren lassen. Sie kann als eine sehr freundliche, kultivierte Dame auftreten, sie liebt Mozart und Carl Jonas Love Almqvist, blasse Rosen und guten Wein. Ihr Wohnzimmer ist in hellem Taubengrau und zartem Rosa gehalten, das Licht sickert durch luftige weiße Gardinen. Einfach und geschmackvoll, so wird es allgemein bezeichnet. Aber Astrid Lindgren selbst ist nicht nur einfach und geschmackvoll, sie ist viel mehr. Nichts an ihr ist voraussagbar, für so genannte Selbstverständlichkeiten ist sie nicht zu haben. Ihr Temperament, ihre Begabung und Fantasie stehen oft im Gegensatz zum guten Geschmack. Die allzu seelenvollen und allzu feinen Damen sind nie vor ihr sicher. Als sie Pippi Langstrumpf eine richtig feine Dame an die Wand malen lässt, schlägt ihre Sprache Purzelbäume vor Vergnügen. Die feine Dame trägt ein rotes Kleid, auf dem Kopf hat sie einen eleganten schwarzen Hut und in der einen Hand eine schöne gelbe Rose – aber das Bild ist erst fertig, als Pippi, von Astrid angefeuert, ihr eine tote Ratte in die andere Hand gemalt hat. »Pippi fand, dass es ein sehr schönes Bild war. Es schmückte das ganze Zimmer.«

Astrid Lindgren lässt sich nie auf den Terror des guten Geschmacks ein, weder als Autorin noch als Privatperson. Die Mittelmäßigen richten sich nach dem Passenden und Schmeichelnden, nach dem nicht allzu Lieblichen. Die Genies, und dazu zählt Astrid Lindgren meiner Meinung nach, balancieren immerzu auf der Grenze zum Unerlaubten, gelegentlich machen sie einen Fehltritt, um dann aber im nächsten Augenblick eine Pirouette zu drehen und einen ganz eigenen Weg zu finden.

Das Altern stimmt sie mitunter melancholisch – und wütend –, aber sie hat nie viel Wesens darum gemacht.

Auf dem Friedhof Haga Norra liegt das Grab von Sture Lindgren. In Astrid Lindgrens Leben hat es unzählige Friedhofswanderungen gegeben. Hier, auf Haga Norra, ist sie viele Jahre mit ihrer Freundin Elsa Olenius entlanggewandert, mit der Bibliothekarin und Kindertheaterpädagogin, die einst in der Jury saß und daran mitwirkte, dass Pippi Langstrumpf den Preis bekam. Hier wanderten sie miteinander und bestimmten die Plätze, wo sie selbst liegen würden, um dann nachts »herumzurennen und einander etwas vorzuspuken«. Jetzt liegt Elsa schon seit fünfzehn Jahren dort.

»... die alten Freunde verschwinden einer nach dem anderen«:

Gullan, die geliebte Schwägerin auf Näs, Anne-Marie Fries, die Madita der Kindheit und beste Freundin seit den Tagen in Vimmerby, Olle Hellbom, der Lieblingsregisseur, Tage Danielsson, der zu einem guten Freund wurde, den sie sehr vermisst, und vor allem die Schwester Ingegerd und der Sohn Lars. Lasses Tod erschütterte Astrid: »Es ist gegen die Natur, dass Kinder vor ihren Eltern sterben.«

Über den Tod hatte sie damals schon in *Ronja Räubertochter* geschrieben. Glatzen-Per stirbt und Mattis, der Räuberhäuptling, ist untröstlich: »... er fehlt mir! Er fehlt mir so sehr, dass es mir ins Herz schneidet!«

Lovis tröstet mit uraltem Wissen: »Mattis, du weißt, dass keiner immer da sein kann. Wir werden geboren und wir sterben, so ist es seit eh und je. Was jammerst du da?«

Den Monat nach Lasses Tod verbrachte Astrid in tiefer und schmerzhafter Trauer auf Näs. Nur mit äußerster Anstrengung konnte sie das akzeptieren, was sie schon wusste: dass es den Tod gibt und dass man ihn annehmen muss.

In der Fernsehsendung, die wir in jenem Sommer aufnahmen, sagte sie mit leicht gebrochener Stimme:

»Man muss leben, damit man sich mit dem Tod anfreundet.«

Pause. Dann leise, fast unhörbar:

»Glaube ich, tra, la, la.«

Die drei Schwestern Ericsson, Astrid, Stina und Ingegerd, hatten eine innige Beziehung mit täglichen Telefongesprächen – diese Gespräche wurden mit den Worten »der Tod, der Tod« eingeleitet. Das war eine Art, das Schlimmste und Unvermeidlichste zu benennen, den Tod mit einzubeziehen und gleichzeitig jeglicher Sentimentalität die Spitze zu nehmen. Für Astrid bedeutete Ingegerds Tod einen Schritt weg von der Welt. Wer lebt in der Wirklichkeit und wer lebt in unseren Erinnerungen? Ist der Unterschied wirklich so groß und ist es so notwendig, endgültig festzulegen, wie das Grenzland aussieht?

Der achtzigste Geburtstag 1987 wurde mit fröhlichen Festivitäten im Theater Göta Lejon gefeiert. Das Geburtstagskind saß mit einem

*Die »Taubenkönigin« an ihrem achtzigsten Geburtstag.*

Blumenkranz im Haar auf der Bühne, eine Taube wurde freigelassen und flog symbolisch über ihren Kopf, während der schwedische Ministerpräsident Ingvar Carlsson und die Botschafter der USA und der Sowjetunion die Taubenkönigin und Friedenspreisträgerin Astrid Lindgren priesen.

Vor dem neunzigsten Geburtstag zehn Jahre später wollte sie sich am liebsten verstecken und »ein einsames kleines Tier tief im Wald« sein. Und es gelang ihr tatsächlich, zu verschwinden und sich dem noch schlimmeren Tumult zu entziehen, der in sämtlichen Medien entstand. Gemeinsam mit der Schwester Stina, der Tochter Karin und deren Mann Carl Olof Nyman fuhr sie nach Huskvarna und feierte im Geheimen bei den Töchtern von Bruder Gunnar und deren Familien. Diese Nichten sind für Astrid und ihre Familie immer »die engsten Angehörigen« gewesen; Gunnar war derjenige, der das elterliche Anwesen Näs übernommen hatte, und dort war Astrid immer hingefahren, dort hatte sie sich zu Hause gefühlt.

Die offizielle Feier konzentrierte sich auf Vimmerby. Hunderte von Kindern zogen singend durch die Straßen und versammelten sich auf dem Marktplatz, wo der Ministerpräsident, diesmal Göran Persson, dem abwesenden Geburtstagskind huldigte. Auf die Frage, mit welcher von Astrid Lindgrens Figuren er sich am meisten identifiziere, erwiderte er etwas überraschend »mit Michels Vater«, worauf das Publikum in Beifall ausbrach, gleichzeitig überreichte er nämlich einen Scheck über 7,5 Millionen Kronen. Das war die exakte Summe des Nobelpreises, den Astrid Lindgren nie erhalten hatte. Das Geld war für den neuen Astrid-Lindgren-Hof in Vimmerby bestimmt. Der Ministerpräsident machte den ersten Spatenstich, von nationalen und internationalen Fernsehsendern beobachtet.

Nach dem Geburtstag kam Astrid Lindgren zurück in eine Wohnung angefüllt mit Blumen, Geschenken und Postsäcken. Die Huldigungen kamen von Alt und Jung, von einfachen und hochgestellten Persönlichkeiten, aus allen Ecken der Welt. Sie selbst war erstaunlich unberührt.

»Ich bin so froh«, sagte sie gleich nach der Heimkehr am Telefon. »Ich freue mich so über eine Sache, die passiert ist.«

»Hast du ein Telegramm von der englischen Königin bekommen?«, fragte ich auf gut Glück.

»Ja, das habe ich, und von der holländischen auch, wenn du es wissen willst, und von einem ganzen Haufen anderer gekrönter Häupter, aber das ist es nicht. Ich habe soeben mit G.s Tochter gesprochen, sie ist ja Alkoholikerin und alles ist ein einziger Jammer gewesen, aber jetzt rief sie an und erzählte, dass sie nicht mehr trinkt und seit dem Sommer keinen Tropfen mehr angerührt hat. Das freut mich so! Stell dir vor, wenn G. das noch hätte erleben dürfen!«

G. war eine Freundin aus den zwanziger Jahren, als beide noch arme Kontoristinnen waren. All die Jahre hatte Astrid treu zu ihr und auch zu ihren Kindern gehalten.

In Astrid Lindgrens Leben ist kein Mensch austauschbar, sie bleiben alle, Jahr für Jahr, Jahrzehnt für Jahrzehnt.

Im Sommer 1997 war in den Abendzeitungen zu lesen, dass Astrid bei einem der täglichen Spaziergänge mit der vier Jahre älteren Freundin Alli Viridén gestürzt sei und sich so üble Verletzungen zugezogen habe, dass sie im Krankenhaus gelandet sei. Die beiden Damen waren mit einem kombinierten Radio und Tonbandgerät, einem großen so genannten »Gettoblaster«, zur Reparaturwerkstatt unterwegs gewesen, als sie gestolpert und übereinander auf die Straße gefallen waren, mit dem »Gettoblaster« obendrauf. Das Resultat waren blaue Flecken, Wunden und ein großes Trara in der Presse, auf das sie beide nicht vorbereitet waren.

Alli Viridén gehört schon seit den dreißiger Jahren zu den Freunden. Sie ist eine Respekt einflößende Person, von Kopf bis Fuß eine Dame, beobachtend und scharf, immer schwarz gekleidet, mit großer persönlicher Integrität. Astrid erinnert sich daran, wie es war, als sie ihr zum ersten Mal am Sandkasten im Vasapark begegnete.

»Ich weiß noch, dass sie eine kleine Tochter hatte, die ganz un-

*Als Boris Jelzin 1997 in Stockholm war, wünschte er Astrid Lindgren zu treffen. Hier mit Reichstagspräsidentin Birgitta Dahl.*

gewöhnlich aufgeweckt zu sein schien, und ich fragte, wie alt sie denn sei. Die Mutter antwortete ziemlich knapp und abweisend, also dachte ich, na, die werde ich bestimmt nicht mehr belästigen.«

Alli hört amüsiert zu, als Astrid von diesen über sechzig Jahre zurückliegenden Ereignissen erzählt.

»Ich war doch nur schüchtern«, sagt sie. »So ist es, wenn man schüchtern ist.«

Die engsten Freunde gehören alle schon lange dazu. Im Verlag Rabén & Sjögren gab es Kerstin Kvint, die Astrid Lindgren später auf ihrem Weg hinaus in die Welt begleitete. Dort gab es auch Marianne Eriksson. Astrid Lindgren beschreibt sie in der Chronik zum fünfzigsten Verlagsjubiläum:

»Mit der Zeit bekam ich eine Assistentin, die, als die Zeit erfüllt war, meine Nachfolgerin werden sollte, nach so ungefähr zehn Jahren. Sie kam 1952 in den Verlag. Vielleicht war Elsa Olenius auch diesmal am Werk und fragte Hans Rabén: ›Warum stellst du Marianne Eriksson nicht ein? Sie kann Schreibmaschine schreiben. Und schön ist sie auch noch.‹ Das stimmte, schön war sie und Schreibmaschine konnte sie auch schreiben. Aber zielstrebig lernte sie noch eine Menge anderer Sachen, die ein guter Verlagslektor können muss.«

Marianne Erikssons Freundschaft hat auch professionelle Kontinuität in das Leben von Astrid Lindgren gebracht, die als ehemalige Verlagslektorin immer an diesen Dingen interessiert blieb. So sind viele von Astrid Lindgrens verlegerischen Einsichten erhalten geblieben – wie beispielsweise diese: »Ein gutes Buch muss wie ein Hecht sein. Spitze, scharfe Nase, dann ein schmackhaftes Mittelstück und zum Schluss ein flott klatschender Schwanz.«

Aber natürlich bedeutet die Familie am meisten: die Tochter Karin, immer in der Nähe, eingeschlossen in eine staunende Dankbarkeit: Dass man so eine Tochter haben darf! Und alle sieben Enkelkinder, die auch ständig anwesend sind. Die Urenkel lernen gerade, das Bild der Urgroßmutter mit dem Bild der berühmten Astrid Lindgren, die all die Bücher geschrieben hat, in Einklang zu bringen. Fredrik, sechs Jahre alt, informierte die Tanten im Kindergar-

*Astrid mit der Tochter Karin, die selbst eine bekannte Übersetzerin ist.*

ten, als sie aus einem Lindgren-Buch vorgelesen hatten:

»Die Autorin ist mit mir verwandt und gut mit mir befreundet.«

Wenn ein Kind im Zimmer ist, sucht Astrid Lindgren den Blick des Kindes. Verwundert berührt die sieben Monate alte Maja ihr Gesicht, sucht und untersucht. Verwundert berührt die einundneunzigjährige Astrid das Gesicht des Babys, sucht und untersucht. Ein Augenblick, in dem alles festgehalten und zusammengefasst wird.

Ich denke an einen Traum, den Astrid mir vor ein paar Jahren am Telefon erzählte:

»Ich träumte, dass ich den Höchsten Chef am Zug abholen sollte. Es gab viel Tamtam, alles war sehr feierlich, aber als er kam, war er so klein, so klein, wie ein Kind. Ich musste ihn auf meinem Arm durch Stockholm tragen.«

Herbst 1998. Erinnert sie nicht immer mehr an einen Vogel, denke ich – an einen leichten, zerbrechlichen Vogel, der ab und zu davonfliegt und eine Leere hinterlässt, aber nur, um im nächsten Augenblick wiederzukehren und unerwartet in der Dalagata auf dem Sofa zu sitzen, bereit zum Singen. Ihre Stimme ist klar, und sie entkommt mir ein weiteres Mal mit ihren Geheimnissen. Wir singen zusammen, Astrid auswendig alle acht langen Verse von »Der Nordwind bläst so grimmig kalt«.

Am 28. Januar 2002 entschlief Astrid Lindgren still und friedlich in ihrem eigenen Bett in der Dalagata 46 in Stockholm, in der Wohnung, die fast sechzig Jahre lang ihr Zuhause gewesen war. Die Nachricht von Ihrem Tode verbreitete sich innerhalb weniger Stunden in der ganzen Stadt, im ganzen Land, in der ganzen Welt. Nicht nur in der Dalagata und in Vimmerby, in unzähligen Häusern und Schulen.

Am Abend dieses Tages standen Hunderte von Menschen, Kinder, Jugendliche und Erwachsene, schweigend und voller Trauer vor Astrid Lindgrens Haus. Die ganze Nacht und auch in den folgenden Tagen und Nächten leuchtete dort ein Meer aus Blumen und Kerzen. Still und ergriffen standen die Menschen dort, erfüllt von der Erinnerung an Astrid Lindgrens Märchen und Erzählungen.

Die Beerdigung in Storkyrkan, dem Stockholmer Dom, am 8. März, dem internationalen Frauentag, wurde zu einer hellen, starken und schönen Kundgebung für *das Kind*, ganz im Sinne von Astrid Lindgren. Der Ministerpräsident sowie mehrere andere Minister nahmen daran teil, ebenso der König, die Königin und die Kronprinzessin.

Die Frühlingssonne schien auf die Wellen des Mälarsees und der Ostsee herab, schien auf das Mädchen, das mit einem weißen Pferd am Zügel hinter dem Sarg herlief, schien auf Hunderttausende von Menschen, welche die Straßen säumten, wo der Konvoi entlangzog, ein jeder von ihnen mit seinem eigenen Bild von Astrid Lindgren und ihren Erzählungen im Herzen.

# Anmerkungen

Das, was in diesem Buch über Astrid Lindgrens Familie erzählt wird, stammt aus den verschiedensten Quellen. Samuel August Ericsson, Astrid Lindgrens Vater, erzählte seinen Kindern ein Leben lang und gegen Ende seines Lebens schrieb Astrid seine Erzählungen im Stenogramm auf. Hanna, Astrid Lindgrens Mutter, hat selbst Episoden aus ihrer Kindheit und ihrer Familie auf ein paar dicht voll geschriebenen Bögen festgehalten. Andere Verwandte, vor allem Astrid Lindgrens Schwestern Stina und Ingegerd, haben mir bei verschiedenen Gelegenheiten viel erzählt. Das meiste ist dokumentiert – auf Band und durch Notizen –, aber manches habe ich aus der Erinnerung geholt, als ich mich zum Schreiben hinsetzte.

Die meisten Biografien handeln von Personen, die ihr Leben beendet haben und keine Chance haben, über irgendwelche Schlussfolgerungen zu diskutieren und Missverständnisse zu korrigieren. Eine Biografie, die von einem noch lebenden Menschen handelt, hat den Vorteil, dass sie keine wirklichkeitsfremden Spekulationen enthält. Diesen hat die Hauptperson selbst die Luft abgelassen.

19 William James: »Psychologie«, schwed. Übers.

22 »Mein Buch«, Lesebeilage *Expressen,* 24.11.1974

23 Zitat aus Knut Hamsuns *Hunger*

27 »Dort ließen sie ...«: »Sonnenau«, *Märchen*, 1989, S. 162.

30 »Kartoffeln sammeln ...«: *Die Kinder aus Bullerbü*, 1988, S. 310. Astrid Lindgrens Schwester Ingegerd Lindström forschte mehrere Jahre über die Autorin von »Sörgården« Anna Maria Roos. 1989 erschien ihre Biografie »Anna Maria Roos – inte bara Sörgården« bei Rabén & Sjögren.

31 »Da wollte Lasse ...«: *Die Kinder aus Bullerbü*, 1988, S. 30.

32 »Mama hat gesagt ...«: *Die Kinder aus Bullerbü*, 1988, S. 26.

32 »Es ist doch …«: *Die Kinder aus Bullerbü*, 1988, S. 232.
35 »Wir legten Kerstin …«: *Die Kinder aus Bullerbü*, 1988, S. 269.
38 Wann genau man damit begann, Wimmerby mit V zu schreiben, ist unklar. Noch in den 30er Jahren kam die Schreibweise Wimmerby ab und zu in amtlichen Schriftstücken vor. Die Zeitung *Wimmerby Tidning* schreibt sich erst seit dem 1. Oktober 1941 mit V.
39 »Und der Bäckermeister …«: *Kalle Blomquist lebt gefährlich*, 1999, S. 144.
40 Verschiedene Forscher deuteten den Namen der Stadt Vimmerby auf unterschiedliche Weise. Die am häufigsten vorkommende Deutung (nach F. E. Norén: *Från forna tiders Vimmerby och Sevede*, 1936) ist die Untersuchung der einzelnen Silben: *vi* = heiliger Ort und *mare* = Wasser oder See; an diese wurde ein *-by* für Dorf angehängt.
Die moderne Ortsnamenforschung folgt einer anderen Deutungsmöglichkeit: Vimar bezieht sich vermutlich auf den alten Flussnamen Vim (Vimar ist die Genitivform von Vim). In diesem Fall bedeutet Vimmerby: das Dorf, das am Fluss Vim liegt.
41 »An jedem letzten Mittwoch …«: *Immer dieser Michel*, 1988, S. 124.
41 »Wenn du einmal …«: *Immer dieser Michel*, 1988, S. 129.
41 »Dort drängten sich …«: *Das entschwundene Land*, 1977, S. 61.
57 »Vier Brüder …«: »Sammelaugust«, *Erzählungen*, 1990, S. 25.
60 »Es wurde Abend …«: *Das entschwundene Land*, 1977, S. 10.
62 »Samuel August, der Zwanzigjährige …«: *Das entschwundene Land*, 1977, S. 13.
65 Die Geschichte von »Skinn Skärping« hat Astrid Lindgren oft mündlich erzählt, unter anderem im Radio. Die zitierte Version wurde von Eva von Zweigbergk unter dem Pseudonym Colomba aufgezeichnet und in *Dagens Nyheter* veröffentlicht.
1986 erschien das Bilderbuch *Skinn Skerping – hemskast av alla spöken i Småland (Rupp Rüpel, das grausigste Gespenst aus Småland)* mit Bildern von Ilon Wikland. Astrid Lindgren verbindet hier die ursprüngliche Gespenstergeschichte mit der Situation, als ihre Großmutter Ida ihr, als sie selbst noch ein Kind war, diese erzählte. Bengt av Klintberg hat in einem Aufsatz in der Anthologie *Astrid Lindgren och folkdikten* (erschienen bei *Carlsson*, 1996) diese Gespenstergeschichte über Skinn Skärping mehrere Generationen durch die mündliche småländische Erzähltradition zurückverfolgt. »Die Bedeutung des Namens«, erzählt er, »ist ›der Knochendürre‹ (oder: Klapperdürre); das Wort ›scharf‹ hatte in schwedischen Dialekten, ebenso wie im Altschwedischen, die Bedeutung ›dürr, runzelig‹.«
66 »Großvater sitzt …«: *Wir Kinder aus Bullerbü*, 1988, S. 43.

67 »Ich überlege gerade…«: *Wir Kinder aus Bullerbü*, 1988, S. 306.
68 »Tu, tu, tu…«: »Die Schafe auf Kapela«, *Märchen*, 1989, S. 99.
69 Zitat aus Vilhelm Mobergs *Erzählungen aus meinem Leben*
70 Zitat aus Albert Engströms *Mot aftonglöden*, 1965
75 »Gegen Abend schritten…«: *Immer dieser Michel*, 1988, S. 294.
75 »Als der Abend kam…«: *Immer dieser Michel*, 1988, S. 296.
75 »An diesem Abend war…«: *Immer dieser Michel*, 1988, S. 297.
76 «Meine lieben…«: *Das entschwundene Land*, 1977, S. 30.
77 »Nicht zuletzt…«: *Das entschwundene Land*, 1977, S. 58.
79 »Manchmal wachte…«: *Immer dieser Michel*, 1988, S. 87.
81 »Er hatte…«: *Das entschwundene Land*, 1977, S. 19.
86 Ronny Ambjörnssons Essays wurden 1974 publiziert in: *Häften för Kritiska Studier*, Nr. 7–8. Eine ausführlichere Analyse der Entwicklung des Ideals von der bürgerlichen Familie gibt Ambjörnsson in seiner Einleitung zu: *Ellen Key: Hemmets århundrade*, 1976.
88 »Du, Kind…«: *Das entschwundene Land*, 1977, S. 38.
91 Stig Ahlgrens Artikel erschienen in: *Svenska Dagbladet*, 7.1.1972. Elin Wägner: Zitat aus *Tusen år i Småland*, 1940, S. 60.
96 »Zweierlei hatten wir…«: *Das entschwundene Land*, 1977, S. 34.
97 »Geh nach Hause…«: *Ferien auf Saltkrokan*, 1992, S. 16.
97 »Wenn wir als Kinder…«: *Kerstin und ich*, 1990, S. 130.
101 »Wir tun dir…«: »Pelle zieht aus«, *Erzählungen*, 1990, S. 151.
101 »Und als Mama…«: »Pelle zieht aus«, *Erzählungen*, 1990, S. 154.
103 »Die Vorsteherin…«: *Rasmus und der Landstreicher*, 1997, S. 16.
103 »Vor mehreren Jahren…«: *Rasmus und der Landstreicher*, 1997, S. 35.
107 »Der aber…«: »Sammelaugust«, *Erzählungen*, 1990, S. 32.
108 »Eine ganze Stunde…«: *Immer dieser Michel*, 1988, S. 217–219.
110 Vom Gewerkschaftskampf in Småland und der Entwicklung der Kleinindustrie erzählt Ann-Charlotte Alverfors in ihrem Roman *Hjärteblodet* (Herzblut), 1976. Sie meint, dass einige der heutigen Kleinunternehmer jene Gewerkschaftsführer sind, die am Anfang der 20er Jahre vergebens für das Vereinigungsrecht stritten. Aus Enttäuschung über das Versagen der eigenen Klasse gegen Ende des Konflikts wechselten sie die Fronten und gründeten eigene Fabriken.
111 Elin Wägner: *Tusen år i Småland*, 1940, S. 203.
114 »Diese Edit…«: *Das entschwundene Land*, 1977, S. 69.
114 »Vielleicht war er…«: *Rasmus und der Landstreicher*, 1997, S. 202.
115 »Nur vorwärts!«…: *Kerstin und ich*, 1990, S. 64.
115 »Eigentlich hätten…«: *Wir Kinder aus Bullerbü*, 1988, S. 29.
116 »Brennnesseln dürfte es…«: *Rasmus und der Landstreicher*, 1997, S. 9.

116 »Das Waisenhaus …«: *Rasmus und der Landstreicher*, 1997, S. 10.
118 »Das höchste Glück …«: *Kerstin und ich*, 1990, S. 62.
118 »Als wir …«: *Kerstin und ich*, 1990, S. 138.
119 »Wie ganz anders …«: *Kerstin und ich*, 1990, S. 91.
120 »In der Katthult-Küche …«: *Immer dieser Michel*, 1988, S. 99.
120 »Als Kind …«: *Das entschwundene Land*, 1977, S. 44.
123 »Gestern war Michel …«: *Immer dieser Michel*, 1988, S. 96.
123 »Hui, wie …«: *Immer dieser Michel*, 1988, S. 314.
123 »Lina und Krösa-Maja …«: *Immer dieser Michel*, 1988.
125 Carl Jonas Love Almqvist: »Svenska fattigdomens betydelse«, in: *Folkliv och fantasi*, eine Auswahl von Magnus von Platen, 1962, S. 152. Vilhelm Moberg: *Berättelser ur min levnad*, 1968, S. 15.
127 »Wäre ich allerdings …«: *Britt-Mari erleichtert ihr Herz*, 1997, S. 99.
128 »Wenn meine Rosa …«: *Pippi Langstrumpf*, 1987, S. 115.
128 »Als Erste sehen sie …«: *Madita*, 1992, S. 129.
130 »Eulenbaum …«: *Samuel August från Sevedstorp och Hanna i Hult*, Stockholm 1975, S. 89.
133 »In der Natur …«: *Das entschwundene Land*, 1977, S. 63.
135 »Es schneite …«: *Immer dieser Michel*, 1988, S. 170.
135 »An diesem Abend …«: »Gute Nacht, Herr Landstreicher«, *Erzählungen*, 1990, S. 164.
135 »An einem Sommerabend …«: »Unterm Kirschbaum«, *Erzählungen*, 1990, S. 164.
137 »Einmal vor …«: *Mio, mein Mio*, 1996, S. 22.
137 »Mir gefällt …«: *Brüder Löwenherz*, 1974, S. 110.
138 »Du hörst …«: *Immer dieser Michel*, 1988, S. 248.
138 Elin Wägner: *Tusen år i Småland*, 1940, S. 39. In bestimmten Teilen Smålands ist »Kleran« ein Dialektwort für Drossel.
138 Elin Wägner untersucht das Aufkommen von lokalen småländischen Wortspielen in: *Tusen år i Småland*, 1940, S. 210-211.
140 »Das tat er auch …«: *Immer dieser Michel*, 1988, S. 311.
141 »Na, Pippi …«: *Pippi Langstrumpf*, 1987, S. 39.
142 »Blupp, sagte …«: *Immer dieser Michel*, 1988, S. 112.
143 »Noch nie zuvor …«: *Klingt meine Linde*, 1990, S. 65.
144 Albert Engström: »Fattigstugan«, in: *Genom mina guldbågade glasögon*, 1965, S. 100-101.
Helmer Lång bezweifelt in seiner Biografie *Kolingen och hans fäder* (1966) über Albert Engström die Authentizität in der Erzählung »Fattigstugan«. »Der Bericht über den 12-jährigen Albert, der mit dem Weihnachtsessen zum Armenhaus ging, beruht größtenteils auf Fantasie«, schreibt Lång. »Er kannte keineswegs ›jede Person‹, über

die er schrieb.« (Albert Engström selbst hat im Zusammenhang mit der Kritik gegen andere seiner *Kindheitserinnerungen* eingeräumt, dass er auf »einige halb märchenhafte Erzählungen von småländischen Bauern« zurückgegriffen hat.)
Außerdem war Alberts Mutter nicht bekannt dafür, dass sie den Armen etwas zu geben pflegte. Helmer Lång schreibt dazu: »Albert Engströms Mutter – ›diese gute Frau‹, die dem begeisterten Ausruf der Regenta zufolge so viel Essen zum Armenhaus geschickt haben sollte – erfuhr auch eine große Schmach unter den höhnischen Rufen ›diese gute Frau‹, und die damalige ›Regenta‹ fragte, wann es jemals passiert wäre, dass Frau Engström Albert mit Essen zum Armenhaus geschickt hätte!«

146 »In der Frühe …«: *Klingt meine Linde*, 1990, S. 53.
146 »Wenn der Frühling …«: *Das entschwundene Land*, 1977, S. 49.
147 »Ein paar alte …«: *Madita*, 1992, S. 224.
152 »Sie hatten nur …«: »Sonnenau«, *Märchen*, 1989, S. 154.
152 »Ihr alle in der Klasse …«: *Madita*, 1992, S. 27.
157 »Wir losen …«: *Kati in Italien*, 2000, S. 36.
159 »Mit klopfendem Herzen …«: *Madita*, 1992, S. 161.
161 Matti Bergström: *Om kaos och ordning i hjärnan*; aufgezeichnet während einer Vorlesung in Sigtuna am 3.10.1998.
163 »Eines Tages …«: *Madita*, 1992, S. 29.
165 »Ach, sie war …«: *Rasmus, Pontus und der Schwertschlucker*, 1990, S. 168.
165 »Und glaub mir …«: *Madita*, 1992, S. 202.
167 »Aber eines Tages …«: *Madita*, 1992, S. 343.
172 »Britta, Inga und ich …«: *Wir Kinder aus Bullerbü*, 1988, S. 309.
173 »Ich will niemals …«: *Pippi Langstrumpf*, 1987, S. 385.
177 Lena Törnqvist hat Astrid Lindgrens publizierte Artikel, Märchen und Erzählungen vor ihrem Debüt 1940 zusammengestellt, verzeichnet und kommentiert. Der Aufsatz »Astrid Lindgrens tidiga berättelser« erschien in: *Barnboken* 2/97.
178 Ellen Key (geb. 1849) war also 76 Jahre alt, als die Vimmerbymädchen 1925 Strand besuchten. Sie starb im April des darauf folgenden Jahres.
203 Lars Lindgren erzählte 1987 in Margareta Strömstedts TV-Film *Astrid Anna Emilia* von seiner Kindheit.
206 »Mein Sohn …«: *Kati in Paris*, dtv, 1998, S. 448
212 Der Autor Per Svensson interessierte sich für den in internationalen Polizeikreisen allseits bekannten Harry Söderman, der in den 40er Jahren Chef jener Polizeieinheit war, die am ehesten einem schwedi-

schen FBI vergleichbar ist. Die Alliierten wandten sich gegen Kriegsende bei geheimen Aktionen u.a. in Norwegen an Harry Söderman. In der *Saturday Evening Post* vom 16.5.1953 fand Per Svensson einen Artikel über Harry Söderman mit dem Titel »The World's smartest detective«. Das Bild von Harry Söderman als der schlaueste Detektiv der Welt, »a bulky round-faced man« (»ein wohlbeleibter Mann in seinen besten Jahren«?) kann, meint Per Svensson, Vorbild sowohl für den Meisterdetektiv Kalle Blomquist als auch für Karlsson vom Dach gewesen sein.

225 »Wo steckst du ...«: »Sonnenau«, *Klingt meine Linde*, 1990, S. 46.

226 »Die Kinder folgten ...«: »Gute Nacht, Herr Landstreicher«, *Erzählungen*, 1990, S. 164.

231 Ulla Lundqvist, in: Mary Ørvig (Hg.): *En bok om Astrid Lindgren*, 1977, S. 18.

237 Artikel von John Landqvist in: *Aftonbladet*, 18.8.1946.

238 Ingrid Arvidssons Essay in: *BLM* Nr. 7/1949.
Ewa Sällbergs Artikel in: *Husmodern* Nr. 11/1948. Astrid Lindgren antwortete in der Ausgabe Nr. 15 des gleichen Jahres.

240–241 Eine ausführliche Analyse sowohl der »Freiheitspädagogik« als auch der »frei machenden Pädagogik« gibt Birgitta Qvarsell in ihrer Abhandlung »Begreppsdiskussioner och problemidentifieringar«, Pädagogisches Institut der Universität Stockholm, 1976.

242 Eva Adolfson, Ulf Erikson und Birgitta Holm: »Anpassning, flykt, frigörelse: Barnboken och verkligheten«, in: *Ord och Bild* Nr. 5/1971 und *Svensk socialistisk litteraturkritik*, hg. v. Maria Bergom-Larson, 1972.

244 Ivar Ahlstedts Artikel in: *Expressen*, 19.6.1945.

247 Die Literaturhistorikerin Helene Ehriander arbeitet laut Angabe in ihrem Brief vom 24.2.1998 an einem Buch über Astrid Lindgren als Kinderbuchredakteurin, in dem sie auch Briefe kommentiert, die zwischen Astrid Lindgren und anderen Autoren, die hier nicht genannt sind, ausgetauscht wurden.

255 Einer der interessantesten akademischen Aufsätze über Astrid Lindgrens Bücher behandelt *Mio, mein Mio* und ist von dem Norweger Arvid Benn Johansen: »Fra Tegnérlunden till Gröna ängars ö«, Magisterarbeit in Nordistik an der Universität Oslo, 1976.

256 »Plötzlich flog ein ...«: *Pippi Langstrumpf*, 1987, S. 54.

258 »Ist es nicht ...«: *Kati in Paris*, dtv, 1998, S. 370/416.

259 »Als sie die Wunde ...«: *Ronja Räubertochter*, 1982, S. 126.

266 Astrid Lindgrens Aufruf an die Lehrer in: Lärartidning/*Svensk skoltidning* 10/86.

277 Olle Holmberg: »Astrid Lindgren, låtsandet och det ensamma barnet«, in: *Skratt och allvar i svensk litteratur*, 1963, und *En bok om Astrid Lindgren*, 1977.

289 Astrid Lindgren erzählt von »einer Art Vision« im Zug nach Fryken; derartige Erlebnisse sind nicht ungewöhnlich bei Autoren und Künstlern. Carl Fehrman analysiert eine Reihe ähnlicher Situationen in seinem Buch *Diktaren och de skapande ögonblicken*, 1974: »Der Ausgangspunkt für alle späteren Schilderungen vom plötzlichen Aufblitzen der literarischen Inspiration sind Rousseaus an verschiedenen Stellen seines Werkes auftauchende Beschreibungen, was an jenem Tag passierte, als er mit einem Heft des *Mercure de France* in der Tasche auf dem Weg nach Dijon war. Als er in der Zeitschrift blätterte, fand er die berühmte Frage der Akademie von Dijon. Im zweiten Brief an Malesherbes beschreibt er sein Erlebnis mit folgenden Worten: ›Wenn etwas irgendwann einer plötzlichen Inspiration – une inspiration subite – glich, dann war es die innere Bewegung, die in mir bei dieser Lektüre stattfand. Plötzlich fühlte sich meine Seele von tausend Lichtern geblendet. Unmengen von lebendigen Ideen zeigten sich mir zu gleicher Zeit mit einer Kraft und in einem Chaos, das mich in eine unaussprechliche Verwirrung versetzte; ich fühlte meinen Kopf von einem Schwindel ergriffen, der einem Rausch glich.‹«

296 »Da riss er ...«: *Mio, mein Mio*, 1996, S. 165.

298 Kerstin Stjärne, Artikel in: *Arbetet*, 26. 10. 1973.
Artikel erschienen in: *Dagens Nyheter*, 22. 12. 1973;
Jersilds Antwort darauf in: *DN*, 24. 12. 1973.
Astrid Lindgren selbst erzählte von den Reaktionen auf *Die Brüder Löwenherz* im Fernsehbericht »Astrid Anna Emilia«, 1987.

303 »Ich lasse sie ...«: *Kati in Italien*, 2000, S. 143.

320 »Woran denkst du ...«: *Kati in Amerika*, 1999, S. 124.

321 »Ich ging zu Fuß ...«: *Kati in Amerika*, 1999, S. 139.

321 »John war ...«: *Kati in Amerika*, 1999, S. 133.

324–326 Sämtliche Tierzitate aus: *Min ko vill ha roligt – inhopp i djurskyddsdebatten*, von Astrid Lindgren und Kristina Forslund, Rabén & Sjögren, 1990. Dt. *Meine Kuh will auch Spaß haben*, 1991, S. 10, 52 und 62.

326–329 Astrid Lindgrens vollständige Rede in: *Duvdrottningen – en bok till Astrid Lindgren*, hg. v. Mary Ørvig, S. 21-26, Rabén & Sjögren, 1987. Dt.: Oetinger Almanach, 1979, S. 29.

338–339 Aus: *Astrid Lindgren i diktens träd*: lyrik, skillingtryck, visor, hg.v. Vivi Edström, S. 141-142, Eriksson & Lindgren, 1996.

340 Nahezu alle Bücher von Astrid Lindgren sind verfilmt worden, einige

von ihnen, wie *Pippi Langstrumpf*, mehrere Male. Der erste Film war bereits 1947 *Kalle Blomquist – Meisterdetektiv*. Der letzte und 43. hatte den gleichen Meisterdetektiv zur Vorlage: *Kalle Blomquist, Eva-Lotta und Rasmus*, 1998. Die Filmzeitschrift *Chaplin* (8/1974) enthält ein ausführliches Interview mit Astrid Lindgren als Drehbuchautorin.

344 Aus *Ronja Räubertochter* sind einige Ausdrücke in das Alltagsschwedisch eingegangen, z.B. »Er fehlt mir«, was oft in Todesanzeigen benutzt wird, und »Wiesu tut sie su?« Den Ausspruch »Sie fehlt mir, sie fehlt mir so sehr, dass es mir ins Herz schneidet« hat Astrid Lindgren einem Brief entnommen, den sie von Anna Riwkins verzweifelter Schwester bekam, als diese gestorben war. »Die Geschichte hinter ›Wiesu tut sie su?‹ ist überhaupt nicht lustig«, erzählt Astrid Lindgren. »Eine geisteskranke Frau aus der Psychiatrie glaubte die ganze Zeit, dass ihre Kinder verbrennen würden. Ständig wiederholte sie ›Wiesu tun sie su?‹«

347 Per Svenssons Vorlesung im *ABF* im Oktober 1995 in: *Röster om Astrid Lindgren*, ABF 1996.

# Bildnachweis

ZEICHNUNGEN:

Björn Berg: 37, 40, 73, 75, 79, 89, 109, 122, 124, 140, 142, 145
EWK (Ewert Karlsson): 306
Astrid Lindgren: 230
Ingrid Vang Nyman: 30, 31, 32, 35, 45, 57, 67, 68, 100, 108, 116, 127, 160, 173, 359
Ilon Wikland: 28, 97, 158, 163, 225, 227, 255, 268, 290, 299, 302

FOTOS:

Umschlagfoto: Jacob Forsell/Pressens Bild

Pressens Bild: 265, 342

Torbjörn Andersson/Pressens Bild: 350 (Bild des Jahres 1997)
Beppe Arvidsson/Pressens Bild: 156
Jens Assur/Pressens Bild: 345
Clas Barkman/Pressens Bild: 278
Rolf Carlsson/Pressens Bild: 342
Jonas Ekströmer/Pressens Bild: 363
Jacob Forsell/Pressens Bild: 330, 361
Folke Hellberg/Pressens Bild: 104
Jack Mikrut/Pressens Bild: 355
Erwin Neu: 365
Jan-Hugo Norman: 51, 52, 53, 95
Sven-Erik Sjöberg/Pressens Bild: 304
Margareta Strömstedt: 59, 133, 134, 281
Jonte Wentzel/Pressens Bild: 367
Olle Wester/Pressens Bild: 325
Städtisches Bildarchiv Vimmerby: 42

Alle anderen Fotos aus Astrid Lindgrens privaten Fotoalben.

# Personenregister

# Bibliografie

## Kinder- und Jugendbücher

| | |
|---|---|
| 1949 | Pippi Langstrumpf |
| 1950 | Pippi Langstrumpf geht an Bord |
| | Meisterdetektiv Blomquist (Kalle Blomquist – Meisterdetektiv, 1996) |
| 1951 | Pippi in Taka-Tuka-Land |
| | Kalle Blomquist lebt gefährlich |
| 1952 | Im Wald sind keine Räuber |
| | Kati in Amerika |
| | Sammelaugust und andere Kinder |
| 1953 | Kati in Italien |
| | Kerstin und ich |
| 1954 | Kalle Blomquist, Eva-Lotte und Rasmus (Kalle Blomquist, Eva-Lotta und Rasmus, 1996) |
| | Kati in Paris |
| | Britt-Mari erleichtert ihr Herz |
| | Wir Kinder aus Bullerbü |
| 1955 | Mehr von uns Kindern aus Bullerbü |
| | Mio, mein Mio |
| 1956 | Immer lustig in Bullerbü |
| | Karlsson vom Dach |
| 1957 | Die Kinder aus der Krachmacherstraße |
| | Nils Karlsson-Däumling |
| | Rasmus und der Landstreicher |
| 1958 | Rasmus, Pontus und der Schwertschlucker |
| 1960 | Klingt meine Linde |
| 1961 | Madita |
| 1962 | Lotta zieht um |
| 1963 | Karlsson fliegt wieder |
| 1964 | Michel in der Suppenschüssel |
| 1965 | Ferien auf Saltkrokan |
| 1966 | Michel muss mehr Männchen machen |
| 1967 | Pippi Langstrumpf (Gesamtausgabe) |
| 1968 | Der beste Karlsson der Welt |
| 1969 | Kalle Blomquist (Gesamtausgabe) |

1970 Michel bringt die Welt in Ordnung
Die Kinder aus Bullerbü (Gesamtausgabe)
1972 Immer dieser Michel (Gesamtausgabe)
1974 Die Brüder Löwenherz
Allerliebste Schwester
1975 Karlsson vom Dach (Gesamtausgabe)
1976 Madita und Pims
1977 Das entschwundene Land
1980 Madita (Gesamtausgabe)
1982 Ronja Räubertochter
1986 Als Klein-Ida auch mal Unfug machen wollte
Michels Unfug Nr. 325
1987 Nur nicht knausern, sagte Michel aus Lönneberga
Rupp Rüpel, das grausigste Gespenst aus Småland
1989 Der Räuber Assar Bubbla